KB172453

박원순이 걷는 길

박원순이 걷는 길

임대식 기록

한길사

이 기록의 핵심 문제의식은 박원순이
'정치 참여'를 '운명적'으로 선택하게 되는 과정이다.
박원순은 '운명적' 정치 참여를 말했고,
나는 '소명'으로서 정치라고 말했다.
• 임대식

박원순의 운명을 기록하다

머리말

주요 관찰 대상 박원순

박원순 서울시장을 처음 만난 것은 1986년 2월 역사문제연구소 창립 직후쯤인 것 같다. 그때 그는 서른쯤 되었지만 첫인상은 노숙하면서도 겸손해보였다. 변호사로서 연구소의 재정을 거의 전담하다시피 하고 이사장 직위에 있었지만, 말을 아끼다 못해 어눌해보이기까지 했고 앞자리보다는 뒷자리에 앉기를 고집했다. 게다가 애써 모아온 자료들을 깡그리 연구소에 기증했는데 그 사실을 알고 그를 다시 보게 되었다.

첫 만남으로부터 어느덧 30여 년이 흘러 그의 머리는 성글어졌고 나의 머리도 반백을 넘어섰다. 그동안 그는 다양하고 의미 있는 실천적 일을 주로 해왔다. 그에 비해 나는 우리나라 역사공부로 시종일관했다. 그래서 가끔 그와 이런저런 공사석에서 만난다든지 헌책방에서 조우한 적은 있지만 가까이 지낼 기회는 거의 없었다.

그는 오래전부터 나의 주요 관찰 대상이었다. 뉴스를 통해 그의 정치 참여 소식을 접하고 난 뒤 레드오션에 내던져진 '쪽배'와 같은 그를 돕고 싶은 마음이 간절해졌다. 이명박 정권의 역행과 반칙, 그리고 정치권의 행태에 대한 분노도 작용했다. 나는 역사와 관련된 글쓰기 재주밖에 없는지라 글이라도 써서 그를 돕고 싶었다. 그래서 블로그를 만들어 '박원순의 10대 불가사의'라는 제목까지 미리 정해놓고 10여 편의 글을 쓰려 했다. 까다로운 내 눈에도 그의 삶은 경이로운 것투성이였기 때문에 그렇게 제목을 정했다. 그러나 선거가 극단적인 네거티브로 치달으면서 내 글이 오히려 상대 진영에게 공세의 실마리를 제공할 여지가 있어 블로그 글쓰기마저 중도에 그만두고 말았다.

다행히도 시민들의 자발적 지원에 힘입어 쪽배 '박원순호'는 거함들을 차례로 격파하고 기적처럼 서울시장이 되었다. 그 후 오랜 지인은 기회가 있을 적마다 박원순의 과거에 대해 본격적으로 정리해볼 것을 권했다. 박원순의 과거사가 제대로 정리되어 있지 않은 탓에 공격당했던 일을 들먹이면서 말이다. 그 지인은 내가 그 블로그의 주인이라는 사실을 아는 극소수 사람 중의 하나였다. 그 취지에는 전폭적으로 동의했지만 나는 살아 있는 사람 그것도 현실정치인에 대해 책을 쓰는 것을 주저할 수밖에 없었다. 그 일은 역사학자로 시종하려는 나에게 일탈이고 모험이었기 때문이다.

나는 진실과 거짓을 가리는 포폄(褒貶)을 주로 하는 역사공부를 해왔다. 진실을 가리기 위해서는 모든 것에서 벗어나 일정한 거리를 두어야 진실에 더 접근할 수 있다고 믿는 편이다. 모든 것으로부터 자유롭고 독립된 존재이고 싶었다. 구태여 역사적 용어로 표현하자면 '의병'으로 살고 싶었다. 우리나라 역사에서 보듯이, 초야에 묻혀 있던 의병은 누란의 위기 국면에서 분연히 일어났지만 이름도 계급도 없었으며 죽어서는 무덤도 꽃도 십자가도 없었다. 자료의 보관소이자 은거지인 시골 움막에서 지낸 지도 이미 십수 년이 지났다. 그 고투의 과정에서 개인적으로 많은 것을 포기해야 했고 많은 것을 잃었다.

까다로웠던 '기록' 과정

결국 나는 박원순에 관한 책을 쓰기로 결심했다. 그가 근거 없는 정치공세에 시달리는 것만은 미리 막아야 한다는 당위를 거역할 수 없었다. 공직 선거 경험이 없어 그에 대한 정보는 정리되어 있지 않았으며, 박원순 자신의 기록과 기억마저도 착오가 적지 않았다.

나는 사실을 기록하는 일에는 자신이 있었다. 1년간의 작업 기간을 설정하고 2014년 6월 지방선거를 앞둔 시점에 책을 출간하기로 계획했다. 관련 자료를 널리 수집하면서 주변 인사들을 인터뷰하기 시작했다. 그런데 역시 관건은 1차 자료였다. 블로그에 글을 쓸 때 이미 1차 자료 문제를 절감했었다. 그는 처음 치르는 선거인지라 경황이 없는 와중에 모친의 사망연도를 10여 년이나 차이 나게 말하여 논란을 자초하기도 했다. 당시에 나는 그의 어머니가 여럿일지도 모른다고 추정하기도 했다.

결국 그에게 인터뷰를 요청했다. 그도 내 기질을 알고 있는데다 자신도 모르는 과거사로 호되게 당했던 경험 때문인지 인터뷰 요청에 응해주었다. 주말에도 일정이 빡빡한 탓에 자투리 시간을 이용하여 4회로 나눠 조각 인터뷰를 했다. 그가 언급하지 않았거나 엇갈린 부분을 중심으로 증인 신문하듯이 인터뷰를 진행했다. 시청 직원의 이름을 외우는 것이 더 시급하다는 그에게 더 많은 시간을 할애해달라고 차마 요구할 수 없었다.

박원순에 관한 자료의 분량은 애초의 예상을 훨씬 넘어섰다. 책으로 따지면 수백 권을 상회할 것이다. 내가 대충 알고 있었던 것보다 그의 활동 영역은 넓고 깊었다. 더구나 그 활동의 대부분은 우리에게 익숙지 않은 블루오션이었다. 이번에 본격적으로 그의 삶을 자세히 살피는 과정에서 그 불가사의는 20여 개로 늘어났다. 보는 이에 따라서는 이 책이 영웅전으로 비칠 수도 있겠다. 하지만 이 책은 박원순이란 한 인간을 사실대로 기록하려 고투한 결과물이라고 감히 자부한다. 그 자신의 기록과

말조차 재확인하는 과정을 거쳤다. 주로 내가 발굴한 자료에 기초하여 그의 과거사를 복원했다.

무엇이 그를 정치 참여로 이끌었나

이 책을 '실록'이라 이름 붙이고 싶었다. 축자적 의미 그대로 실재를 그대로 기록했다는 의미다. 그에 관한 자료를 최대한 수집했고 편년체 서술을 택했으며 사관으로서의 평도 가끔 덧붙였다. 구태여 날짜까지 기록하며 그가 출생한 때부터 서울시장으로 당선되기까지의 과거사를 시기순으로 정리했다. 박원순의 삶과 활동은 제도권 정치 참여 이전과 이후로 양분할 수 있을 것이다. 이 책은 정치 참여 이전을 다룬 것이니 기록의 전반부에 해당한다. 따라서 이 책의 핵심 문제의식은 그가 '정치 참여'를 '운명적'으로 선택하게 되는 과정이다.

사마천은 『사기』를 기록하기 위해 궁형의 수모를 감수했다. 사관은 그 기록 때문에 자신의 생명을 걸어야 하는 경우도 더러 있었다. 개인적으로 이 책을 쓸 수 있는 기회가 주어진 것을 다행으로 여긴다. 나는 우리나라 근현대를 살아간 사람들에게 유독 관심이 많아 그들에 관한 방대한 정보를 축적하게 되었다. 그 과정에서 사람을 평가하는 나름의 안목도 가지게 되었다. 특히 근래에는 지도자가 공동체 구성원들의 운명에 절대적 영향을 미치고 있음을 새삼 절감하게 되었다. 이 책은 이러한 역사 공부의 총화이고 결과물이기도 하다.

이 책에 기록된 내용들이 박원순이란 정치인과 그 정책을 살피는 데 유용할 것이라고 믿는다. 나 역시 실제로 이 책을 준비하는 과정에서 박원순의 시정을 제대로 이해하게 된 부분이 적지 않다. 이 책이 오류나 왜곡된 정보에 근거를 둔 정치공세들을 약화시킬 수 있기를 기대한다.

이러한 나의 의도나 기대와는 상관없이 전혀 다른 결과를 초래할지도 모르겠다. 2014년 6·4 지방선거를 앞두고 출간할 계획도 유보했었다. 선거국면에서 오히려 네거티브 공세의 실마리를 제공할 여지가 있었기 때문이다. 그런데 선거 이후에도 아들의 병역이나 기부금 등의 문제로 고소 고발이 남발하고, 심지어 최근에는 이례적으로 당 차원의 소위 '박원순저격특위'도 꾸려졌다. 인터넷에는 박원순에 관한 수십 개 항목의 '혐의'를 마치 사실인 것처럼 단정하는 글이 헤아릴 수 없을 정도로 많다. '타진요'가 따로 없다.

여전히 나의 기록이 정치적 반대자들에게 공격의 빌미를 제공할 수 있고 또 출간 시기 때문에 정치적 오해를 살 우려도 있어 출간을 고심했다. 그러나 사실을 기록하는 것이 내 본연의 일이라고 여기며 감히 공개하기로 결정했다.

정치인의 자전적 책들이 대부분 대필이라는 것은 암묵적으로 알려진 사실이다. 그러나 이 책은 오로지 나의 것이고 사실 고증에 충실한 기록이다. 물론 사실을 기록하려 애썼지만 방대한 정보들을 단순화하는 과정에서 오류가 있을 수도 있다. 오류가 있다면 전적으로 저자인 나의 책임이다. 기록을 공개하는 마지막 순간까지 오류가 있을지도 모른다는 두려움을 떨칠 수 없다.

이 지면을 빌려 번거로운 인터뷰에 응해주고 귀중한 자료를 기꺼이 제공해준 이들에게 특별히 감사한 마음을 전한다. 박원순을 주제로 서술하는 과정에서 그와 함께 일했던 이들의 역할과 애씀이 저평가되었을 여지가 있음도 인정하지 않을 수 없다. 이 점에 대해 널리 양해를 구하고 싶다.

마침 이 책이 세상에 나올 시점은 그의 회갑 즈음이다. 개인적으로 이 책을 그의 회갑 선물로 주고 싶다. 자신을 노인 취급한다며 불같이 화를 낼지도 모르겠지만. 하지만 그는 회갑 선물을 받을 만하다고 생각한다. 그는 공익을 위해 자신의 모든 것을 바쳐 수십 년 동안 헌신했고 귀중한 성과도 일궈냈다. 그에게 정치 참여를 권한 적은 없지만 내심 간절히 바랐기 때문에 늘 미안하고 고마운 마음을 금할 수 없었다. 첫 인세가 들어오면 그에게 맛난 것도 사주고 싶다.

박원순이 걷는 길

한반도의 눈물을 그치게 하기 위한
나 자신의 역할과 운명에 대해
묵상하고 또 묵상했다.
'이제 무엇인가를 해야겠다'는 생각에
몸이 부르르 떨렸다.

1

박원순,
서울시장이
되다

백두대간에 오른 평발의 사나이

2011년 8월 31일 오후 8시 무렵, 인터넷 『한겨레신문』에 '박원순 서울시장 후보 출마 검토'라는 제호의 기사가 떴다. 주변 사람들은 그 기사를 그다지 신뢰하지 않았다. 숱한 정치 참여 제안을 번번이 거절했던 과거사를 익히 알고 있었기 때문이다. 다음 날인 9월 1일 오후 9시 무렵, 『오마이뉴스』에 '안철수 교수 서울시장 출마 결심 임박'이란 제호의 기사가 떴다. 하루의 시차를 두고 발표된 이 두 개의 보도가 극적 드라마의 서막이라는 사실을 감지한 사람은 별로 없었다.

2010년 6월 2일 지방선거에서 오세훈은 강남지역의 몰표로 간신히 서울시장 재선에 성공했다. 서울시의회는 야당이 다수를 차지하고 있었으므로, 그는 시의회와 갈등했다. 특히 무상급식 시행 여부를 둘러싸고 크게 부딪쳤고, 마침내 2011년 8월 1일 '무상급식 주민투표'를 발의했다. 주민투표일을 사흘 앞둔 8월 21일에는 '주민투표에 실패하면 시장직에서 물러나겠다'는 자충수를 두었다. 그러나 24일의 최종 투표율은 25.7퍼센트로, 개표조차 할 수 없었다. 주민투표는 투표율이 3분의 1을 넘어야 개표할 수 있기 때문이다. 결국 오세훈은 26일 서울시장직을 사퇴했고, 서울시장 보궐선거는 현실이 되었다.

그즈음 박원순은 백두대간 종주 중이었다. 그의 취미는 책 읽기, 자료수집과 정리, 등산이다. 평발이고 통풍 증세가 있다는데도 등산이 취미인 것은 의아하다. 그는 서른 즈음에 이호웅(전 열린우리당 국회의원) 등 '독한 선배'들을 따라 지리산을 처음 올랐다. 뱀사골에서 등반을 시작해서 새벽 2시에 피아골 민박집에 도착하는 무리한 일정이었다. 당시 동행한 아내는 임신 중이었음에도 선두 그룹에 있었으나 그는 늘 맨 뒤에 처졌다. 그 첫 산행에서 발톱을 몽땅 잃었다. 그 '무모한 산행'이 오히려 후에 등산을 취미로 삼게 된 계기가 되었다.

중학교 3년 동안 30리 시골길을 걸어서 등하교한 덕분에 걷는 데는 자신이 있었다. 평발 때문에 쉬이 피로가 오지만, 등산 중에 잠깐 앉아서 쉬면 바로 회복되었다. 오르막길에는 느린 편이지만, 내리막길에는 빨라서 '하산길의 거장'으로 불렸다. 어렸을 때 친구들과 귀 잡아당기기 놀이를 하면 항상 이길 정도로 고통을 참는 데 특별한 재주가 있다. '과로사'가 희망이라는 농담을 한 적이 있는데, 오히려 고통을 즐기면서 사는 게 아닐까 의심스러울 때도 있다. 그가 관계했던 단체의 실무자들도 그를 따라 '고난의 행군'을 연례행사처럼 치러야 했다.

2011년의 백두대간 종주는 그에게 새로운 출구를 모색할 시간이었다. 2009년에 국가정보원은 그를 상대로 '국가 명예훼손'이라는 전대미문의 소송을 제기하여, 그 항소심이 계류 중이었다. 그는 단체를 만들어 5~6년 활동한 후에 또 다른 블루오션을 찾아 떠났듯이, 희망제작소를 떠날 준비를 하고 있었다.

1984년 지리산 뱀사골 산장 앞에서
선배 이호웅 부부와 함께.
이호웅과는 1975년 남부경찰서 유치장에서
만나 인연을 맺었다.

'희망수레' '생활협동조합' '대안은행' 등을 적극 모색하고 있었다. 소기업과 사회적 기업의 유통사업에 돌파구를 만들어보고자 한 것이다.

그는 산행을 하면서 '정치 참여'의 화두도 풀 수 있기를 기대했다. 무수한 정치 참여 제안을 거절했지만 그도 인간인지라 2010년 6월 지방선거 때에는 마음이 약간 흔들렸다. 시민운동 출신의 가까운 선후배들마저 집요하게 정치 참여를 권했기 때문이다. 법륜 스님, 수경 스님 등 원로들도 정치 참여를 권유했다. 화계사 회동에서는 그를 추대하는 결의까지 있었다.

"이제 무엇인가를 해야겠다"

마침내 2011년 7월 19일, 지리산 중산리에서 시작해서 설악산 마등령에 이르는 680킬로미터의 백두대간 종주가 시작되었다. 일행은 다섯 명이었다.

한여름의 더위와 장맛비 속의 백두대간 산행은 이래저래 고투였다. 종주를 시작한 지 스무 날이 지난 8월 9일, 속리산 줄기의 우중 산행에서 마침내 정치 참여라는 화두가 풀렸다. 이날의 산중 일기에는 당시의 심경이 다음과 같이 기록되어 있다.

속리산도 나도 그렇게 내내 울었다. 주체할 수 없을 정도로 눈물이 났다. 비인지 눈물인지 분간이 안 되었다. 끝없이 쏟아진 폭우로 동료들 눈치 보지 않고 그렇게 하루 종일 울었다. 그러면서 한반도의 눈물을 그치게 하기 위한 나 자신의 역할과 운명에 대해 묵상하고 또 묵상했다. '이제 무엇인가를 해야겠다'는 생각에 몸이 부르르 떨렸다.

나중에 그는 이날의 결심을 '산신령의 분노' 탓이라고 농담처럼 말했다. 산행 도중에 배가 고파서 산신각이나 성황당의 제사 음식을 먹었던 것이다.

물론 8월 9일의 '속리산 결심'은 서울시장 보궐선거와는 무관하게 이루어진 것이었다. 이명박 정권의 전반적인 역행과 국가정보원의 사찰 등과 같은 직접적 탄압이 없었다면 그 결심은 없었을지도 모른다. 정치 참여를 마음속으로 결심했다고 해서 그것이 반드시 현실화된다고 장담할 수도 없다. 그의 결심을 실행으로 이끈 것은 오세훈의 무모한 도박 '덕분'이었다. 결국 이명박 정권의 역행과 오세훈의 무리수가 없었다면 '정치인 박원순'은 없었을 것이다.

주민투표와 서울시장 보궐선거 소식은 백두대간 산중에도 실시간으로 전해졌다. 박원순 자신은 휴대전화가 없었지만 일행들의 스마트폰으로 속세의 소식을 전해들을 수 있었다. 그를 찾는 이들이 많아졌고, 심지어 산중으로까지 그를 찾아오는 이들의 발걸음도 잦아졌다.

그즈음 희망제작소는 연례행사로 해오던 지리산 여름 산행을 상임이사인 박원순의 백두대간 종주에 합류하는 형태로 계획했다. 상임이사에 대한 '우정 산행'을 겸하기로 한 것이다. 산행을 힘들어하는 연구원들 때문에 무난한 등산로와 주말 시점 등을 종합적으로 고려해서 코스와 일정을 잡았다. 금요일인 26일에 연구원들은 댓재휴게소에 도착했다. 마침 그날은 오세훈이 서울시장직을 사퇴한 날이었다. 윤석인 부소장은 개인 일정 때문에 뒤늦게 합류했다. 일행이 모두 잠든 늦은 밤에 박원순, 윤석인, 김영태(토리식품 대표) 등은 보궐선거 등의 안건을 갖고 산중 정치토론을 벌였다.

윤석인은 손학규(당시 민주당 대표), 김민영(참여연대 전 사무처장), 김수진(이화여대 교수) 등이 박원순의 출마 여부를 궁금해한다고 전했다. 희망제작소의 '좋은 시장학교' 졸업생인 김영태는 출마를 적극 권했다. 윤석인은 박원순이 전과 달리 손사래를 치며 부정하지 않는 모습에 의아해하며 연신 막걸리만 들이켰다. 다음 날 아침 희망제작소 연구원들과 헤어지기 직전 짧은 만남에서, 박원순은 윤석인에게 정치 참여 결심을 말했다. 그러면서 시민운동 선후배들에게 자신의 결심을 전하고 정치권의 분위기를 파악해줄 것을 부탁했다. 그의 결심을 최초로 발설한 것이다.

윤석인은 『한겨레신문』 기자 출신으로 희망제작소 창립 즈음에 자발적으로 합류했다. 그는 박원순의 정치 참여에 회의적인 편이었다. '착한 심성'의 박원순이 험한 정치판에서 상처받게 될 것을 걱정했고, '시민운동의 상징'으로 남는 것이 더 의미 있다고 생각했다. 그 자신도 정치 참여 제안을 받았지만 거절했다. 윤석인은 백두대간에서 박원순과 합류하기 바로 전날 밤에 손학규 민주당 대표를 분당에서 만났다. 마침 두 사람 모두 분당에 거주하고 있었다. 윤석인은 차기 대통령 출마를 준비하고 있던 손학규에게서 캠프에 동참해달라는 제안을 여러 번 받았지만 거절해왔다.

이날 두 사람의 만남은 윤석인의 거절을 최종 확인하는 자리였다. 헤어지는 인사 끝에 손학규는 "내일 박원순 만나러 간다니 출마 의사를 물어보라"고 덧붙였다. 윤석인은 "물어보긴 하겠지만 출마 같은 일은 절대 없을 것이다"라고 답했다. 하지만 윤석인은 자신의 생각과는 무관하게 잠시나마 박원순의 정치적 대리인 역할을 하게 된다.

한편 김수진 교수는 오세훈이 시장직을 사퇴하자, 바로 다음 날 박원순을 찾아 백두대간으로 향했다. 그는 박원순과 고등학교 동기이고, 참여연대 의정감시센터 소장으로 6년 동안 활동했다. 정세균 민주당 대표와 가까웠던 그는 2010년 지방선거를 앞두고 박원순의 출마를 강권했으나 거절당했다. 박원순이 정치에 진출할 호기는 이제 더 이상 없다고 체념했다. 그런데 8월 21일 오세훈이 주민투표 결과를 시장직과 연계하겠다는 뉴스를 접하자마자 곧장 문자를 날렸다.

"원순이밖에 없네. 이번에는 결심해라."

이 문자는 아쉽게도 산행 중 휴대전화를 지니고 있지 않던 박원순에게 제때 전달되진 않았다.

김수진은 8월 27일 이기령으로 갔지만 길이 엇갈려 만나지 못하고 산 아래로 내려와서 묵고, 다음 날 백복령으로 올라가 수염투성이의 친구를 드디어 만났다. 잔뜩 싣고 간 막걸리와 고기를 일행은 걸신 들린 듯이 먹어치웠다. 친구의 정치 참여를 설득할 궁리로 머리가 복잡했는데, 이미 더 이상 설득의 말이 필요 없었다. 윤석인에게 정치 참여 결심을 발설한 후였기 때문이다. 김수진은 '속리산의 우중 결심' 이야기만 장황하게 들었다. 그런데도 김수진은 친구의 출마 결심을 재차 확인하고자 9월 2일에 오대산 자락을 또 찾았다. 김수진은 친구를 설득하기 위해 세 번이나 백두대간에 오른 셈이다.

윤석인은 서울에 올라오자마자, 모처럼 여의도 정가 나들이에 나섰다. 시민운동에 관계하는 가까운 후배들에게도 박원순의 결심을 알렸다. 8월 31일 밤, 옛 대관령 휴게소 마당에서 정성원(희망제작소 전 부소장)과 함께 박원순을 다시 만났다. 그즈음 『한겨레신문』에 '박원순 출마 검토'라는 내용의 기사가 보

2011년 8월 김수진 교수가 백두대간 종주 중이던
박원순을 찾아가 서울시장 출마를 설득했다.
김수진은 이전에도 여러 차례 정치 참여를 권했다.

도되었다. 윤석인은 『한겨레신문』에 보도된다는 사전 연락을 받고, 아직 확정되지 않았으니 며칠만 기다려달라고 『한겨레신문』 후배 기자에게 부탁했다. 그러나 '출마 검토'라는 꼬리표를 달고 기사는 보도되고 말았다. 윤석인의 휴대전화는 쉼 없이 울렸다.

윤석인은 박원순에게 '3불가론'을 제시하며 출마에 부정적 의견을 피력했다. 첫째, 야권 단일후보가 되기 어렵다. 즉 이전과 같은 '꽃가마는 없다.' 둘째, 야권 단일후보가 되어도 보수 결집으로 한나라당 후보를 이기기 어렵다. 셋째, 시민운동으로 되돌아오는 퇴로는 없다. 이에 대해 박원순은 "일찍이 내 인생에 꽃가마는 없었다. 시련과 좌절의 연속이었지만 결국 이루어냈다"고 단호하게 답했다. 본인의 결심이 선데다 언론에 보도되었으니 이미 출마는 기정사실이 되었다.

운명이었다. 박원순은 9월 2일 후배들과 만난 자리에서 자신의 결심을 '운명'으로 표현했다. 이날 오전 윤석인, 하승창, 김민영, 박진섭, 유창주 등 시민운동 후배들이 박원순을 만나기 위해 오대산으로 가기로 예정되어 있었다. 2010년 지방선거 때 출마를 강권했지만 끝내 거절당했던 후배들로서는 그의 결심과 의사를 직접 확인하고 싶었던 것이다.

"그렇게 하라고 할 때는 안 하더니, 이번에는 정말 합니까?"

"그럼 뭐하러 여기까지 왔어?"

이런 싱거운 대화들이 오갔다. 많은 말이 필요치 않았다. 후배들이 다녀간 날 오후에는 김수진, 정병호 등 고등학교 동기와 지인들이 격려차 산으로 찾아왔다. 오랫동안 곁에서 활동했던 유창주에게 정치 참여의 변을 따로 설명하는 자리에서도 '운명'을 말했다. 실제로 하루 전날 출마 소식이 보도된 안철수에게 보낸 이메일에서도 '운명'을 거론했다.

사실 박원순은 2009년에도 운명을 언급했다. 국정원으로부터 손해배상 소송을 당하자 '진실은 이렇습니다' 제하의 장문의 글을 발표했다. 바로 그 글 서문의 부제가 '운명이야기'다. "세상에는 운명이라는 것이 있나봅니다. 저는 결단코 이런 자리에 서고 싶지 않았습니다"라고 비장하게 말했다. 이미 2002년 공개한 유언장에서 아내에게 "모든 것은 운명에 맡겨두는 것이 좋을 듯하오"라고 말했던 적도 있다.

촌놈으로서 두 차례의 재수를 거쳐 어렵게 KS(경기고등학교-서울대학교) 마크를 얻었지만 대학에서 쫓겨났다. 검사·변호사가 되어 돈도 제법 벌고 출세했지만 결국 시민운동에 투신했다. 시민운동의 영역에 계속 남으려 고투했지만 국가로부터 소송당하는 지경에 처하기도 했다. 이러한 개인의 과거사들도 주마등처럼 지나갔다. 정치 참여 결심을 논리적으로 설명하거나 한두 가지 이유로 대변할 수 있을까? 그래서 그는 자신도 어쩔 수 없는 '운명' 탓이라고 표현했다. 소명으로서의 정치 참여라 할 수 있다.

가까운 지인들과 아내에게도 출마 사실을 전화로 알렸다. 아내는 의외로 "잘 생각해서 처신하면 좋겠다"고 담담하게 말했다. 줄곧 아내는 남편의 선택을 존중해왔지만, 이번 경우는 다를 수도 있었다. 선거라는 것이 가족과 주변 사람들에게 얼마나 가혹한 희생을 요구하는지 아내는 미처 가늠치 못했을 것이다. 하물며 박원순 본인마저 그러했다.

출마를 결심한 그의 앞에는 민주당 후보 등 야권 단일화 경선과 한나라당 후보와의 본선이라는 두 관문이 놓여 있었다. 여론 주도층은 박원순의 존재와 가치를 높이 평가하고 있었지만, 당시 여론조사에 나타난 인지도나 지지도는 의외로 낮았다. 2000년대 초반 이래 '아름다운 일'과 '대안 찾기'에 전념하면서 언론의 노출 빈도는 현격하게 줄어들은데다 정치 참여 제안을 번번이 거절했기 때문이다. 민주당 등에서도 자체 여론조사 결과를 근거로 그에게 꽃가마를 태워줄 수 있는 상황이 아니었다. 아마 박원순 본인마저 당황했을지 모르겠다. 변호사로 활동하던 20대부터 줄곧 정치 참여 제안을 받아왔고, 심지어 전해인 2010년 지방선거 때는 꽃가마 제안을 받지 않았던가. 그러나 주사위는 이미 던져졌고, 퇴로는 없었다.

싱겁게 끝난 역사적 회동

게다가 엉뚱한 곳에서 심각한 사태가 터졌다. 9월 1일 밤, 『오마이뉴스』를 통해 안철수 교수가 출마한다는 보도가 나왔다. 안철수의 출마 소식은 무척 곤혹스러웠다. 민주당 후보와 한나라당 후보 외에 넘어야 할 관문이 하나 더 생긴 것이다.

안철수는 아름다운재단 이사였고 아름다운재단, 희망제작소 등에서 강연을 하기도 했다. 아름다운가게와 안철수연구소가 공동으로 '아름다운 토요일' 행사를 벌이기도 했으며, 같이 포스코 사외이사를 지내기도 했다. 두 사람의 인연과 신뢰는 두터웠다. 기성 정치인과 구별되는 참신한 이미지 등에서 두 사람의 지지층은 서로 겹칠 여지가 있었다. 특히 안철수의 대중적 지지도는 대단했다. 후배들은 그가 안철수에게 먼저 연락하기를 권했다. 그는 서둘러 안철수에게 편지를 썼다. 두 사람은 이전에도 필요에 따라 간간이 이메일로 소통하고 있었다.

안철수 교수님
오랜만입니다. 저는 지금 백두대간 종주 중입니다.
지리산에서 설악산까지 걷는 코스인데 벌써 45일째입니다.
잠깐 휴식하는 시간에 마을로 내려와 이 이메일을 씁니다.
저도 어쩔 수 없는 운명의 힘으로 이번 서울시장 선거에 나가게 되었습니다.

아직 외부적으로 공식 발표하지는 않았지만 이미 실무적으로 캠프를 꾸리고 있고 제가 하산하는 10일경에는 공식 출마 선언을 할 예정입니다.
그동안 정치와 인연을 끊고 살았는데 진정으로 우리 사회의 발전을 위해 제가 투신하는 것이 어쩔 수 없는 상황이 되었다고 판단한 것입니다.
참 꿈같은 일인데 현실이 되고 말았습니다.
오늘 우연히 안철수 교수님도 서울시장 출마를 고민하고 계신다고 들었습니다.
안 교수님의 역량이야 그 무엇인들 못 하겠습니까?
늘 저를 도와주셨고 또 함께해오셨기 때문에 제가 큰 도움을 얻어야겠다고 마음먹고 있던 차였습니다.
그런데 평소에 정치를 하시리라고는 생각지 않았는데 오늘 그런 뉴스가 뜨는 것을 보고 과연 '안 교수님이 그런 생각을 하실까?' 하는 의구심이 생깁니다.
혹시나 헛소문이 아니라면 늘 비슷한 생각을 해오던 안 교수님과 제가 경쟁하는 관계가 될까 걱정이 안 되는 바가 아닙니다.
지금 어떤 상황이신지 모르는 상황에서 함부로 말씀을 드릴 수는 없지만 생각이 비슷하다면 서로 힘을 합치는 것도 방법이라고 생각합니다.
제가 9월 10일 전후에 종주를 마치고 서울로 올라갈 텐데 한번

뵙고 싶습니다.

지금의 시국과 향후의 대응 방안에 대해, 그리고 협력에 대해 함께 고민해보았으면 좋겠습니다.

늘 존경과 감사의 마음을 가지고 있는 박원순이 드립니다.

감사합니다.

안철수는 원래 말이 적고 신중해 답신이 늦는 편이었지만 이번에는 이례적으로 답장이 곧바로 왔다. 자신도 공직 선거에 적지 않은 고민을 해왔으며 귀경하면 만나자는 간단한 내용이었다. 바로 답장을 보냈고, 만날 장소와 날짜에 관련한 내용의 사무적인 메일들이 몇 차례 더 오갔다. 마침내 6일 오후 2시에 만나기로 정해졌다. 그쪽에서는 '시골의사' 박경철 원장이 동석할 예정이니 한 사람 동행해도 좋겠다는 내용도 있었다.

상황이 급박하게 돌아가자 산행을 예정대로 마무리하지 못했다. 불가피하게 산행 동지들의 양해를 얻어 예정된 행로를 일부 건너뛰어 설악산을 종주하는 마지막 산행을 감행했다. 박원순은 5일 오후 설악산 비선대로 하산했다. 10일경에 하산할 예정이었지만, '속리산 결심'과 안철수의 등장으로 예정보다 단축된 49일간의 여정으로 마무리되었다. 유시주 소장과 윤석인 부소장 등 희망제작소 관계자들과 하승창이 마중 나와 있었다. 속초에서 저녁을 먹고 밤늦게 서울로 돌아왔다. 그즈음 세간에는

6일로 예정된 박원순과 안철수의 만남에 온통 관심이 쏠려 있었다. 사람들의 예측은 각기 엇갈렸다.

6일, 하산 후 첫 일정은 서울대학교병원에 마련된 전태일의 어머니 이소선 여사의 빈소 조문이었다. 박원순은 「방명록」에 "아름다운 삶 사셨습니다. 좋은 세상 만들어가겠습니다"라고 썼다. 이소선은 전태일뿐만 아니라 모든 노동자의 어머니였다. 특히 조영래 때문에 이소선과는 오래전부터 친밀한 사이였다. 조영래는 전태일이 사후에 얻은 '대학생 친구'였고, 이소선을 각별하게 대했다. 조영래가 이소선에게 전할 것이라며 봉투에 돈 넣는 것을 여러 번 목격했다. 조영래는 박원순의 '멘토'였다. 박원순은 이소선이 주도하던 '전국민족민주유가족협의회'(유가협) 사무실 건물을 마련하는 데 상당액의 기금을 제공하기도 했고, 유가협의 고문 변호사이기도 했었다. 전태일의 동생 전순옥(현 새정치민주연합 국회의원)과는 영국 유학 시절에 교류가 있었다. 조용환 변호사와 함께 전순옥이 조직한 봉사단체와 사회적 기업을 지원하기도 했고, 희망제작소와 공동으로 동대문시장과 전태일 관련 사업을 추진하기도 했다. 그는 평소 주변 사람들의 경조사 챙기는 일을 게을리하지 않았다. 실무자들을 '혹사'시켰지만, 경조사를 성의껏 챙기는 것으로 보상했다.

조문이 끝나고 약속대로 오후 2시, 안철수 측이 미리 주선해둔 충정로 오피스텔에서 박원순과 안철수, 배석자로 윤석인과 박경철 등 넷이 마주 앉았다. 먼저 박원순이 출마를 결심한 이유와 시장이 되어서 하고 싶은 일을 10여 분에 걸쳐 말했다. 이에 안철수는 간단히 응답했다.

"아무런 조건 없이 제가 출마하지 않겠습니다. 제가 박 변호사님을 잘 아는 사람이니까 더 이상 설명하지 않으셔도 됩니다. 저는 변호사님의 의지가 얼마나 굳건한지 확인하고 싶었을 뿐입니다."

역사적 회동은 그렇게 20여 분 만에 간단하게 끝났다. 4시에는 세종문화회관에서 회담 결과를 알리는 기자회견이 있었다. 기자회견장에는 수백 명의 취재진이 몰렸다. 좁은 공간에 그렇게 많은 취재진이 몰린 것은 유례가 없었다. 안철수가 먼저 나섰다. "박 변호사는 서울시장직을 누구보다 잘 수행할 아름답고 훌륭한 사람"이라며, 자신은 출마하지 않기로 했다고 말했다. 안철수의 회견이 끝나자, 두 사람은 환하게 웃으며 악수하고 포옹했다. 그리고 박원순의 기자회견이 이어졌다.

'정치인 박원순'은 수많은 카메라 앞에 느닷없이 서게 됐다. 2000년 낙천낙선운동 때도 스포트라이트 세례를 받은 적이 있지만 그런 자리는 극구 피하고 싶었고 거북했다. '정치인 박원순'의 데뷔 장면은 파격적이었다. 박원순은 50여 일간, 500여 킬로미터의 종주로 홀쭉하게 야위었고 덥수룩한 수염 때문에 마치 산신령 같았다. 오랜 산행으로 1회용 면도기로는 처리가 불가능할 정도로 수염이 길었다. 이발소에 들를 겨를도 없이 예정치 않은 정치인 신고식을 치르게 된 것이다.

박원순 측은 2시 충정로 '회담'에 임할 때까지도 4시에 기자회견이 예정되어 있다는 사실을 전혀 몰랐다. 안철수 측이 기자회견을 준비해둔 것으로 미루어보건대, 안철수는 이미 마음속으로 '양보'를 결정하고 있었던 듯하다. 2시의 만남은 박원순의 의지를 확인하는 자리였다. 박원순 측은 한 번의 '담판'으로 쉽게 종결되리라고 전혀 예상치 못했다. 안철수도 공직 선거를 깊이 고민했고, 또 그 주변에 사람들이 있었다. 더구나 배석자를 두는 담판이란 측면에서 더욱 그러했다. 일각에서는 두 사람이 일찍 단일화하는 것보다 막판의 극적 단일화가 승산을 더 높일 수 있다고 주장하기도 했다. 그러나 그런 작위적이고 구태의연한 모습은 두 사람에게 어울리지 않는 방식이었다.

두 사람의 합의에는 어떤 조건도 없었다. 특히, 높은 대중적 지지를 받고 있던 측이 '양보'했다는 점에서 이례적이었다. 안철수는 투표일 이틀 전인 10월 24일에도 캠프 사무실에 찾아와 "응원드리러 왔다"며 자필 편지를 건네는 방식으로 박원순을 도왔다. '아름다운 합의와 양보'는 박원순을 서울시장으로 만들었다. 그리고 박근혜 대세론을 일거에 무력화시키며 안철수를 대권주자의 반열에 올렸다. 이러한 극적인 드라마는 누구도 예상하지 못한 것이었다.

2011년 9월 6일 박원순과 서울시장
출마문제를 논의하던 안철수는 조건 없는 양보를
결심한다. 많은 취재진 앞에서 두 사람은
환하게 웃으며 포옹했다.

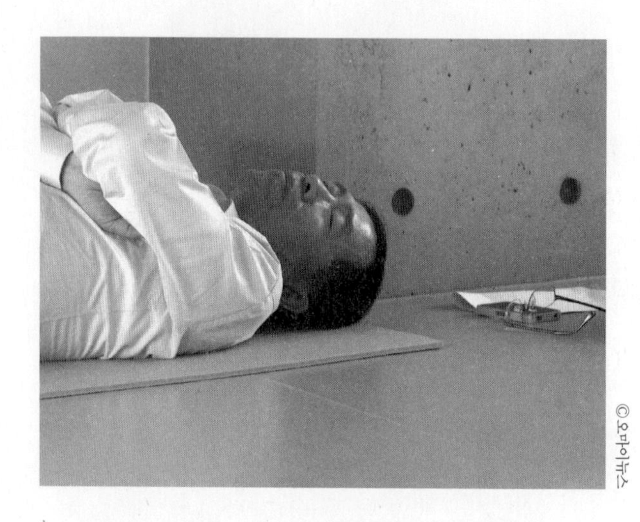

ⓒ오마이뉴스

2011년 서울시장 선거운동 과정에서 바닥에 누워
쪽잠을 자다. 박원순은 이전에도 시간을 아끼려 사무실의
맨바닥이나 야전침대에서 잠을 청했다.

쪽배 '박원순호'의 거침없는 항해

첫 번째 관문은 안철수의 양보로 아름답고 순조롭게 통과했지만, 두 번째 관문이 기다리고 있었다. 박원순은 캠프의 좌장 격인 윤석인과 하승창에게 실무 준비를 부탁했다. '희망캠프'라는 이름의 선거 캠프에는 시민단체의 사무처장급 출신들이 주축을 이루고 있었다. 마침 그들은 실무선에서 물러나 다음 행보를 모색하던 중이었다. 이들 중 공직선거 경험이 있는 이는 없었다. 후보인 박원순마저 공직선거 경험이 없었다. 모두 잠도 제대로 자지 못하고 열심히 일했지만, 효율적인 선거운동을 하지 못하는데다 내부 이견과 불협화음도 속출했다. 시행착오를 거쳐 선거운동 요령을 터득해갔다. 선거란 단기전에서 상상하기 어려운 장면이었다. 선거 컨설턴트가 가세하고 후보 중심의 결정구조가 정착되면서 상황은 점차 개선되었다.

야권 단일후보를 선출하기 위한 경선 룰 협상이 시작되었다. 경선 룰에는 '디테일의 함정'이 자리하고 있다. 룰의 사소한 차이에 따라 후보가 바뀔 수도 있었다. 박원순 캠프는 그 점에서 완전 문외한이었다. 대체로 대중적 지지도가 높은 박원순 측은 여론조사를, 조직력이 강한 민주당 측은 현장투표를 각각 선호했다. 약간의 논란을 거쳐 경선 룰은 현장투표 40퍼센트, 배심원 평가 30퍼센트, 여론조사 30퍼센트로 정해졌다. 이후에도 디테일의 함정이 산재되어 있었지만, 박원순은 협상 팀에게 디테일에 너무 집착하지 말 것을 지시했다. 돌이켜보면 이때의 협상은 지극히 아마추어적인 것이었지만, 결과적으로 박원순 측이 대폭 양보한 것으로 비쳐지는 이점이 있었다.

경선 룰의 큰 틀이 마련되어가던 즈음인 9월 25일, 민주당의 내부 경선을 거쳐 박영선이 민주당 후보로 선출되었다. 묘하게도 박원순과 박영선은 같은 창녕 출신이었다. 10월 3일 현장투표가 장충체육관에서 있었다. 현장투표 비중이 높았으므로 배심원 평가와 여론조사에서 이겨도 승패가 뒤집힐 확률이 높았다. 예상대로 오전에는 민주당 조직의 위력이 발휘되었다. '희망캠프'는 패배감에 휩싸였다. 그러나 점심시간이 되자 기적 같은 상황이 연출되었다. 가족 단위의 사람들과 젊은이들이 체육관 옆 지하철역에서 쏟아져 나왔다. 지하철역 출구에서부터 장충체육관에 이르는 길에 인산인해의 축제판이 벌어졌다.

박원순과 박영선의 득표율을 보면, 현장투표(46.31퍼센트 대 51.08퍼센트)에서는 뒤졌지만, 배심원 평가(54.4퍼센트 대 44.1퍼센트)와 여론조사(57.65퍼센트 대 39.7퍼센트)에서는 이겼다. 가중치를 적용한 결과, 박원순은 민주당 후보에 비해 6.58퍼센트 많은 52.15퍼센트로 야권 단일후보가 되었다. 바람이 조직을 이겼고, 아마추어가 프로를 이겼다. 이렇게 박원순은 극적으로 두 번째 관문을 통과했다. 10월 7일 박원순은 무소속 출마를 공식 선언했다. 이제 10월 26일의 최종 관문이자 세 번째 관문이 기다리고 있었다.

한편 한나라당은 9월 27일 경선을 통해 나경원을 서울시장 후보로 확정했다. 한나라당 전 대표이자 유력한 차기 대권 주자인 박근혜도 나경원 후보 지원에 나섰다. 나경원 측은 박원순의 학력과 병역을 문제 삼는 등 네거티브 선거운동에 치중했다.

박원순은 정치인이 되기 전에도 많은 사람을 만나고, 촌음을 쪼개어 활동해왔으므로, 선거운동은 첫 경험이지만 정신적·육체적으로 견딜 만했다. 그러나 억울하게 공격당하고 욕먹는 일만큼은 무척 힘들어했다. 그는 공익을 위해 헌신해왔으므로 남에게 험한 말을 들은 적이 거의 없었다. 그 자신에게 향해진 '협찬 인생'이라는 비아냥거림과 학력에 대한 의혹 제기는 억울하지만 참을 만했다. 그러나 그의 가족이나 그가 관계했던 단체가 공격당하는 것은 견디기 어려웠다. 한국 정치판에서 겪어야 할 통과의례는 가혹했다. 투표 날에는 중앙선거관리위원회와 박원순의 홈페이지인 '원순닷컴'에 대한 디도스 공격까지 있었다.

마침내 10월 26일, 박원순은 53.4퍼센트를 득표했다. 나경원보다 7.19퍼센트 더 많았다. 25개 구 가운데 서초·강남·송파·용산구를 제외한 나머지 21개 구에서 앞섰다. 이날 밤 당선이 사실상 확정되자, 그는 당선 인사에 나섰다.

"오늘 이 자리에서 서울시민의 승리를 엄숙히 선언합니다. 시민은 권력을 이기고, 투표는 낡은 시대를 이겼습니다. 상식과 원칙이 승리했습니다. 오늘 우리는 새로운 시대를 선택한 것입니다."

그가 승리한 10월 26일은 박원순의 인생은 물론 우리 근현대사에서도 운명적인 날이다. 1909년 10월 26일, 중국 하얼빈에서 안중근은 이토 히로부미를 권총으로 저격했다. 그로부터 70년 뒤인 1979년 10월 26일, 서울 궁정동에서 김재규는 박정희를 권총으로 저격했다. 안중근은 '민족'의 이름으로, 김재규는 '민주'의 이름으로 총부리를 겨눴다. 2011년 10월 26일 마침내 서울시민은 종이폭탄으로 기성 정치를 저격했다.

당시 박원순은 자신을 쪽배에 비유했다. 쪽배로 민주당과 한나라당이라는 거함을 차례로 격침시킬 수 있었던 동력은 수많은 시민이 자발적으로 지원한 덕택이었다. 5,778명의 시민이 38억 8,500만 원의 '박원순 펀드'를 사주었고, 많은 사람이 후원금을 냈다. 트위터 등 SNS로 인터넷에 댓글을 다는 방식으로 선거운동을 자발적으로 지원했다. SNS라는 뉴미디어가 적극적인 역할을 한 첫 번째 선거이기도 했다.

지난해 정국을 달군 '국정원 등 국가기관의 선거 개입' 사건에서 보듯이, 국가기관의 조직적인 SNS 조작과 정치개입 활동은 이 선거를 계기로 본격적으로 시작되었다. 원세훈 당시 국가정보원장은 선거 직후인 11월, 「원장님 지시 강조 말씀」이란 문건을 통해 "재보선에서 서울은 비정당, 비한나라당 후보가 시장이 됐다. 이런 쪽에 있는 사람이 시장이 됐으므로 우리는 위기 의식을 가져야 한다. 나라의 체제를 부정하는 세력들이 협심해 덤벼드는 것이기 때문에 대비를 철저히 해야 한다"고 지시했다.

국정원이 긴장할 만큼 쪽배 박원순호가 거함들을 연거푸 격파하면서 기성 정치권에 심각한 충격을 주었다. 그해 12월 민주당은 여러 세력과 통합하는 형태로 재구성되었고, 다음 해 2월 한나라당은 새누리당으로 개명하고 상징색을 파란색에서 빨간색으로 바꾸는 등 파격을 시도했다.

보궐선거였으므로 그는 선거 다음 날인 27일부터 시장실로 출근했고, 무상급식 예산지원 결재를 시작으로 업무에 들어갔다. 아이들 눈칫밥 먹지 않게 하는 것은 더 이상 정쟁과 논란의 대상이 아니었다. 그의 호칭은 '박 변' '사무처장' '상임이사' '원순 씨'에서 '박원순 시장'으로 바뀌었다. 그의 인생에 새 장이 열렸다. 그가 "내 인생은 백두대간 종주 이전과 이후로 삶을 나누어야 할지도 모르겠다"고 고백한 적이 있다. 그는 '운명의 힘'에 이끌리듯이 정치의 바다로 나아간 것이다. 정치의 바다는 블루오션이 아니라 레드오션이었다. 50여 일간의 백두대간 종주와 50일간의 '시민혁명'이 이어졌다. 총 '100일간의 사투'는 박원순 개인사에서도 가장 중요한 국면을 차지할 것이다.

오늘의 나를 만들어준
희생과 헌신에 대해
아무것도 갚지 못하고 떠나는 마음이
아리기만 합니다. 다음 세상에서
다시 함께 '같은 가지'로
태어나면 좋겠습니다.

2

가난하지만 부족하지 않았던 유년시절

노안 박원순의 젊은 감각

박원순은 아버지 박길보와 어머니 노을석 사이에서 태어났다. 아버지는 1914년생이고, 어머니는 한 살 아래였다. 2남 5녀의 7남매 중 여섯째이고 차남이다. 호적에는 생년월일이 1956년 3월 26일로 등재되어 있지만, 실제는 1년여 앞선 1955년 음력 1월 19일생이니 양력으로 2월 11일생이다.(이하에서 가족관계를 설명할 경우 외에는 1956년생으로 간주한다) 형제들의 출생연도도 실제보다 한두 해 늦게 올라 있다. 영아사망률이 높아 출생신고를 늦게 하는 일은 그 시절, 특히 시골에서는 흔한 일이었다. 실제로 그의 부모도 딸 넷을 낳은 뒤에 어렵사리 얻은 아들을 수개월 만에 잃었다.

박원순 본인은 자신의 실제 양력 생일을 잘 기억하지 못했다. 본인도 잘 모르는 실제 생일을 기록하는 이유는, 비록 혼란을 초래할 우려는 있지만 사실을 그대로 기록해야 한다는 당위를 거스를 수 없기 때문이다. 인터넷에 박원순의 사주팔자 풀이들이 더러 있지만 잘못된 생년월일 정보에 근거한 것이니 근원적으로 신뢰도가 낮다고 할 수 있다.

박원순의 나이를 1956년생으로 간주하여 노회찬, 손석희와 동갑이라 생각하는 사람들이 있다. 실제로 그가 손석희에 비해 노안이라는 일명 '박원순 능욕 동영상'이 한동안 떠돌기도 했다. 그 동영상은 2009년 11월 19일 방영된 MBC '100분토론'

의 10주년 특별방송이자 8년여간 진행을 맡아온 손석희의 고별방송을 편집한 것이다. 당시 희망제작소 상임이사 박원순이 손석희 앵커에게 "저와 나이가 비슷한데 더 젊어 보이는 비결이 뭡니까?"라고 미리 녹화된 화상으로 질문하자, 손석희는 웃으면서 "그게 아마 마지막 질문인 것 같은데, 한 가지 더 말씀드리면 여기 계신 노회찬 대표도 저와 동갑입니다"라고 말했다. 그러자 토론자로 현장에 있던 노회찬은 깜찍하게 손가락으로 'V'자를 그려 보였다. 이어 손석희는 "굳이 답변을 드리자면 제가 동안이 아니라 박원순 변호사님께서 노안이십니다"라고 말해 폭소를 자아냈다.

그런데 박원순은 1955년생이니 세 사람은 엄밀히 말해 동갑이 아니다. 물론 노회찬과 손석희도 실제로는 1956년생이 아닐지도 모른다. 한두 해 차이가 나더라도 박원순이 노안이라는 사실에는 변함이 없지만.

박원순은 고등학교 때 사진을 보아도 무척 조숙해 보인다. 나와 처음 만났을 적에 그는 서른 즈음이었고 나는 20대 후반으로 나이 차가 별로 없었지만 그는 그때도 제법 나이 들어 보였다. 외모는 물론 그와 어울리는 사람도 10~20년 연상인데다 생각도 어른스러워 더 그렇게 보였다. 하지만 외모와는 달리 그의 정신적 노화 속도는 더딘 편이다. 나이 들면 보수화되고 새로운 환경에 적응하기 어렵지만 그는 자기 혁신을 게을리하지 않았다. 단적인 예로서 일찍이 '원순닷컴'이라는 블로그를 개설했고, 트윗과 페이스북 등 SNS도 적극 활용했다. 틈이 나거나 야심한 밤에 그의 '트윗질'이 폭주한다. 유달리 작은 휴대전화를 부여잡고 두 손을 빠르게 놀리는 모습은 경이롭기까지 하다. 비록 그의 트윗에는 오타가 많을지언정. 현재 트위터 팔로어만 따져도 100만 명을 육박하고 있다. 그것을 기초로 '트윗행정' 즉 '광속 행정'의 새로운 경지를 개척해가고 있다.

가난한 농부의 자식

박원순의 고향은 경상남도 창녕군 장마면 장가리라는 시골 동네다. 장가리에는 야트막한 야산을 배경으로 논과 밭이 적당히 어우러진 곳에 밀양 박 씨 집성촌이 형성되어 있었다. 동쪽으로는 억새 숲으로 유명한 화왕산(756미터)과 생가에서도 바라보이는 영취산(739미터)이 멀리 자리하고 있다. 그 산들에서 발원한 계성천이 마을 앞을 지나고, 서쪽으로 낙동강 본류가 휘돌고 있다. 생가 앞 계성천변에는 깨끗한 물이 흐르고 모래가 펼쳐져 있었다. 야산과 개천가에서 아이들은 소에게 풀을 먹이거나 물놀이, 공놀이를 하며 놀았다. 축구 국가대표를 지냈던 박상인(부산교통공사 축구단 감독)의 집이 바로 위쪽에 있었다. 아저씨뻘인 세 살 연상의 박상인이 동네 골목대장 노릇을 하고,

그는 그 무리에 어울려 놀았다.

박원순이 살던 생가는 안채와 사랑채로 이루어져 있는데 어머니가 사망한 1996년 이래 돌보지 못해 폐가로 전락해 있었다. 수년 전 함석지붕을 새로 얹어 비가 새는 것은 겨우 막았지만, 그전에 스며든 빗물 때문에 서까래 곳곳이 심하게 썩어 내려앉아 있었다. 미처 수습하지 못한 살림살이도 그대로 남아 있었다. 그 먼짓구덩이 속에서 이 책을 쓰는 데 필요한 소중한 자료들을 확보할 수 있었다.

생가를 답사했을 적에 생가와 선영이 방치되어 있어 무척 놀랐다. 조상의 무덤은 여러 곳에 흩어져 있었다. 선영의 일부는 멧돼지 등 산짐승이 파헤친 그대로 방치되어 있었고, 부모 묘에도 석물이 하나도 없었다. '한성부윤'의 선영답지 않았다. 다만 그가 서울시장에 당선된 뒤 전국의 지관이 다녀간 탓인지 인적 드문 산길에 사람 발자국이 어지럽게 널려 있었다.

창녕은 저지대가 많은 곳이다. 습지로 유명해진 창녕 우포늪이 멀리 북쪽에 자리하고 있으니, 그 지질적인 특성을 가늠할 수 있다. 늪지에 둑을 막아 농지로 개간하고, 계성천변을 전답으로 활용했다. 장마철이 되면 낙동강물이 역류하여 둑이 터지는 바람에 농작물이 침수되는 일이 다반사였다. 범람한 물은 생가의 마당에까지 차오르기도 했다.

장가리는 1970년 그가 중학교를 졸업할 때까지 전기가 들어오지 않던 '깡촌'이었다. 그의 집은 수십 가구가 밀집되어 있는 마을의 맨 아래쪽에 자리 잡고 있는데, 울타리 너머가 바로 논이었다. 생가의 대지 규모는 71평에 지나지 않는다. 생가의 대지 규모와 위치만 봐도 그 집안의 내력을 대충 짐작할 수 있다. 그는 가난한 경상도 농부의 자식이었다.

부모가 혼인할 무렵에는 자기 땅이 한 뙈기도 없는 순수 소작농이었다. 부모의 근면과 절약 덕분에 가세는 차츰 나아졌다. 중학교 학적부의 생활환경난에는 "논 4,500평, 밭 1,000평, 임야 1,000평, 생활정도 중"으로 기재되어 있다. 그즈음에는 중농 수준에 이르렀던 것 같다. 그러나 당시는 소를 팔아 자식을 교육시킨다고 해서 대학을 '우골탑'(牛骨塔)이라 부르던 시절이었다. 자식들 교육과 혼사 등으로 전답의 규모는 점차 줄어들었다.

현재 생가와 선산, 그리고 생가 바로 앞의 논 1,000여 평이 각각 형과 그의 소유로 남아 있다. 그것이 현재 그가 소유한 유일한 부동산이다. 논은 과거 농지개혁 때 불하받은 것이었다. 제2차 세계대전 이후 지주-소작관계의 문제점을 개선하기 위해 전 세계적으로 토지개혁을 했다. 우리나라에서는 농지만이 개혁 대상이었다. 농지 3,000평을 기준으로 초과분을 유상 환수하여 토지가 없거나 적은 농가에 유상 분배했다. 따라서 농지개혁 시 그의 집은 3,000평 이하의 농지를 소유한 소작농이었음을 짐작할 수 있다. 분배받은 농지에 대한 지가상환이 종료되면서 1962년 소유권을 등기할 적에 둘째 아들인 그의 명의로 등재했던 것으로 추정된다.

부모는 부지런했다. 어린 시절 자식들은 부모가 등을 바닥에 대고 누워 있는 모습을 본 적이 없었다. 부모는 새벽부터 논밭에 나가서 일했고, 해가 지면 새끼를 꼬거나 가마니를 짜는 부업에 매달렸다. 비쩍 마른 소를 사다가 잘 먹여 살찌워서 되팔거나, 송아지를 내다 팔았다. 그즈음 근면한 시골 농부의 전형적인 모습이다.

마을에서 인심을 잃지도 않았다. 한국전쟁 후 거지들이 많았는데, 어머니는 거지들을 빈손으로 돌려보내지 않았다. 그 동냥 심부름은 주로 남자아이인 그가 감당했다. 사랑채에는 과객이나 마을 사람들의 발길이 끊이지 않았다. 그 집 사랑채는 동네 사랑방처럼 사람들의 출입이 많았다고 그의 고향 친구는 말했다. 아이들도 거기 모여서 화투 놀이를 하곤 했다. 그의 부모는 성장한 자식들을 외지로 떠나보낸 뒤 잠시 담배 점포를 겸한 구멍가게를 운영했던 적이 있다. 구멍가게는 경제적 보조수단이기도 했지만, 마을의 사랑방 역할도 했다.

'같은 가지'에서 난 형제자매

자식, 특히 아들에 대한 부모의 애착은 각별했다. 그는 부모

償還證書

約定

本證書는農地改革法第十一條第十三條및同法施行令第三十九條에依하여政府가分配한農地의償還證書로交付함

附記

農林部長官

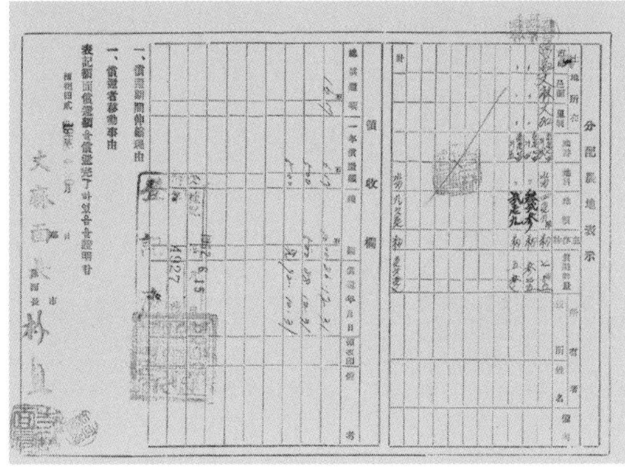

농지개혁 시 분배받았던 토지에 대한 상환 증서의 앞면과 뒷면. 이 상환 증서는 농지개혁을 연구하는 데 사료적 가치가 크다.

1979년 2월 박원순의 형 박우순의
서울대학교 행정대학원 졸업식에 참석한 아버지와 어머니.
당시만 해도 한복 차림의 정장은 흔하지 않았다.

가 마흔이 넘어 얻은 아들이었다. 3대에 걸쳐 각각 아들이 둘뿐이었다. 부모는 딸 넷을 내리 낳고 다섯째로 아들을 얻었지만 채 3개월이 되기 전에 잃었다. 그 뒤 세 살 위의 형 우순이 태어났다. 어렵사리 얻은 귀한 자식이라 형을 무당집에 올리기도 했다. 이후 그가 태어났는데 아들 둘을 얻은 후에도 어머니는 아들을 또 기대하며 40대 중반을 넘은 나이에 노산을 감행한다. 하지만 또 딸이었다. 외가는 창녕 북쪽에 위치한 이방면 출신으로, 아들이 없어 양자를 들였는데 그 양자 때문에 집안이 망했다. 이런 사정이 있어 아들에 대한 부모의 사랑은 지극했다.

부모는 겨울이 되면 쇠죽솥 뚜껑 위에 아들의 신발을 얹어 따뜻하게 데워서 신겨 보냈다. 어머니는 새벽마다 정화수를 올려놓고 자식들의 안녕을 빌었다. 특히 아들에게는 쪼가리 과일을 주지 않을 정도로 끔찍하게 대우했다. 누이들이 남동생의 물건을 함부로 손대거나 몸 위를 타 넘어 다니지 못하도록 가르쳤다.

아들에 대한 애착은 딸들에 대한 차별로 나타났다. 아버지는 아들 셋을 낳아서 하나는 면서기, 하나는 장사, 하나는 농사를 짓게 하고 싶다고 입버릇처럼 말했다. 두 아들은 서울로 유학 보내 대학공부까지 시킬 정도로 교육열이 대단했다. 딸들도 영특하고 상급학교 진학 의지가 강했지만, '출가외인'이라 생각하고 고등교육의 기회를 주지 않았다. 상급학교로 진학하기를 고집한 누이는 가출하는 방법으로 저항하기도 했다. 결국 그 누이는 노년에 방송대학교를 졸업했다.

당시 농촌의 현실을 감안하면 외지로 아들 둘을 유학시키는 것은 버거운 일이다. 그러니 다른 자식들의 희생이 불가피했다. 그는 2002년에 작성한 유언장에서 누나들과 여동생에게 미안한 마음을 전했다. 그 유언장을 보면서 특히 다음과 같은 대목에서 놀랐던 기억이 생생하다. 그는 검사로서 변호사로서, 이른바 출세를 했으므로 집안의 기대주였을 것이다. 그런데 그가 공익을 위해 수억 원은 기꺼이 희사하면서, 자기 피붙이들한테, 더구나 자신을 위해 희생했던 여형제들에게 도움을 주지 않은 것은 의외였다. 엄숙하게 공개된 유언장에서 구태여 꾸며 말하지 않았을 것이다. 그의 혈육들도 일찍부터 그의 도움에 대한 기대를 포기했고, 피붙이라는 좁은 울타리에서 그가 벗어날 수 있도록 배려해주었다.

> 오늘날의 나를 만든 많은 분이 계시지만 그 가운데 내 형제들을 잊을 수는 없겠습니다. 어린 시절 내 학비를 보태고 부모님을 돌보던 큰누님과 매형, 아들만 귀히 여기는 집안 분위기와 부모님의 인식 때문에 제대로 교육도 못 받고 외지에서 무진 고생만 한 둘째 누님과 셋째 누님, 시골에서 부모님 농사일을 돕느라 시집갈 때까지 온몸을 바쳐 일한 넷째 누님, 학문의 길

을 걷느라 어려우신 걸 뻔히 알면서도 제대로 도와드리지 못한 형님, 그리고 오빠들 때문에 중학교까지밖에 못 다니고 내내 농사일만 한 막내 여동생.

오늘의 나를 만들어준 희생과 헌신에 대해 아무것도 갚지 못하고 떠나는 마음이 아리기만 합니다. 변호사 동생 또는 오빠를 두었으니 뭔가 생활에 도움이 되도록 했어야 하는데, 그렇지 못한 아픈 가슴만 남았습니다. 다음 세상에서 혹시 그럴 위치가 된다면 지금과는 다른 동생 또는 오빠가 되어보도록 하겠습니다. 신라 향가 「제망매가」에서는 "같은 가지에 태어나 가는 곳 모르겠소"라고 노래했지만, 우리는 다음 세상에서 다시 함께 '같은 가지'로 태어났으면 좋겠습니다.

형제가 많아서 좋았다. 그는 누나들과 형이 읽던 책을 손에 잡히는 대로 마구 읽었다. 책을 가까이하고 모으는 습관은 학창시절 내내 독서반 활동으로 이어졌다. 그 후에 독서를 취미로 삼았으며, 자료수집광이 되었고, 글쓰기를 즐겨 하는 저술가가 되었다. 그의 독서벽은 시종일관 난독에 가깝다. 물론 그 난독 과정에서 어느 분야에 관심이 꽂히면 관련 책을 넓고 깊게 파고 든다. 그는 요즘같이 전문화되고 복잡한 시대에 보기 드물게 박이정(博而精)한 사람이다.

"남에게 해가 되는 일은 하지 말라"

아버지는 초등학교에 다니는 큰아들을 대구와 서울로 조기 유학시켰다. 아버지는 자식들의 교육을 위해 도회지나 교통이 좀더 나은 인근 지역으로 집을 옮기려 애쓰기도 했다. 일제강점 말기에 일본에서 근대 문명을 직접 접했던 탓일지도 모른다.

아버지는 일본에서 상당 기간 노동에 종사했던 것으로 추정된다. 일본에서 흙 파는 일을 했고 일본말을 몰라서 매를 많이 맞았다고 한다. 아버지가 일본으로 노동하러 간 동안 할아버지가 생선 장사를 하기도 했다. 1939년생 둘째 누나와 1945년생 셋째 누나 사이에 6년의 터울이 있는 이유는 아버지가 외지에 있었기 때문이다. 1942년 3월 할머니가 사망했을 적엔 큰아들인 아버지의 귀국을 기다리다가 끝내 부재한 상태에서 11일장을 치렀다. 일본 가나가와 현(神奈川県) 구리하마(久里浜)에 살 때 노동일을 했던 것 같다는 먼 친척의 증언도 있다. 단편적 증언들을 종합하면, 아버지는 1942년 이전 어느 시점에 일본으로 건너가 노동에 종사하다가 해방 전에 귀국했던 것으로 추정된다.

2011년 선거 기간에 아버지가 보국대로서 위안부 동원에 참여한 친일파라는 네거티브 공세가 펼쳐지기도 했다. "박원순이 자신의 아버지가 보국대에 끌려갔다고 말했다. 보국대는 위안부 강제동원 조직이고, 따라서 보국대원이었던 박원순의 아버지는 위안부 강제동원에 참여한 친일파"라는 주장이다.

보국대는 일제 말기에 전쟁으로 부족해진 노동력을 강제 동원하기 위해 만들어진 노동력 동원조직인데, 이것이 위안부를 연행해간 조직이라니, 역사적 사실에 전혀 부합되지 않는 이런 황당한 주장이 어떻게 제기되었을까? 여성가족부가 운영하는 일본군위안부 피해자 e-역사관의 설명 글이 그 근거가 되었다. "여성은 크게 취업사기, 폭력, 협박, 정신대, 보국대 등을 통해 동원되었다"고 기술된 대목이다. 글의 의도는 '정신대' '보국대'라는 이름으로 징발해서 위안부로 데려갔다는 의미인데, 이것을 보국대가 위안부를 동원하는 조직인 것처럼 독해했던 것이다. 역사적 상식을 조금이라도 갖고 있다면 있을 수 없는 오독이다. 실제로 2013년 9월 여성가족부는 문제가 된 '정신대와 보국대'라는 용어를 삭제했다.

그의 아버지가 친일파라는 주장은 2004년 9월 30일자 『주간동아』의 인터뷰 기사 때문이기도 했다. 부모는 평소 자식들에게 "남에게 해가 되는 일은 하지 말라"고 입버릇처럼 강조했는데, 이는 "보국대에 끌려가 고생하시면서도 일본인이 갖고 있는 좋은 모습을 배우셨기 때문에 하신 말씀인 듯하다"고 말한 대목이다. '예의가 바르며, 남에게 폐를 끼치지 않으려 한다'는 것은 일본인의 특성을 말할 때 흔히 거론되는 표현이다.

"남에게 해가 되는 일은 하지 말라"는 말은 가훈과 같은 것이었는데, 여기에는 부모의 빼저린 경험이 자리하고 있었다. 낙동강 인근에 위치한 생가 지역은 한국전쟁 당시 낙동강 전투의 혈전장이 되었던 곳이다. 밀양으로 피난 갔다 귀환했더니 집은 불탔고 땅 문서마저 소실되었다. 그 자리에 움막을 지어 몇 년간 살다가 지금의 생가를 다시 지었다. 상량문에는 그가 태어난 후인 1958년 1월 15일로 기록되어 있다. 그런데 대지의 원 소유주이자 동네 부자인 황 부자가 땅 문서가 소실된 것을 눈치 챘는지 땅을 반환해달라고 요구했다. 등기부상에는 1961년 12월에 소유권이 이전되었다. 집터를 두 번 사야 했던 아픔이 너무나 컸으므로 어머니는 그 일을 종종 언급했다. 이 일로 "남에게 해가 되는 일은 하지 말라"고 자식들에게 누누이 일렀다. 훗날 그 황 부자는 동네 재실의 방 한 칸을 빌려 나이 든 몸을 의탁하는 신세로 전락했다. 어머니는 그를 따뜻하게 대접하며 화해했다.

폐가로 방치되어 있는 생가에는 토지매도증서를 비롯한 온갖 문서가 보관되어 있었다. 심지어 구멍가게를 운영할 때 받은 물품구매 영수증도 남아 있다. 문서 보관벽(癖)은 집터를 재매입해야 했던 아픈 경험 탓일지도 모르겠다. 그의 자료 수집벽도 이러한 집안의 과거사와 문서 보관벽의 영향일지 모른다.

선생과 부모의 헌신으로 철이 들다

부모는 생전에 자식들에게 공부하라는 말을 일절 하지 않았다. 오히려 어머니는 자식들이 공부하다 건강을 해칠까 더 걱정하는 편이었다. 밤이면 무조건 일찍 자라고만 했다. 귀한 쌀밥에 달걀까지 얹어 도시락을 싸주었다. 유난히 입이 짧았던 그는 그 도시락을 다락에 두고 가거나 몰래 내다버리기도 했다. 어릴 적에는 비위가 약한 편이었고 체격도 왜소했다. 초·중학교 시절 학적부에는 '허약체질'로 기재되어 있다.

박원순은 의외로 고집불통에 말썽꾸러기이기도 했다. 그의 형은 아버지가 그에게 가끔 매를 들었고, 거꾸로 치켜들고서 변소에 처넣겠다고 겁준 적도 있었다고 기억했다. 취학연령이 되기 전에 조기 입학시킨 것은 철이 좀 들까 해서였다. 집은 장가리의 동쪽에 있어 동장가라 불리던 곳인데, 학교는 서장가 쪽에 있었다.

3학년 때 박실경 선생이 "바람을 이용한 기계나 시설을 아는 대로 들어보라"는 질문에, 그는 손을 들어 '풍로'라고 대답했다. 아버지가 쇠죽을 끓일 때 아궁이 앞에서 풍로를 돌리던 모습을 떠올리고 대답한 것이다. 선생은 "참 잘했다"며 칭찬했다. '칭찬은 고래도 춤추게 한다'고 하지 않던가. 그는 이때부터 천둥벌거숭이에서 벗어났다. 실제로 초등학교 1학년 학적부 '아동생활 종합평가'란에는 "근로에 있어 태만하며 소유물을 잘

분실한다"라고 부정적으로 평가되었지만 3학년부터 그 평가가 바뀐다. 그 후 우등생이 되었고 반장도 맡았다. 6학년 때는 전교 회장이 되었다. 그의 삶에서 맞이한 최초의 변화다.

1983년 변호사 사무실을 연 직후 어느 날, 모교에 교장으로 부임한 박실경 선생이 사무실로 찾아왔다. 선생은 후배들을 위해 컴퓨터 기증을 조심스럽게 부탁했고, 그는 흔쾌히 응답했다. 컴퓨터가 제법 비쌀 때였다. 선생은 그 일을 동네방네 자랑했다. 이후 장가초등학교를 흡수한 장마초등학교 역사 기록 사진첩에 그때의 기증기록이 남아 있다. 1983년 11월 '콤피우터 1대' 기증서다. 그 이듬해에는 VTR 시설과 철책 경비를 지원했다. 박실경 선생이 정년퇴임 후 오토바이 사고로 사망했다는 소식을 접했을 적에는 그의 아내를 대신 보내 문상했다. 박실경 선생은 그에게 최초의 스승이었다.

박원순의 초등학교 시절을 살필 수 있는 자료는 거의 없다. 중학교 입학식에 가기 전 집에서 형, 넷째 누님과 함께 찍은 사진이 사실상 최초의 사진이다. 초등학교 졸업생 전원을 찍은 사진 한 장이 졸업앨범을 대신했다. 그의 재학시절 한 학년의 학생 수가 80여 명이었던 장가초등학교는 그 후 분교로 전락했다가, 1993년 3월 면 소재지의 장마초등학교에 통합되었다. 그런데 장마초등학교마저 2013년 현재 신입생이 한 명도 없어 폐교 위기에 처해 있다. 그가 희망제작소를 만들자마자 전국 곳곳의 마을과 학교를 누비며 대안을 모색했던 까닭은, 그가 시골 출신이기도 하지만 지금의 농촌 현실이 그만큼 절박하기 때문이었다.

장마면에는 중학교가 없었으므로 인근 영산읍 소재의 영산중학교에 시험을 쳐서 진학했다. 등굣길은 논둑길을 지나 작은 고개를 넘고, 계성천 징검다리를 건너 제방 길을 따라 걸어가야 하는 왕복 30리 길(약 12킬로미터)이었다. 비가 많이 내려 계성천의 물이 불어나면 더 먼 길로 우회해서 다녔다. 그는 자신의 다리가 튼튼한 것이 장거리를 통학한 덕분이라고 말했다. 중학교 2학년 때는 밀양에서 기차를 타고 서울로 수학여행을 다녀왔다. 그때 기차를 탄 것도, 서울 구경을 한 것도 처음이었을 만큼 영락없는 시골아이였다.

3학년 때는 영산읍에 사는 큰누이 집에 기거한 적도 있었다. 큰누이는 그보다 19세 연상으로, 그가 태어나기 한 해 전에 출가했다. 어머니가 내성적이고 속을 끓이는 타입이라면, 큰누이는 활달하고 생활력이 강했다. 큰누이는 맏이로서 친정을 적극 살폈다. 큰누이의 맏딸이 그와 동갑이니, 그는 동생이지만 자식 같은 존재이기도 했다. 큰누이는 또 하나의 어머니였다.

박원순이 일찍 철이 든 계기는 또 있었다. 어느 해인가 홍수가 나서 집 앞 논의 벼가 물에 잠기고 모두 쓰러졌다. 아버지를 도와 벼를 일으켜 세워 묶는 작업을 하던 중에 아버지가 쓰러졌

중학교 시절 증명사진.
박원순은 왕복 30리 길을 걸어
영산중학교에 다녔다. 지금도 그는
자신의 다리가 튼튼한 것이
장거리 통학 덕분이라고 말한다.

다. 과묵하고 거목처럼 듬직해 보이던 아버지가 눈앞에서 쓰러지는 장면을 목격하고는 큰 충격을 받았다. 부모가 힘들게 노동하는 모습을 보면서 열심히 공부해야겠다고 다짐하게 된다. 중학교 학적부에는 "강철 같은 굳은 의지로 학업에만 열중하는 근면가" "착실 근면하며 매사에 적극적이나 학업에만 너무 열중하여 사회성이 결여" "과도한 공부로 신체에 지장이 없도록" "이기적 경향에 흐르지 않도록" 등이 기재되어 있다. 그는 '성적이 우수하고 품행이 방정'한 전형적인 모범생 타입은 아니었다. 대신 어릴 적부터 집념과 승부욕이 남달랐다.

그는 중학교를 졸업할 때쯤 철도고등학교에 진학하려 했다. 철도고등학교는 학비가 무료인데다 취업도 보장되는 학교였기 때문이다. 그러나 형의 권유에 따라 인문계로 진학했다. 3학년 학적부의 학부형 진학희망난에는 '경기고교'라고 기재되어 있다. 당시 형은 서울공업고등학교 화공과에 재학 중이었다. 서울공고는 공고 중에서 가장 우수한 학교였지만, 형은 실업계 교육의 한계를 절감하고 있었다. 형은 졸업 후 잠시 조선일보사 제판부에 근무하다가, 결국 재수하여 한국외국어대학교 행정학과로 진학했다. 서울대학교 행정대학원을 거쳐 1981년 이래 동아대학교 행정학과 교수로 재직하고 있다.

박원순은 도서관에서
영자 주간지를 보던 중,
경찰의 구타 등
야만적인 진압장면을 목격하고
시위대열에 동참했다가
곧 체포되었다.
당시는 겨울공화국 시기였다.

3

평범하지 않은 박원순표 'KS 마크'

경기고등학교에 합격한 '시골뜨기 둔재'

중학교를 졸업한 1970년, 박원순은 서울의 경복고등학교에 응시했으나 낙방했다. 경복고는 일제강점기 제2경기고보의 후신으로 경기고, 서울고에 이어 손꼽히는 명문고였다. 경복고 낙방은 최초의 심각한 좌절 경험이었다. 곧장 재수 생활로 서울살이를 시작했다. 다행히 누나 둘(둘째와 셋째)이 출가한 후 영등포 근처에서 어렵게 살고 있었다. 이미 상경해 있던 형과 함께 누나 집 근처에 방을 얻어 자취생활을 시작했다.

재수 공부를 위해 경복학원에 다녔다. 고입학원으로는 가장 유명한 학원으로 종로2가 YMCA 뒤편에 위치하고 있었다. 학원이 파하면 갈 곳도 놀 곳도 마땅치 않아서 남산 시립도서관까지 걸어가 공부하기도 했다. 시험을 목전에 둔 3개월여 동안은 독서실에 죽치고 살았다. 의자에 앉아서 잠시 눈을 붙이는 것으로 잠을 대신하고, 단팥빵 하나로 끼니를 때우며 공부에 매진했다. 한 달 이상 양말을 벗지 않고 발도 씻지 않은 채 생활했더니, 땀이 차서 발바닥이 허옇게 변색되고 감각이 없어지는 이상 현상이 나타나기도 했다. 그즈음에는 집안의 경제사정이 그렇게까지 곤궁하지 않았다. 1만 원을 요구하면 부모는 2만 원을 부쳐주는 편이었지만 공부에만 집중하느라 그렇게 처절하게 살았다. 교과서는 물론 문제집까지 달달 외울 정도가 되었다. 모의고사에서 전국 1등을 하기도 했다. 경기고 진학이 목표였다.

경기고는 고교 평준화 이전 시기에 만인의 선망 대상이었다.

당시 경기고의 입학 정원은 720명이었는데, 그중 480여 명은 경기중학교에서 무시험으로 진학하게 되어 있었다. 1969년 중학교 평준화 조치로 경기중학교 등 세칭 일류 중학교를 상징적으로 폐교하는 특단의 조치가 있었다. 한편 이미 경기중학교에 입학한 학생들에 한해서 '동일계'라는 이름으로, 경기고등학교 무시험 진학이라는 특전이 과도기에 주어졌다. 그가 경기고에 입학하던 1971년은 동일계 진학이 적용되던 마지막 해였다. 그만큼 경기중학 출신이 아닌 학생들에게 경기고 입학 문은 좁았다. 1971년도 경기고 입학시험 공고를 살펴보면 경기중학 출신자를 제외한 242명을 선발한다고 되어 있다. 시험 경쟁률은 3.5 대 1이었다.

그는 왼쪽 팔꿈치가 완전히 펴지지 않는 팔 기형이 있었으므로 체능 시험에서 불리한 조건에 처해 있었다. 초등학교 6학년 때 조카를 태우고 자전거를 타고가다 넘어져서 팔 관절을 다쳤는데, 제대로 치료를 받지 못한 탓이었다. 초등학교 6학년 생활기록부에 '병결'(낙상)로 5일간 결석한 것으로 기재되어 있고, 중학교 학적부에도 "한쪽 팔에 약간 장애가 있다"고 기록되어 있다. 그런데 그는 체능 시험에서 기본점수만 얻고도 합격했으니, 필기시험 성적이 꽤 높았던 것 같다. 팔 기형은 결혼 후에 수술하여 고쳤다.

경기고등학교 재학 시절 통학로이던
경복궁의 건춘문 앞에서 친구들과 함께. 왼쪽에서
네 번째가 박원순이다. 교복과 모자는 물론
가방까지 동일한 것이 이채롭다.

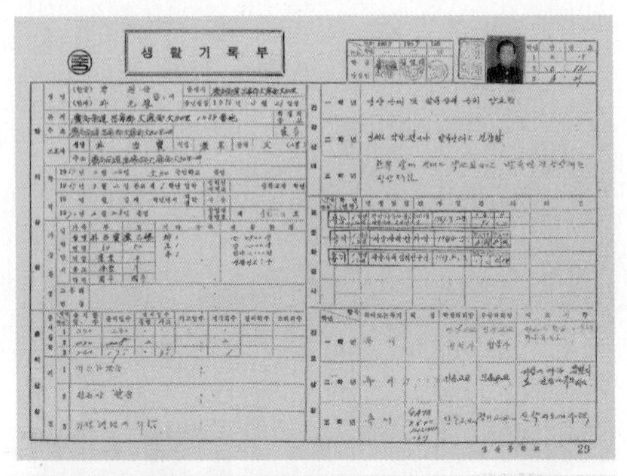

생활기록부

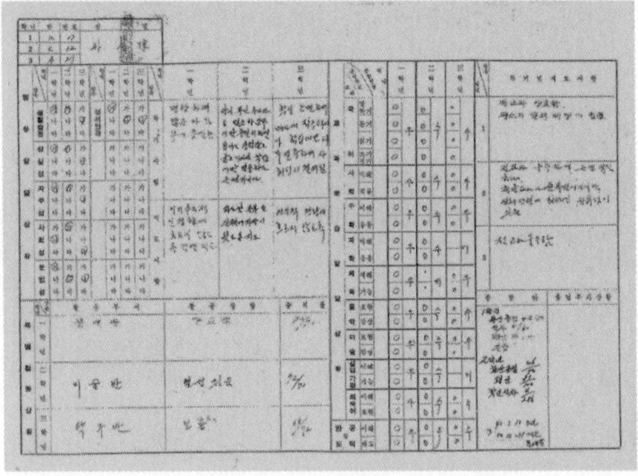

박원순의 중학교 생활기록부. 생활환경과 한쪽 팔에 장애가 있음이 모두 기록되어 있다. 특히 1학년 때 측정한 지능지수가 91에 불과한 점이 눈에 띈다.

그는 어렸을 적이나 지금이나 걷는 것 외에 운동에는 별로 소질이 없는 것 같다. 학적부를 살펴봐도 체육과목 성적은 상대적으로 좋지 않다. 야위고 덩치도 작은 편이었다. 이러한 악조건에도 불구하고 경기고등학교 입학의 관문을 통과했다. 이것이 좌절을 극복한 첫 번째 사례다.

고등학교 입학 과정에는 경이롭고 의아한 부분이 적지 않다. '깡촌'에서 명문인 경복고에 응시하고, 이듬해에 경기고에 합격했으므로, 고향에서 '천재'라는 소문이 자자했을 것으로 추정했다. 그런데 고향에서 만난 초·중학교 동기들의 반응은 생각과 달랐다. "특출한 학생이었는지는 잘 모르겠다"는 것이다. 나중에 학적부를 살펴보니, 중학교 성적은 발군의 성적이 아니었다. 영어와 국어 등 어학 능력은 빼어났지만, 수학에 약점이 있었다.

성적보다 더 충격적이었던 것은 그의 지능지수(IQ)였다. 1964년 5월 초등학교 4학년 지능검사에서는 101, 1967년 3월 중학교 1학년 지능검사에서는 91이 나왔다. 고등학교 지능검사에서도 116에 불과했다. 전국 수재들이 모여드는 경기고 학생으로서는 극히 낮은 이례적 사례다. 지능지수의 신뢰도에 문제가 있는 것일까? 지능은 낮지만 오로지 노력과 집중력으로 만회한 것일까? 아니면 그의 지능은 계속 계발되는 특이 사례라고 해야 할까?

의외로 낮은 지능지수는 그의 화려한 이력을 고려하면 무척 충격적이다. 한국에서 최고의 엘리트 코스로 꼽히는 경기고등학교-서울대학교-사법시험의 어려운 시험을 통과하지 않았던가. 그와 같이 일했던 사람들은 그의 지적 능력에 콤플렉스마저 느꼈다는 이들이 적지 않다. 그들은 그가 '두 개의 뇌와 두 개의 심장을 가진 슈퍼맨'이라는 평가에 흔쾌히 동의한다.

실제로 그는 여러 개의 업무를 동시에 처리하는 멀티태스킹 능력이 탁월하다. 한순간도 빈둥거리지 않고 일하기를 즐기는 일 중독자로 유명하다. 해외여행이 빈번하지만 '시차 적응'할 시간도 없이 귀국 즉시 일에 몰두한다. 오히려 해외여행을 하거나 비행기를 타고 있는 동안에는 바쁜 일상에서 해방되는 시간이므로, 미루어둔 원고를 작성하거나 아이디어를 구상한다. 그래서 함께 일했던 실무자들은 그가 해외에 나갔다 돌아올 때면 더욱 긴장했다. 귀국과 동시에 두툼한 기획안을 그들의 책상에 던져놓기 때문이다.

1999년에는 이런 일도 있었다. 당시 차병직 변호사가 박원순이 미국 시민단체 탐방 일정으로 수개월 자리를 비운 사이에 참여연대 사무처장 직무대행 역할을 하고 있었다. 차병직은 박원순이 돌아올 때쯤, 간사들에게 보내는 메일 말미에 "박 변 영어 실력에 미국에서 하고 싶은 말도 잘 못 했을 것이다. 그러니 이제 돌아오면 하고 싶은 말 다 할 테니 각오해라"라는 내용을 덧붙였다. '좋은 시절 끝났다. 그가 돌아온다'는 그 메일은 박원순에게도 공유되었다. 박원순은 귀국한 후 차병직에게 "나 영어 잘하는데"라고 구태여 해명했다. 아무튼 그가 선천적으로 지력이 뛰어나지 않다고 하더라도 누구보다 많은 일을 해냈다는 점만은 분명하다.

박원순에게 학적부에 기록되어 있는 지능지수를 알려주었더니 반응이 역시 그다웠다. 그는 바로 농담으로 받아쳤다. 1992년 영국 유학 시절 이탈리아 여행 중에 2층 침대에서 떨어져 머리를 크게 다쳤는데, 그 후 머리가 좋아져 지금 검사하면 300 정도 나올 거라며.

쉬지 않고 일하는 그의 '강철' 체력도 학적부와 비교해보면 의아할 일이다. 앞에서도 언급했듯이 그는 체육에는 영 소질이 없었다. 그런데도 흔한 감기몸살 한번 앓은 적이 거의 없다고 한다. 결혼 전에는 끼니마저 제대로 챙겨 먹지 못했다던데 말이다. 특기할 건강식이 있다면 장모가 직접 달여주어서 먹기 시작한 홍삼액 정도다. 그 외에 특별히 챙겨 먹는 건강식은 없다. 다만 좋아하는 음식으로 국수와 무를 넣은 생선조림을 들었다. 낙동강변의 고향에서 어머니가 자주 해준 붕어조림의 맛은 향수처럼 아련하다. 술·담배를 멀리하고, 주로 걸어다니고, 가끔 등산하는 것이 건강관리의 비법이라면 비법일 것이다.

화동주보 사건과 구출모의에 앞장선 범생이

경기고에는 명문가와 유복한 집 자식들이 많았다. 박원순은 현재 보광그룹 회장인 홍석규와는 '룸비니'라는 불교반 활동을 하며 함께 어울렸고 그의 집에 놀러가기도 했다. 홍석규의 형인 홍석현·홍석조·홍석준 모두 경기고등학교 출신이고, 그 아버지 홍진기도 경기고등학교의 전신인 경기고보 출신이었다. 이러한 사정으로 세간에서는 보광그룹이 박원순 테마주로 거론되고 있다.

친구들과 달리 박원순은 가난했다. 스승의 날에도 마늘 한 접을 담임선생께 선물했을 뿐이다. 박원순은 당시 상당수의 경기고 재학생들이 받던 개인 과외도 받지 않았다. 오히려 입주과외선생을 했다. 고등학교에 진학하면서 사실상 경제적으로 독립했다. 고등학생으로서 돈을 쓸 데가 없기도 했지만, 대학 다니는 형에게 용돈을 주기도 했다.

그러나 묘하게도 경기고 학생들은 출신에 따른 구별이나 차별의식이 그다지 심각한 편은 아니었다. '전국에서 모인 수재집단'이라는 엘리트 의식이 차별의식을 상쇄했던 것이다. 그런 경기고에서 만난 강송식 선생은 유별한 분이었다. 잘사는 건 입신출세가 아니라 마음이 편한 것이고, 성적이 좋다 나쁘다보다 최선을 다하느냐가 중요하다고 말했다. 능력이 있으면서 학생들이 과외를 받는 것을 나무랐다. 그는 지방의 가난한 집안 출신으로 고학하여 경기고등학교와 서울대학교를 졸업하고, 모교의 영어교사로 재직하고 있었다.

박실경 선생에 이어 강송식 선생은 박원순에게 두 번째 스승으로 기억되고 있다. 훗날 강송식 선생은 시민운동을 하던 제자 박원순에게 특별한 후원자가 되었다. 그는 교사직을 그만두고 정수기 회사를 운영하고 있는데, 수중에 돈이 있으면 제자 박원순에게 연락하고 돈이 없으면 연락하지 않는 이였다.

박원순은 1학년 때 다양한 경험을 하며 신나게 놀았다. 독서반, 웅변반, 불교반 등 특별활동을 여러 개 했다. 경기여고생과 달콤한 연애도 맛보았다. 2학년부터는 다시 공부에 집중했다. 1학년과 2학년 성적은 전교에서 중간쯤이었다. 그런데 2학년 2학기에 학내에서 특별한 사건이 일어났다. 그의 기질이 드러난 사건으로 그의 삶에 큰 영향을 미쳤다.

1972년 10월 30일 월요일 아침에, 각 교실의 책상과 교정 곳곳에 「화동주보 제1호」라는 제호의 유인물이 놓여 있었다. 10월 17일 '대통령 특별선언' 발표와 함께 전국에 비상계엄령이 선포되었다. 이른바 10월 유신이다. 27일에는 유신헌법안이 공고되었다. 유인물의 내용은 유신헌법안 비판이 주조를 이루고 있었다. 화동(花洞)은 경기고등학교가 위치한 옛 지명으로 교사를 1976년 강남으로 이전하기까지 경기고등학교를 상징하는 단어였다. 이 유인물 살포 사건은 유신체제에 대한 첫 번째 저항이다. 유신체제에 대한 대학가의 첫 저항이 유신 선포 후 1년여 만인 1973년 10월 2일의 서울대학교 문리대 데모라는 점을 고려하면, 이 사건은 특기할 만한 것이다.

유인물은 여러 장으로 이루어졌고, 많은 부수가 뿌려졌으며, 타자기로 작성되어 인쇄되었다는 점 등에서 이례적이었고 사찰 당국의 주목을 끌기에 충분했다. 1980년대 중반까지도 지하 유인물은 대부분 철필로 직접 쓴 등사원지에 롤러를 밀어서 한 장씩 찍어내는 '가리방 등사물'이었다. 그 방식으로는 많은 부수를 찍어낼 수 없었고, 인쇄 상태도 조악했다. 그런데 이 유인물은 흔히 볼 수 있는 모양새가 아니었다. 당시 고등학교 2학년으로 사건의 주모자였던 정병호(현 한양대학교 문화인류학과 교수)는 타자학원에서 유인물을 쳤고, 독일문화원의 윤전기 시설을 활용하여 인쇄한 것이라고 말했다.

유인물이 발견되면서 수도경비사령부 소속의 군인들이 착검한 채로 교정에 나타났고, 종로경찰서 형사들이 교무실 옆에 차고 앉아 수색을 했다. 동문 출신으로 학생들에게 영향력이 있고 쓴소리를 즐겨하던 강송식 선생은 배후로 지목되어 형사에게 뺨을 맞기도 했다. 며칠 후 내부 밀고로 정병호 등 일곱 명의 주모자가 드러나 체포되고 포고령 위반으로 구속되었다.

그때 몇몇 학생이 구속된 친구들을 '구출'하자며 모여서 논의하고 교장을 찾아가기도 했다. 그 구출 모의에 열성적이던 멤버 가운데 박원순이 있었다. 정병호 등은 풀려난 후에 그 얘기를 듣고 무척 놀랐다고 한다. 박원순은 시골 출신으로 그다지 존재감이 없는 학생이었다. 그는 '박사' 그룹에 속해 있었다. 머리를 박박 밀고, 앞자리에 앉아 서울대학교 진학을 목표로 열심히 공부하는 축들을 '박사'라 불렀다. 당시 대학가에서는 교련교육 반대 데모가 한창이었는데 적극 가담자 다수가 학사처벌을 받고 군대로 끌려갔다. 고등학생에게도 '교련' 과목을 두어 군사훈련을 받게 했다. 대부분 그 교련 수업을 대충 받았는데, 그는 교련도 요령을 피우지 않고 성의껏 임했다. 낮은 포복으로 얼굴과 교련복에 흙이 잔뜩 묻어 있곤 했다. 그런 시골뜨기 '범생이'가 구출운동에 앞장섰다니 놀랄 일이었다.

유인물 배포 사건의 주동자들은 모두 정학 처리되고, 종로경찰서, 수도경비사령부를 거쳐 서대문형무소로 끌려갔다. 그러나 특별한 배후가 없는 한갓 고등학생들의 소행으로 드러났다. 고등학생들의 유신체제 저항 사건이 만천하에 공개되는 것은 유신 정권에게도 정말 수치스러운 일이었다. 박정희의 총애를 받고 있던 실세 윤필용 수도경비사령관은 학생들을 석방할 것과 학교 당국에 불처벌을 지시했다. 한 달여 만에 학생들은 모두 풀려나 원래 생활로 돌아갔고, 이렇게 해서 화동주보 사건은 충격적인 사건이었지만 없었던 일처럼 치부되었다. 한편 그렇게 위세 당당하던 윤필용도 이듬해에 박정희 후계 문제를 술

자리에서 언급했다가 조사받고 감옥살이까지 해야 했다.

정병호와 박원순이 속한 반은 경기고에서 약간 특이한 반이었다. 총 12개 학급 가운데 문과에 속한 6개 반 가운데 제2외국어로 불어를 선택한 유일한 반이었다. 그래서 학년이 바뀌어도 구성원에 변화가 없었고, 분위기도 약간 자유분방했다. 결석하는 학생도 상당수 있었다. 성적이 상대적으로 낮아 '문제반'으로 지목되기도 했다. 3학년 때 그의 학급 내 성적은 59명 중 2등이었지만, 문과 329명 중에서 51등을 했다. 화동주보 사건 주모자 7명 중 4명이 이 반에 속해 있었다. 결국 담임선생이 이 사건에 책임을 지고 교사직에서 물러났고, 후에 학원 교사로 일하게 되었다.

이 사건은 박원순의 험난한 앞날을 예고했다. 서울대학교 입학 후 채 3개월도 되기 전에 학내 시위에 가담했다가 제명당했다. 그 뒤 변호사로서 인권변론에 앞장섰다. 고문의 역사를 다룬 『야만시대의 기록』 「머리말」에서 그가 언급했던 '구(具)씨 성을 가진 두 친구 이야기'는 이 사건 관련자들의 이야기다. 한 명은 주모자에 속했고, 한 명은 박원순과 함께 '구출위'의 핵심이었다.

주모자였던 한 친구는 고등학교 교사로 근무하던 중 정신질환이 유발되어 유폐 생활을 하고 있다. 착시와 환청에 시달렸다. 쇠사슬 끊는 소리, 기차소리가 난다 하기도 하고, 누군가가

쳐들어온다고 말하기도 한다. 그의 정신질환은 어린 나이에 군 수사기관과 경찰에 끌려가 야만적 폭력과 위협에 노출된 탓일지 모른다. 가슴에 맺힌 이야기를 토해내지 못하고 사는 이 친구가 최근엔 보신각에서 시화전을 한판 열자며 친구들에게 시를 쓰라고 한단다. 그는 경기고 시절 문예반장이었다.

'구출위'의 또 한 친구는 1974년 민청학련(전국민주청년학생총연맹) 사건 때 '고교책'으로 지목되어 제1심에서 징역 15년을, 제2심에서 징역 12년을 선고받았다. 비상군법회의 재판을 받을 당시 19세로 단국대학교 1학년생이었다. 광주에서 견실한 자영업을 운영하던 아버지의 사업은 풍비박산 났고, 서울대학교 공대를 졸업하고 대기업에 근무하던 형은 직장에서 쫓겨나 실업자가 되었다. 그 친구는 1980년에 복학 조치가 있자 복학했다. 그즈음 박원순은 서울대학교에서 제명된 뒤 1979년에 단국대학교에 들어갔던 터라, 두 사람 모두 우여곡절을 거쳐 단국대학교 교정에서 다시 만났다. 그 친구는 박원순의 신혼 아파트에 찾아와서 한동안 기숙하기도 했다. 그 뒤 그는 종적을 감추었다. 수십 년 동안 행적이 묘연하다가 정신병자를 격리수용해놓은 전라도 산속 기도원에서 몇 년 전에 친구들에게 발견되었다. 엄혹한 시대가 남긴 후유증이다.

'긴급조치 9호' 위반, 서울대에서 제명되다

박원순은 1974년 서울대학교 사회계열에 응시했지만 실패했다. 두 번째 좌절이었다. 고등학교 3학년 말경 무리한 공부로 결핵성 늑막염에 걸렸다. 의사는 폐에 물이 가득 찼다며 수술하거나 잘 먹어야 한다고 했다. 그래서 고향의 큰누이 집에 머물면서 뱀장어, 잉어 등을 먹고 겨우 건강을 회복했다. 요양하는 중에 아버지의 환갑을 맞았다. 당시만 해도 환갑이면 노인 축에 들었다. 아버지가 환갑을 맞았지만, 늦게 둔 두 아들은 혼인은커녕 아직 학업도 마치지 못했다. 게다가 그는 대입에 실패했고 건강도 상했다. 불효의 통한 속에 그는 소리 죽여 울었다.

건강을 회복한 후 서울로 올라와 본격적으로 재수 생활에 들어갔다. 서울대학교 사회계열에 재도전하여 성공했다. 두 번째 좌절을 극복했다. 그러나 또 다른 가혹한 시련이 기다리고 있었다. 서울대학교에 입학한 지 3개월도 채 지나지 않은 5월 22일, 학내 시위에 단순 가담했다가 곧 제명되었고, 4개월 정도 감옥살이를 했다.

박원순이 연루된 학내 시위를 속칭 '오둘둘 사건'이라 부른다. 1975년 4월 11일 서울대학교 농대생 김상진이 자유성토대회에서 「양심선언문」을 낭독하고 할복했다. 1970년 11월 노동자 전태일의 분신자살도 그렇지만, 대학생 김상진의 할복자살은 이례적이었다.

1975년은 서울대학교가 서울시내 곳곳에 분산되어 있던 단과대학 캠퍼스를 신림동으로 이전한 첫해였다. 여러 단과대학의 학생운동 역량들이 연대하여 5월 22일의 추도식을 계획했는데 이것이 유신반대 시위로 이어졌다. 오둘둘 사건은 5월 13일 선포된 '긴급조치 9호' 이후 첫 번째 시위였다. 박원순은 도서관에서 영자 주간지를 보던 중, 경찰의 구타 등 야만적인 진압장면을 목격하고 시위에 동참했다가 곧 체포되었다. 그날 저녁에는 이화여대생과 미팅도 예정되어 있었다. 당시는 『타임』이나 『뉴스위크』 등 영자 주간지를 끼고 다녀야 지식인 행세를 할 수 있었던 '타임보이, 타임걸'의 시대였지만 한편으로는 겨울공화국 시기였다.

1975년 1학기는 유신체제에 대한 저항과 정권의 탄압이 극단으로 치닫던 시기였다. 3월에 동아일보 기자들이 대거 해직되었고, 4월 8일엔 '긴급조치 7호'로 고려대에 휴업령이 내려지고 군대가 진주했다. 4월 9일에는 민청학련 사건의 배후라는 인혁당(인민혁명당) 관계자 8명에 대한 사형이 전격적으로 집행되었다. 4월 11일 김상진이 할복자살했다. 5월 1일 김지하가 옥중에서 「양심선언문」을 발표했다. 연일 학생 시위와 휴교, 구속, 제적 기사가 일간신문 사회면을 장식했다. 이런 와중에 5월 13일에 '긴급조치 9호'가 선포되었다. 유신체제는 더욱 경화되

ⓒ민주화운동기념사업회

1975년 서울대학교 오둘둘 사건 당시 살포된 유인물.
'고 김상진 열사 장례위원회' 명의의 선언문으로 이른바
'가리방 등사물'이라 한다.

었고, 처벌은 가혹했다. 그즈음 시인 양성우는 「겨울공화국」을 낭독했다.

총과 칼로 사납게 윽박지르고
논과 밭에 자라나는 우리들의 뜻을
군홧발로 지근지근 짓밟아대고
밟아대며 조상들을 비웃어대는
지금은 겨울인가
한밤중인가
논과 밭이 얼어붙는 겨울 한때를
여보게 우리들은 우리들을
무엇으로 달래려 하는가

박정희 정권의 유신체제는 긴급조치에 의해 유지되었다고 해도 과언이 아니다. 특히 '긴급조치 9호'는 유신 후반기에 절대적 위력을 발휘했다. 국민의 기본권인 집회·시위, 언론·통신 등 표현의 자유는 물론 학교의 연구, 학습권에까지 개입했다. 이에 더하여 이러한 조치를 비판하는 행위마저 철저하게 금지했다. 이를 위반할 경우 1년 이상의 징역에 10년 이하의 자격정지를 병과(倂科)했다. 미수에 그치거나 예비 또는 음모한 자에게도 죄목을 똑같이 적용했다. 이러한 일련의 긴급조치들은 최근 들어 위헌 판정을 받았다.

오둘둘 사건은 '긴급조치 9호'가 선포된 지 열흘도 지나지 않은 시점에 일어났다. 긴급조치 9호 때문에 이날의 시위는 일절 보도되지 않았고, 처벌 관련 기사만 신문에 실렸다. 시위 당일 오후에 주동자급 25명이 전격 제명되었고, 77명이 남부경찰서에 연행 조사 중이라고 보도되었다. 이 77명 가운데 새내기 박원순이 포함되어 있었다. 이 시위의 여파로 서울대학교 총장과 치안본부장, 서울시경국장, 남부경찰서장 등 관계자들의 목이 달아났다. 이들에 대한 경질 기사가 신문에 실렸지만, 그 내막을 아는 사람은 드물었다. 신문의 행간을 읽어야 하는 '겨울공화국'이었다.

서울대학교 학적부에 따르면, 박원순은 시위 다음 날인 5월 23일자로 학교에서 제명되었다. 제명은 제적과 달리 재입학조차 허용하지 않는 최고 징계 조치였다. 4월 초부터 학내 시위로 휴교 상태에 있다가 5월 15일에야 다시 개학했으니, 기대했던 낭만적 캠퍼스 생활은 시작과 동시에 끝난 셈이다. 장기간의 휴교로 대학 수업은 한 달도 맛보지 못했다. 박원순은 19세 소년수로 구속, 수감되었다. '긴급조치 9호' 위반이었다. 창녕 '깡촌' 출신이 서울대학교에 합격했다며 벌인 동네잔치의 여흥이 채 가시기도 전에 그의 낭만적 캠퍼스 생활은 끝이 났다. 거의 시작과 동시에 말이다.

박원순은 연행되어간 뒤 서울대학교를 관할하는 남부경찰서 유치장에 유치되었다. 그 소식은 고향에도 전해졌다. 함께 자취생활을 하던 형이 영산읍의 큰 자형에게 전화를 걸었다. "원순이 문제로 의논할 것이 있으니 급히 상경해달라"는 내용이었다. 당시 큰 자형은 신림동 난곡에 땅을 사서 집을 지어 자식들을 서울에 유학시키고 있었고, 원순 형제는 그 근처에 방을 얻어 살고 있었다.

편지에 담긴 서울대 합격과 구속의 순간

박원순이 대학입학 시험 때부터 구치소 수감 시까지의 상황은 다음의 편짓글들에서 실감나게 살필 수 있다. 서울대학교 합격 소식을 접했을 때의 환호, 어수선한 정국 속에서 시작된 대학생활에 대한 긴장과 염려, 그리고 청천벽력 같았던 그의 수감 소식을 접한 가족의 심경을 실감나게 살필 수 있다.

1975년 1월 16일, 형 우순과 원순이 원고지 앞뒤에 아버지께 편지를 썼다. 1975년 1월 14~15일에 서울대학교의 입시가 있었고, 16일 그는 시험을 잘 치렀다고 아버지에게 알렸다.

아버지, 무사히 시험을 보았습니다.

3개월의 병으로 인한 허비에도 불구하고

아버지
무사히 시험을 치렀읍니다.
3개월의 병으로 인한 허비에도 불구하고
어떻게 된 판인지
저가 아는 것만 나오고
아무렇게나 쓴 것도 막 맞는군요
안심 하시고
합격자 발표 때까지만
기다려 주십시요.
16일 원순 올림

(20×16) 博英社

아버님
元淳 試驗은 잘 본 모양입니다.
그러니 安心하고 기다립시다.
영덕이 편으로 아버님 上京한다는
얘기를 친계들에서 그러는데 合格되는것
틀림없으니 기다리시기 바라며 원순이
入學式 때는 올라와 주시기 바랍니다.
合格되면 전보하겠읍니다.
그럼 이만 雨淳 올림.

1975년 1월 16일, 박원순과 형 박우순이 원고지 앞뒤로
박원순이 서울대학교 입시를 잘 치렀다는 소식을 적어
아버지께 보냈다. "저(제)가 아는 것만 나오고
아무렇게나 쓴 것도 막 맞는군요"라는 부분이 인상적이다.

어떻게 된 판인지 제가 아는 것만 나오고
아무렇게나 쓴 것도 막 맞는군요.
아무 걱정 마시고 합격자 발표 때까지만
기다려 주십시오.

4월 30일, 박원순은 막내 여동생에게 엽서를 보냈다.

요사이 일철에 정말 눈코 뜰 새 없이 바쁘겠구나.
그런데 나는 이렇게 휴강이 되어 집에서 놀고 있으니
아버님과 너한테 미안하구나.
(……)
여기 엄마를 비롯해서 모두 잘 있고.
자주 편지해라.

서울대학교는 학내 사태로 4월 초부터 장기 휴교 중이었다. 그즈음 어머니는 두 아들의 뒷바라지를 위해 자주 서울에 올라와 머물렀고, 주로 큰누나의 집에 기거하며 아들과 손자들을 보살폈다. 상급학교 진학도 못 하고 집안일을 거들고 있던 막내 여동생에게 미안함을 전하고 있다.

5월 16일에는 아버지에게 엽서를 보냈다.

아버님 드디어 개강을 했습니다.

(……)

형은 신체검사 며칠 전 엄마를 모시고 내려갈 것입니다.

엄마가 일을 하고 싶어 못내 견딜 수 없는 것 같습니다.

서울대학교는 휴교한 지 한 달여가 지난 5월 15일에 드디어 개강했다. 박원순이 학사제명을 당하고 유치장에 들어간 후 7월 19일에는 누나가 창녕의 막내 여동생에게 편지를 보냈다.

네가 보낸 서신 잘 받았다. 아버지는 잘 도착하셨지?

(……)

아버지가 상경하셨을 적엔 기쁜 소식도 못 보셨지만

오늘은 원순의 면회가 7월 21일 월요일부터 된다고

원순이 담당서기가 연락을 해주더라.

(……)

열흘만 앞으로 참으면 집으로 올 것 같으니

아버지한테 안심시켜드려라.

이 편지 부쳐놓고 나는 엄마한테 소식 알려드리러 간다.

수감된 아들을 볼 수 있을까 하여 아버지는 바쁜 농번기에 상경했지만, 면회가 허용되지 않아 낙심한 채 귀향했다. 그가 연행되고 두 달 뒤인 7월 21일에야 비로소 면회가 허용되었다. 그로부터 열흘 정도 후에는 석방될 줄 알았다. 그러나 다시 두 달여가 지나 추석을 코앞에 둔 시점에야 그는 석방되었다.

'큰집'에 들어간 신입생, 세상을 배우다

남부경찰서 유치장에 수감되어 있던 2개월여 동안에는 면회가 허용되지 않았다. 아버지가 상경했지만 면회도 못 하고 낙심 속에 귀향했다. 어머니는 종일 집안에서 성냥개비로 운수를 점치는 것으로 애태우고 있었다. 보다 못한 큰누나가 경찰서 식당에 찾아가 '식모' 노릇을 자청했다. 거기 있으면 동생의 얼굴이라도 볼 수 있을 것 같아서였다. 그가 잡혀가던 날에 빨간색 셔츠를 입고 나갔기 때문에 쉬이 눈에 띌 것 같아 식당 일을 거들면서 틈만 나면 학생들이 수감되어 있는 유치장 부근을 기웃거렸다. 큰누나에게 원순은 아들과도 같은 존재였다. 한번은 그와 서로 눈이 마주치기도 했다. 그것으로 안심이 되었다. 그러던 어느 날 그가 쪽지 하나를 휙 던져주었다. '영등포구치소로 가니까 이제 여기 오지 마세요'라는 내용이었다.

영등포구치소로 이감되고 나서야, 드디어 아버지와 면회했다. 원래 장발이었는데 두 달여 동안 수염도 머리도 깎지 않았으니, 그 모습이 가관일 터였다. 아버지를 보자마자 현기증을 느꼈다. 아버지에게 무척 미안했다. 구치소로 넘어가면서는 교도관으로 근무하던 집안 친척의 도움으로 매일 가족들이 면회를 갔고, 책도 넣어주었다. 농사철인데도 부모는 아예 난곡동의 큰누나 집에 올라와 머물렀다.

밖에서 온 가족이 애태우고 있었던 데 비해, 그는 유치장이나 구치소 안에서 태연자약 지냈다. 유치장에서 선배 이호웅을 만났다. 이호웅은 제물포고등학교 출신으로 정치학과 69학번이다. 문리대 학생회장을 지냈고, 운동권의 고참 선배 격이었다. 이호웅은 오둘둘 사건의 배후였지만, 보안이 잘 지켜졌으리라 자신했다. 학교에 나타나지 않으면 오히려 의심을 살 것 같아 시위 이틀 뒤 등교했다가 학교에 상주하던 형사들에게 곧장 체포되고 말았다. 그는 시위 주모자 격이었기 때문에 중앙정보부 요원에게 며칠 동안 특별조사를 받은 뒤 남부경찰서 유치장에 수감되었다.

이렇게 해서 박원순과 이호웅은 유치장의 같은 방에서 지내게 되었다. 이호웅의 기억에 따르면, 박원순은 끊임없이 책을 읽고 질문했다. 이호웅은 자신이 알고 있는 사회과학적 지식을 전달했고, 박원순은 스펀지가 물을 흡수하듯이 신지식을 흡수했다. 운동권 대선배와 신입생 간의 독선생 의식화 수업이 유치장에서 이루어진 셈이다. 유치장에 갇혀서도 전혀 불안해하지 않는 신입생의 모습이 선배의 눈에 대견해 보였다. 이거 '물건'

이다 싶었다. 두 사람은 구치소로 넘겨지면서 헤어졌다. 이호웅은 2년형을 꼬박 채우고 출소했다.

박원순은 석방된 뒤 감옥으로 이호웅을 면회 갔고, 이호웅이 출감한 후에도 두 사람은 자주 만났다. 1982년 구태여 검사직을 선택하고, 1986년에 역사문제연구소를 창립할 적에도 이호웅의 조언을 경청했다. 등산을 취미로 삼게 된 것도 이호웅을 따라 산에 다닌 것이 계기가 되었다. 결혼한 후에는 부부 동반으로 만나기도 했다. 1985년 이호웅이 5·3인천시위를 주도하여 수배자 처지가 되었을 적에는 박원순 부부가 나서서 이호웅과 가족 간 상봉을 도왔다. 신입생으로서 시위에 단순 가담했다 피해를 입으면 대부분 피해의식에 사로잡히기 쉬운데 박원순은 이호웅, 천희상 등 오둘둘 사건의 선배들과 계속 친하게 지냈다.

유치장에서 이호웅을 만나 2개월을 보낸 후 영등포구치소로 이감될 적에 소년수 감방에 수용되었다. 그는 아직 법적으로 미성년이었던 것이다. 이른바 잡범들과 좁은 방에서 지내게 되었다. 그중에는 살인범도 있었다. 처음에는 혹시 자신을 해치지나 않을까 공포에 떨기도 했으나 그 살인범과 친해지고 보니 순수하고 착한 사람이라는 것을 알게 되었다. "고시공부하면 내가 돈을 대주겠다"고 말하는 이도 있었다. 신선한 충격이었다. 소년수들과 함께 지내면서 세상의 이면, 즉 어둠의 세계를 이해하게 되었다. 이를 계기로 세상을 보는 눈을 좀더 넓힐 수 있었다.

이처럼 박원순은 주어진 현실에 곧잘 적응해갔다. 감방에서는 『성경』을 비롯해서 책을 닥치는 대로 읽었다. 그곳에서 읽은 책 가운데 가장 기억에 남은 것은 김동리의 장편소설 『사반의 십자가』, 독일의 법철학자 예링(Rudolf von Jhering)의 『권리를 위한 투쟁』이다. 특히 예링의 책 「서문」에 있는 "법률의 목적은 평화이며, 이에 도달하는 수단은 투쟁이다"라는 문구가 가슴에 새겨졌다. 이것은 나중에 법률가를 택하고, 인권변론을 실천하는 과정에서 자기 합리화를 위한 경구가 되기도 했다. '감옥은 또 다른 국립호텔, 국립대학'이라는 말이 있는데, 박원순의 경우가 딱 그러했다.

그는 시위의 단순 가담자인지라 구치소로 넘어가지 않거나, 넘어가도 곧 석방될 줄 알았다. 그런데 4개월 뒤 추석 직전에 기소유예로 석방되었다. 그해 추석이 9월 20일이고 5월 22일에 체포되었으니, 유치장 2개월, 구치소 2개월을 합쳐 거의 4개월간 옥살이를 한 셈이다. 시위 단순 가담의 대가로 서울대학교에서 쫓겨나고, 그 대신 4개월간 또 다른 국립대학교를 속성으로 이수한 것이다. 재수를 해 고등학교에 진학하고, 또 다시 재수를 해 대학에 입학하자마자 제명되고 감옥살이로 4개월을 보냈다. 참으로 험한 시절의 기구한 운명이었다. 그는 자신의 좌절경험을 "실패와 고난은 인생의 보약"이라고 즐겨 표현한다.

'서울대학교 법대 학력 위조'의 진실

출소 후 박원순은 자신을 제명한 서울대학교가 아니라 단국대학교에 시험을 쳐서 들어간다. 이와 관련하여 2011년 보궐선거 과정에서 '서울대학교 법대 학력 위조' 논란이 발생했다. 그를 멀리서 혹은 가까이서 유심히 지켜봐온 사람으로서 그가 학력 위조범으로 몰리는 것이 무척 안타까웠다. 따라서 이 문제를 부연 설명할 필요를 느낀다.

논란을 제대로 이해하기 위해선 당시 서울대학교의 신입생 모집요강부터 알아야 한다. 서울대학교는 1974년부터 계열별 모집을 시작했다. 계열별 모집이란 우선 계열별로 입학하고 1~2년 후에 과를 선택하는 방법이다. 당시 법과는 사회계열에 포함되어 있었고 박원순은 법과를 갈 요량으로 1975년 사회계열로 입학한다.

그해 서울대학교 전체 입학 정원은 3,240명이었고 그중 사회계열 정원은 485명이었다. 그즈음 법대 정원은 160명이었는데 정원의 30퍼센트 선에서 정원을 늘릴 수 있는 '유동정원제'까지 고려한다면 실제 구성은 200여 명에 육박할 것이다. 즉 사회계열로 입학한 신입생 중 약 40퍼센트가 법과를 선택한 것이다. 박원순의 친한 친구도 대부분 법과를 선택했다.

계열별 모집은 제도상의 취약점 때문에 1979년에 일부 수정되었다. 인기 있는 특정과에 지원자가 집중되고 학생들은 학점을 높이는 데만 급급한 문제점이 드러났기 때문이다. 이를 해결하기 위해 유동정원제를 도입했다가 결국 1979년 입시부터는 아예 계열을 세분화했다. 시위 가담 등의 이유로 제명된 학생들에 대한 복학 조치가 있던 1980년에는 입학 시부터 법대와 경영대가 사회계열에서 분리되어 독립된 계열이 되어 있었다. 피해를 당한 복학생들을 배려해주는 분위기였기 때문에 박원순도 그때 복학했더라면 서울대학교 법대생이 되었을 것이다.

사실 박원순은 고등학교 재학 중에 서울대학교 법과에 대한 확고한 집념이 있었다. 실제로 고등학교 1~3학년 때의 학적부 '희망란'에는 인문계-서울법대-사회계(학생의 희망), 법관-공란-법관(부형의 희망)으로 각각 기재되어 있다. 게다가 서울대학교 합격자 중 경기고 출신이 500여 명으로 다수를 차지하던 시절이었고 박원순 본인도 검사·변호사를 지내며 법조인들과 어울렸다. 무엇보다 법대가 사회계열에 포함된 시기가 1974년부터 1978년까지 매우 짧았기 때문에 주변 사람들은 박원순을 서울대학교 법대 입학이라고만 여기게 되었다.

학력문제가 제기되었을 적에 박원순은 "출판사에서 그렇게 적은 것이고, 자신의 입으로 그렇게 말한 적이 없으며, 크게 틀린 말도 아니고, 학교를 어디 다녔는지는 중요한 것이 아니라고 생각했다"는 식으로 번거롭게 해명했다. 그의 해명이 틀린 것은 아니지만, 자신의 불찰을 '쿨'하게 인정하는 편이 좋았겠다고 나는 생각했다. 결국 그도 뒤늦게 인정하긴 했지만 자신이 쓴 책의 일부에 그렇게 부정확하게 쓰여 있었다면 그것은 분명 본인의 불찰이다.

다만 나는 박원순의 서울대학교 복학 거부를 그의 삶에서 발견할 수 있는 '최초의 불가사의'라고 일찍이 지목했었다. 그는 그 후에도 학력과 학벌을 추구하지 않았다. 비록 시민운동을 하면서 자신의 연고들을 총동원하여 성과를 내었지만 그 연고들에 구애되거나 연연하지 않았다. 그는 그 흔한 명예박사학위 하나 없다. 석사학위도 없다. 그는 학력과 학벌은 물론 돈과 자리에도 초탈한 사람처럼 보였다. 그런 사정을 비교적 잘 알고 있던 나로서는 그의 '서울법대 학력 위조' '외국유학 위조' 등의 정치 공세를 지켜보며 안타까움을 금할 수 없었다. 그는 세속인의 시각으로 쉽게 이해할 수 없는 삶을 살았다.

검사로서

사람을 가두고 벌주는 일은

고역이었다. 범죄를 수사하고

공소를 제기하는 것이

검사의 직분임에도

박원순은 피의자의

딱한 사정을 동정하고 오히려

피의자 편을 들기도 했다.

4

사법시험 합격
그리고
결혼

방위로 근무하면서 사법시험을 준비하다

19세 청년 박원순은 서울대학교에서 영구 추방되었다. 유신 통치하에서 '학적변동자'들은 복학도 취업도 쉽지 않았다. 친구들은 모두 학교 가는데 그는 마땅히 갈 곳도 할 일도 없었다. 고향에 내려갈 수도 없었다. 부모에게 미안했고 고향 사람들의 시선도 거북했다.

한때 김근태(전 민주당 국회의원)와 독서모임을 갖기도 했다. 서울대학교 상대(商大)의 김근태는 법대의 조영래, 문리대의 손학규와 함께 경기고 제61회, 그리고 서울대학교 65학번 출신의 3인방으로 일컬어진다. 김근태는 박원순보다 대학 10년 선배이고, 오둘둘 사건의 최고참 선배였다. 다방에서 둘이 만나 책을 읽고 토론했다. 교재는 셀리그먼(Edwin Robert Seligman)의 『경제사관의 제문제』 번역본이었다. 몇 차례 진행하다가 무슨 이유 때문인지 중단되었다.

대학에 재학 중이던 형과 함께 신림동 난곡 근처 남부순환로 변에 사무실을 빌려 학원을 운영한 적도 있었다. '학습개발원'이라는 간판을 내걸고 '원장 박원순'이라 적힌 명함까지 제작했다. 박원순은 아직까지 그 명함을 보관하고 있다. 당시 그는 직접 학생을 가르치는 강사이자 경영자로서 서울대학교에 진학한 친구들을 학원 강사로 채용하기도 했다. 학원은 1년 남짓 운영하다가 고시 공부를 결심하면서 정리했다. 수강생을 근처의 큰 학원에 넘겨주고, 그는 그 학원에 강사로 들어갔다. 보수는 제법 높게 받았다. 스무 살 어린 나이에 학원 운영을 도모할 정도였으니, 그는 일 벌이는 데는 일찍부터 소질이 있었던 모양이다. 그가 그 세대의 사람들에 비해 영어를 잘할 수 있었던 것은 영어강사로서 일했기 때문일 것이다. 이 역시 좌절이 가져다준 기회였다.

서울대학교 사회계열에 입학했던 고등학교 동기들의 상당수는 1년 뒤 법과로 진학했다. 박원순은 선우영(전 서울동부지검 검사장, 현재 변호사)과 신림동에 방을 얻어 함께 살았다. 친구가 학교에 가고 나면 그는 혼자 집에서 공부했다. 교수도 선배도 없이 홀로 공부하는 것은 쉽지 않았다. 영화관에도 가고 활력이 넘치는 시장도 돌아보고, 버스 타고 종점에서 종점까지 가보기도 하고, 법학 책뿐 아니라 종교·예술에 관한 책도 읽는 등 나름의 스트레스 해소책을 개발했다.

학적이 없어진 상태라 입영을 미루거나 대체할 길이 없었다. '독자' 사유로 6개월 보충역(방위) 판정을 받았다. 1977년 8월 6일부터 다음 해 4월 1일까지 약 8개월간 고향 장마면사무소에서 방위로 근무했다. 주로 예비군 관련 업무를 담당했다. 보충역의 법정 복무 기간은 6개월이었지만, 공휴일이나 휴가일 등이 복무 기간에 산입되지 않던 당시의 제도 때문에 실제로는 8개월 정도 근무했다.

2011년 서울시장 보궐선거 때 그가 보충역으로 복무한 것에 대해 논란이 있었다. 형이 있는데 '독자' 판정을 받은 게 이상하다는 것이었다. 여기에는 한국 근현대사와 관련한 아픈 가족사가 숨겨져 있다. 박원순의 가계를 살펴보면 아들이 귀한 집안이었다. 조부 이래 3대에 걸쳐 각각 아들이 둘뿐이었다. 주지하듯이, 식민지배하에서 민족적 이산과 가족의 해체가 생겨났다. 그의 집안도 예외일 수 없었다. 일본으로 건너갔던 부친은 다행히 몇 년 뒤에 돌아왔지만, 일찍이 외지를 떠돌다 사할린으로 간 작은할아버지 박두책은 해방이 되어서도 돌아오지 않았다. 해방 후 사할린이 소련 영토로 편입되면서 연락마저 불가능했다. 박두책의 호적에는 1943년에 아들(1928년생)과 딸(1937년생)이 '서자'로 등재되었는데 집안에서는 그들을 박두책의 친자라고 여기지 않았던 것 같다.

할아버지는 끝내 동생의 생사를 확인하지 못한 채 박원순이 태어난 이듬해인 1956년 12월에 사망했다. 생전에 할아버지는 동생의 제사라도 지내주어야 한다고 입버릇처럼 말했다. 슬하에 아들이 없이 사망한 경우 가까운 집안의 자식을 양자로 들이는 것은 당시 흔한 일이었다. 결국 1969년 7월에 박원순이 작은할아버지에게 양손으로 입적되었다. 양손 입적이 그때 이루어졌던 것은 당시 시국과 관련이 있었던 것 같다. 1968년 1월에 김신조 등 무장한 집단이 청와대 인근까지 내려오는 등 대남

침투사건이 이어졌다. 이 사건을 계기로 예비군 창설, 교련교육 강화, 비무장지대와 해안선에 철조망 설치, 주민등록증제도 실시, 국민교육헌장 제정 등과 같이 병영국가화되고 주민통제는 한층 강화되었다.

그런데 주민등록을 정비하는 과정에서 주민등록상의 인구가 호적상의 인구보다 350만여 명이나 적었으므로 내무부는 연말까지 부재 인구를 파악하여 호적을 정리하도록 했다. (이와 관련된 내용은 1969년 6월 11일자 『동아일보』와 『경향신문』에, 12일자 『조선일보』에 잘 나온다.) 박두책의 경우와 같이 해외 이주자, 월북 납북자, 행방불명자 때문이었다. 결국 박원순 양손 입적도 바로 그 호적 정리 기간에 이루어졌던 셈이다.

이에 대해 합리적 의심을 제기할 수 있다. 하지만 그것은 박원순이 13세 때의 일이다. 남의 제적등본까지 만천하에 공개하는 등 공격 대상이 될 만한 성질의 것은 아니었다. 제적등본에는 기본적인 인적 사항은 물론 창씨개명한 이름과 '결혼·이혼' '서자' 등 사적 정보가 담겨 있으므로 제삼자가 쉽게 접근할 수 없는 문서다. 집안 어른들 뜻에 따라 그는 결혼하고 나서부터 작은할아버지의 제사를 모시고 있다. 제삿날은 9월 9일 중양절로, 사망일을 모를 경우 흔히 그 날을 제삿날로 택한다.

방위로 복무하는 동안에는 면사무소 근처에 방을 하나 얻어 살면서 근무시간 외에는 고시 공부에 매진했다. 집에서 면사무소까지 10리(약 4킬로미터) 정도 떨어져 있는데다, 집에서는 농사일 등으로 공부에 집중하기가 어려웠기 때문이다. 밥은 면사무소 건너편에 있는 사진관 집에서 부쳐 먹었다. 면 내에 있는 유일한 사진관으로, 그 안주인은 먼 친척이었다. 그 집에서는 박원순이 중학생 아들의 공부에 도움이 되기를 은근히 기대했다. 그 사진관 집 아들 서무송은 나중에 서울대학교 신문학과에 진학했고, 변호사가 된다. 서무송 변호사는 그 시절에 박원순이 늘 책상에 앉아서 공부했다고 기억했다. "큰 갱지에 계속 쓰면서 공부하는 게 인상적이었다. 계속 쓰고 다 쓰면 바닥에 던졌다. 그래서 방바닥에 갱지가 수북했던 기억이 있다. 그는 꼼짝도 안 하고 공부했다."

실제로 고시 공부를 하던 시절의 옛 노트를 살펴보면, 한 주제에 대해 다양한 관련 자료가 첨부되어 있다. 그렇게 입체적으로 공부하면 지루하지도 않고, 기억하기도 좋았다. 법 공부를 할 적에도 참고서적에 관련 자료들을 오려 붙여가며 공부했다. 풀과 가위, 그리고 펀치가 동원된 자료 정리와 스크랩벽은 고시 공부 시절부터 이미 시행하고 있었다.

서무송과 박원순의 관계는 이후에도 계속된다. 서무송이 1985년에 시위 주동으로 구속되었을 때의 일이다. 박원순은 직접 구치소를 찾아가 무료 변호하겠다고 했으나 서무송은 폐를 끼치기 싫다며 극구 사양했다. 이후 서무송은 1995년 사법시험에 합격했지만 집시법 위반 전력 때문에 판사임용을 거부당해, 결국 변호사의 길을 택했다. 1990년 폭로된 보안사 사찰대상자 명단에는 박원순과 서무송의 이름이 포함되어 있었다.

청년 영감에서 단국대학교 학생으로

병역을 마친 1978년에 '법원 고등고시'라 불리는 법원사무관 시험에 응시했다. 법원의 3급 요원을 선발하는 법원사무관 시험은 전년부터 시행되고 있었다. 사법시험을 준비하고 있었지만, 혼자 공부해야 했고 방위근무 등으로 준비시간이 절대적으로 부족했다. 더구나 학적변동자로서 사법시험 합격 여부도 불투명했다. 그래서 그 시험에 먼저 도전해보기로 했다. 법원사무관 시험 과목은 사법시험 과목과 크게 다르지 않아서, 사법고시 전에 법원사무관 시험에 도전하는 경우가 더러 있었다. 단국대학교 출신의 조병훈 변호사는 법원사무관 시험 동기였는데, 나중에 사법시험 동기도 되었다. 1978년 8월에 법원사무관 합격자 발표가 있었다. 합격자는 45명이었다.

법원사무관으로서 소정의 교육을 받은 뒤, 강원도 정선등기소장으로 발령받았다. 정선등기소는 춘천지법 산하 기관으로 등기소장이 정선 순회재판소장을 겸직했다. 1978년 12월 말, 그는 정선행 기차를 탔다. 기차는 밤새 느릿느릿 돌고 돌아 새

『경향신문』 1978년 8월 23일 법원사무관 시험 합격 기사.
박원순의 이름이 보인다.(네모 안) 박원순은 사법시험을 준비하던 1978년에 법원사무관 시험에 응시해 합격했다.

정선등기소장 집무실의 20대 '영감' 박원순과
당시 사용한 명함. 등기소장은 2급 기관장으로
지역사회에서는 상당히 높은 직위였다.

벽에 정선역에 도착했다. 흰 눈이 수북이 쌓여 있었고, 늙수그레한 사법서사 몇 명이 마중 나와 있었다. 등기소장은 2급 기관장으로 지역사회에서는 상당히 높은 직위이다. 현지에서는 청년 박원순을 '영감'이라고 불렀다. 당시만 해도 관존민비 관념이 잔존하고 있던 시절이라 급수가 높은 공무원을 흔히 그렇게 불렀다. 그의 나이 22세 때였다.

정선에서의 '청년 영감' 생활은 그렇게 시작되었다. 숙소로 관사가 마련되어 있었다. 노련한 실무자들이 배치되었고 시골 등기소의 일이란 게 그렇게 복잡하거나 힘들지 않았다. 등기소라는 이름 때문에 우편물을 부치러 오는 해프닝도 종종 벌어졌다. 다만 머리가 허옇게 센 아버지뻘 되는 어른들에게 업무보고를 받는 일은 다소 거북했다. 2급 기관장으로는 우체국장, 전매서장, 영림서장, 농산물검사소장, 국도유지관리소장, KBS중계소장 등이 있었는데, 그들과 나이 차가 많았지만 잘 어울렸다. 일선 행정의 실상을 관찰할 수 있는 소중한 기회이기도 했다. 가령 모심기 실적을 보고할 적에, 실제 10퍼센트 정도 진행되었지만 실무자들은 60~70퍼센트라고 상급 관청에 보고했다. 실사가 나올 즈음에는 그 정도 진척되어 있었던 것이다.

그는 정선 시골생활을 즐겼다. 동강에서 물고기도 잡고 탄광촌 막장에도 들어가보았다. 친구들에 비해 빨리 사회에 진출해서 경제적 여유가 있는데다가 관사도 있어서 선배와 친구들이 종종 놀러 왔다. 정선은 경치가 좋은 곳이어서 애인과 함께 데이트를 겸하여 놀러 오는 친구도 있었다. 하지만 그는 때로 외로웠고, 20대 영감으로 청춘을 보낼 수 없다는 생각이 들었다. 한 친구는 "대학에 가겠다는 생각은 어떻게 되었는가"라고 묻는 편지를 보내오기도 했다.

등기소장 업무에 익숙해지면서 사법시험 공부를 다시 시작했다. 대학공부도 정식으로 하고 싶었다. 여러 대학을 알아보았지만, 제명된 처지라 여의치 않았다. 실제로 형사들이 집으로 찾아오거나 감시를 하기도 했다. 형 우순은 동생에게 대학진학의 기회를 열어주기 위해 애를 썼고, 그 노력이 결실을 맺었다. 그즈음 형은 서울대학교 행정대학원에 다니고 있었는데, 학부 시절 외국어대학교에 출강하고 있던 성의제 교수의 중국어 강의를 들으면서 가깝게 지냈다. 마침 성 교수가 단국대학교 중문과 교수로 있어서 동생의 진학 문제를 의논했고, 단국대학교 장충식 총장의 내락을 받았다. 장충식 총장은 당시 상황을 다음과 같이 기억하고 있다.

> 입학사정 과정에서 박 시장을 떨어뜨리라고 하더군요. 제 실력으로 합격권에 든 학생을 그럴 수는 없잖아요? 교육자로서 양심의 문제이기도 하고요. 그래서 저는 정부의 말을 안 들었죠. 박 시장이 재학하는 동안 시위 등에 관여하지 않도록 지도하겠다고

'신원보증'을 했어요. 박 시장도 저와 같은 약속을 하고 그것을 지켰습니다. 단국대에 다니는 동안에는 별 탈이 없었습니다.

우여곡절을 거쳐 박원순은 새로 예비고사를 치르고 대학별 본고사를 거쳐 1979년 3월 단국대학교 사학과에 입학했다. 막판에는 다시 독서실에서 입시공부에 집중하기도 했다. 단국대학교 합격 후 사법시험 공부에 집중하기 위해 1979년 8월 19일에는 등기소장직을 사임했다. 법원사무관 시험에 합격한 지 꼭 1년 만이었다. 8개월여의 정선 시절은 아름다운 삽화나 징검다리 같은 것이었다.

단국대학교에 입학하면서 여러 사람과 인연을 맺었다. 단국대학교 장충식 총장은 그의 결혼식 주례를 맡아주었고, 후일 며느리와 함께 아름다운가게 일을 도와주기도 했다. 장충식의 아들 장호성 단국대학교 총장은 경기고 동기다.

윤재기 변호사는 서울대학교를 졸업했지만 단국대학교 고시 기숙사인 법선재 제1기 출신이었다. 단국대학교 연고로 윤재기와 그의 아내 홍명희는 아름다운가게에 관계하게 되었다. 윤재기의 사위인 강용석은 한때 박원순 저격수로 활동했다. 그래서 장인과 사위가 어색한 관계에 놓이기도 했다. 강용석의 아들은 모 방송에 출연하여 "아빠가 방송에서 박원순 시장을 디스한 후 집안 분위기가 안 좋았다. 당시 아빠를 보며 헛기침만

하던 외할아버지의 모습이 아직도 생생하다"고 폭로하여 세간의 화제가 되었다.

'시위 전력자' 박원순의 사법시험 합격

1979년 10월 26일 박정희가 사망하면서 유신체제는 막을 내리게 되었고, 이듬해 1월 복학조치가 내려졌다. 1980년 1월 26일에 발표된 300여 명의 서울대학교 복학 대상자 중에 박원순의 이름도 들어 있었다. 복학 대상자들은 대부분 그해 1학기에 복학했다. 학교에서 쫓겨난 지 5년여 만의 반가운 소식이었지만, 그는 서울대학교로 복학하지 않았다. 이미 그 전해인 1979년에 단국대학교에 입학하여 학적을 갖고 있었기 때문이다. 정선등기소장 업무와 고시 준비 등으로 첫해에 휴학했으므로, 단국대학교나 서울대학교나 어차피 1학년부터 다녀야 한다는 점에서 차이가 없었다. KS 마크의 유혹을 떨치기 쉽지 않았을 것이다. 서울대학교 복학조치를 거부하고 다른 대학교를 택한 경우를 나는 알지 못한다.

박원순은 단국대학교에 남기로 결정했다. 장충식과 성의제 등 자신의 입학을 위해 애써준 사람들과의 의리를 선택한 셈이다. 자신을 내쫓은 서울대학교에 대한 오기가 작동했을지도 모르겠다. 서울대학교 동창회에서 연락이 왔지만, 동창회원 되기

각대학 復學대상자

서울大 2百96·高大84·延大56명

서울대학교 복학 대상자 명단을 실은
1980년 1월 26일자 『동아일보』. 1974년 이래
학내 사태로 제명된 복학 대상자는 총 296명이었다.
박원순처럼 긴급조치 9호 위반건이 171명,
또는 1975년에 제명된 경우가 162명이었다.
기사의 왼쪽 윗부분에 박원순의 이름이 있다.

를 거절한 적도 있었다. 서울대학교 총동창회 회칙에 따르면 중퇴해도 '준회원' 자격이 주어진다. 그러나 이제 정치인이 되었으니 동창회원 되기를 거부하지 못할 것이다. 그것이 정치인으로서 삶을 선택하기 전과 후의 차이일지도 모르겠다.

사학과를 지망한 이유는 평소 관심이 많았던 역사를 공부하기 위해서였다. 대학에 입학한 지 6년 만인 1985년 2월에 졸업했다. 정선등기소장, 사법연수원, 검사, 변호사 등의 바쁜 업무 때문에 두 학기의 휴학과 두 학기의 '학사경고'를 받았다. 부족한 학점을 따기 위해 직장인을 배려해서 야간수업으로 개설된 '전부수강' 제도를 활용하기도 했다. 졸업논문은 '동학농민운동'과 관련된 주제였다. 서울대학교에서 제명된 지 10년 만에 마침내 '대졸'이 된 셈이다.

서울대학교로 복학하지 않고 단국대학교를 택함으로써 결과적으로 얻은 것도 있었다. 젊고 경력이 일천함에도 짧은 기간에 수많은 사건을 수임해서 상당한 수익을 올릴 수 있었던 것은, 그가 유능하기 때문이기도 하지만 비주류 출신을 겸한 덕도 있었다. 고향 창녕 지역 출신 인사들, 모교인 단국대학교 졸업생들의 관련 사건을 맡게 되었던 것이다. 화려한 학력과 경력보다는 실력과 성과로 승부했다. 좌절과 시련을 보약으로 만들고, 또 가용할 수 있는 인적·물적 자원을 총동원하여 성과를 만들어내는 능력은 특출했다.

1980년 6월, 제22회 사법시험 제2차 시험에 마침내 합격했다. 당시 합격자 수는 141명에 불과했다. 제3차 면접시험도 무사하게 통과했다. 당시 사법시험 합격은 대단한 일로 여겨졌다. 합격자 중에는 문재인도 포함되어 있었다. 문재인은 계엄포고령 위반으로 경찰서에 구금되어 있었지만, 경희대 학생처장과 동창회장 등이 유치장으로 찾아와 유치장 안에서 축하주까지 나눌 수 있었다. 며칠 후 그는 석방되었다. 문재인은 1975년 4월 10일 경희대 데모를 주동했다가 제명되고 구속된 적이 있었다. 박원순은 그로부터 40여 일 뒤에 비슷한 아픔을 겪었다. 사법시험 동기로는 문재인 의원 외에 송두환 전 헌법재판관, 이귀남 전 법무부 장관, 황찬현 현 감사원장, 천성관 전 서울중앙지검장, 박정규 전 청와대 민정수석, 조배숙·박은수 전 민주통합당 의원 등이 있었다.

이듬해인 1981년부터는 법조인에 대한 수요가 증대하면서 합격자 수가 두 배 이상 늘어나 316명이 제2차 시험을 통과했다. 그러나 제3차 면접에서 대거 탈락자가 나와서 제2차 합격자 316명 중 27명이 탈락했다. 1982년에는 332명 중 32명이 탈락했는데 시위 전력자들을 탈락시켰다는 소문이 나돌았다. 2005년 12월 과거 공권력에 의한 인권침해 사건을 조사하는 진실·화해를위한과거사정리위원회(진실화해위원회)가 만들어지자, 이때의 면접 탈락자들이 진실규명신청을 했다. 조사결과,

10명이 시위 전력 사유로 탈락되었음이 밝혀졌다. 시위 전력자 탈락 소문은 사실이었다. 2007년 법무부는 진실화해위원회의 권고를 받아들여 사과하고, 10명 전원에게 사법연수원 입소 기회를 부여했다.

물론 시위 전력자를 탈락시킨다는 소문은 그전에도 있었다. 그러나 1980년도에는 박정희 정권이 종말을 고했고 전두환 정권이 온전히 자리를 잡기 직전의 과도기 상황이었기 때문에 박원순, 문재인 등 '시위 전력자'이자 '학적변동자'가 무사히 사법시험에 통과할 수 있었다.

시위 전력은 2년 뒤 1982년 8월 검사 임용 때 거론되었다. 면접관이 서너 명 있었는데 그중 한 사람이 "이제 데모 안 할 거지요"라고 물었다. 박원순은 그 면접관이 김기춘(현 대통령비서실 비서실장)이었다고 기억한다. 김기춘이 그즈음인 1981년 12월부터는 법무부 검찰국장으로, 1982년 6월부터는 법무연수원 검찰연수부 부장으로 재직하고 있었던 점을 고려하면 박원순의 기억이 맞을 확률이 높다. 박원순은 "데모할 것 같으면 법원사무관을 했겠느냐"고 답했다고 한다. 시위 전력은 법원사무관 시험 합격과 등기소장 경력으로 이미 탈색되었고, 무사히 검사로 임용되었다.

사실 박원순의 사법시험 합격은 여러모로 놀라운 일이다. 서울대학교 1년 중퇴라 하지만 장기 휴교 사태로 대학수업을 거의 경험하지 못했다. 1979년에 단국대학교에 입학했지만 곧 휴학했다. 사실상 고졸과 다를 바 없고 거의 독학으로 공부했다. 고시준비생들이 흔히 이용하는 절 같은 한적한 곳에 틀어박혀 사법시험 준비에만 매진한 경우도 아니었다. 학원 경영, 방위 복무, 대입(단국대학교) 준비, 등기소장 근무 등을 겸하면서 이룬 것이었다. 그럼에도 고등학교, 대학교 동기들에 비해 합격 시점이 늦지 않았고, 합격자 중에서 나이가 적은 축에 속했다. 고향에서는 동네잔치가 벌어졌다. 한복을 차려입은 동네 어른들에게 인사하고 있는 잔치 사진을 보면 '개천에서 용 난다'는 속설이 통하던 시절의 한 단면을 엿볼 수 있다.

1980년 8월에 사법연수원에 들어갔다. 사법시험 제22회 합격자는 대체로 연수원 제12기다. 연수원 동기 150명 중에는 조영래(제13회), 박시환(제21회), 고승덕(제20회) 변호사 등 이전에 합격한 사람들도 있었다. 나이순으로 반이 편성되었는데, 박원순은 나이가 적은 사람들 반에 속했다.

사법연수원 동기로서 조영래와 인연을 맺게 되었다. 조영래는 1965년 서울대학교에 수석 입학했고 경기고등학교-서울대학교 법대-서울대학교를 넘어 학생운동권의 '전설'이었다. 사법시험을 목전에 둔 시점에도 전태일 장례식을 준비했고, 장기 피신 중에는 『전태일 평전』을 집필하기도 했다. 전태일이라는 한 노동자의 죽음을 의미 있게 만든 데는 조영래의 공이 크다.

1980년 6월 생가 마당에서 사법시험 합격 축하
잔치가 벌어졌다. 양복을 입은 박원순이 어른들께 인사하고 있다.
시골 어른들이 한복을 차려입고 중절모를 쓰고 있다.

조영래는 생전에 자신이 그 책을 집필했다고 발설하지 않았다. 조영래는 사법연수원 연수 중 1971년 서울대생 내란음모 사건으로 구속되어 형을 살았다. 그 뒤 1974년 민청학련 사건 관련자로 장기 피신하면서 사법연수원 과정을 이수하지 못했다.

조영래는 박원순보다 고등학교 10년, 대학교 9년 선배로 이후 그의 '멘토'가 되었다. 조영래에게 "세상을 보는 눈과 통찰력, 포용력과 연대의 힘, 그리고 집요함과 끈기" 등을 배웠다고 회고했다. 박원순에게 조영래는 이정표 같은 존재였다. 실제로 두 사람은 닮은 점이 많다. 『오마이뉴스』 오연호 대표기자는 『정치의 즐거움』에서 박원순을 '살아 있는 조영래'라고 평했다. 서울시장실에는 조영래의 의자도 있다. 서울 시민들의 의자를 기증받아 회의용 의자로 사용하고 있는데 그중 하나가 바로 조영래의 의자인 것이다.

"세상의 매듭을 푸는 역할을 하고 싶다"

사법시험에 합격한 이듬해인 1981년 7월, 아버지가 67세 나이로 갑자기 사망했다.(어머니는 15년 뒤인 1996년 7월에 사망) 전형적인 경상도 촌로로서 과묵했던 아버지는 아들의 출세를 무척 기뻐했다. 그러나 판·검사 옷을 입은 아들의 모습을 보지 못한 채 갑자기 운명하고 말았다. 그가 결혼을 서두른 데에는 아버지의 갑작스러운 죽음이 작용했던 것 같다. 아버지가 사망할 즈음에 그는 검사시보로서 대구에 내려가 있었다. 거기에서 아내인 강난희를 만났다.

사법연수원 동기인 대구 출신 이순동(현 판사)의 소개로 그녀를 만났다. 이순동은 강난희의 이종사촌 형부였다. 그녀의 아버지는 몇 해 전 병으로 사망했지만, 어머니가 대구에서 섬유관련 중소기업을 운영하고 있어 비교적 경제적 여유가 있는 편이었다. 그녀의 형제도 7남매(4남 3녀)였고, 박원순처럼 여섯째였다. 그중 그녀는 셋째 딸로 대학교 졸업반이었다. 국문학 전공에 철학(미학)을 부전공했다. 나이는 그보다 두 살이 적었다.

대구 대명동에 있는 강난희의 집에서 맞선을 보았다. 먼저 안방에서 어른들께 인사하고 그녀의 방으로 건너갔다. 박원순은 그녀의 서가를 죽 살펴보다가 공부를 계속한다면 무슨 공부를 하고 싶냐고 물었다. 그녀는 미학을 공부하고 싶다고 답했다. 이전에도 몇 차례 선을 본 적이 있지만, 그런 걸 묻는 사람은 없었다. 어딘가 여느 사람과 다르다고 느꼈다. 그리고 둘이 차를 마시러 나갔다. 찻집에서 그는 자신이 살아온 이야기를 했다. 그러면서 "세상의 매듭을 푸는 역할을 하고 싶다"고 말했다. 이 말은 강난희에게 꽤 인상 깊게 남았다.

그녀는 대구의 보수적이고 엄한 부모 밑에서 자란 막내딸이었다. 그녀 집에서 몇 번을 더 만났다. 서로 호감을 느껴 이야기가 급속도로 진행되어 혼담이 오갔다. 그러나 편모슬하라는 이유로 결혼이 위기에 봉착한 적이 있었다. 그때 그는 양주를 사 들고 그녀의 집으로 찾아가 처남들과 술을 마구 마셨다. 그가 체질적으로 술을 먹지 못한다는 사실을 그녀는 나중에야 알았다. 처가 쪽 가족들은 모두 술을 잘하는 편이었다. 그래서 결혼 후엔 술자리가 있으면 아내가 술상무 역할을 감당하기도 했다. 그는 아내가 둘째를 임신 중일 때 아들을 낳으면 이름을 '박카스'로 짓겠노라고 지인들에게 농담처럼 말했다. 그리스 로마 신화에 등장하는 바쿠스(Bacchus, Dionysos)는 술의 신[酒神]이다. 실제로 아들이 태어났고, 항렬인 주(柱) 자를 살려 '柱信'으로 작명했다.

박원순은 술을 들고 찾아가는 호기를 부릴 적에 이미 결혼을 결심했다. 흔한 연애편지 한 통도, 그럴싸한 프러포즈도 없었지만, 어느덧 그녀도 결혼에 동의하고 있었다. 맞선으로 만난 지 석 달여 만인 1981년 12월 25일에 두 사람은 서울 마포의 한 결혼식장에 나란히 섰다. 장충식 단국대학교 총장이 주례를 섰다. 그는 장충식의 배려로 단국대학교에 입학했고 당시 단국대학교에 재학 중이었다. 서울에 신혼살림을 차렸지만, 이듬해 대구지검 검사로 발령나면서 다시 대구로 내려갔다.

검사라는 어울리지 않는 옷

박원순은 사법연수원 과정을 마치고 진로를 선택해야 할 즈음 이호웅을 만나 조언을 구했다. 연수원 성적이 상위권이었으므로 선택의 자유가 있었다. 이호웅은 이왕이면 검사직을 경험해볼 것을 권했다. 연수원 동기생 150명 중 46명이 판사, 21명이 검사, 10명이 변호사를 선택했고, 나머지는 법무관이 되었다. 당시는 연수원 졸업자가 많지 않아서 바로 변호사로 가는 경우가 적었다. 조영래와 문재인은 그 10명의 변호사에 포함되었다. 문재인은 연수원 성적이 차석이어서 판사를 지원했지만, 시위 전력 때문에 판사 임용에서 탈락해서 변호사가 되었다. 조영래는 나이도 많은데다 과거 경력 때문에 판·검사를 지망할 생각조차 하지 않았을 것이다.

박원순은 1982년 9월 1일 대구지검 검사로 발령받았다. 그 시절에 창녕은 행정구역상 경남에 속했지만 부산보다 대구권에 가까웠다. 대구는 처가가 있는 곳이기도 했다. 그러나 그는 검사 생활 6개월 만에 사표를 제출하고 말았다.

검사로서 사람을 가두고 벌주는 일은 고역이었다. 범죄를 수사하고 공소를 제기하는 것이 검사의 직분임에도 그는 피의자의 딱한 사정을 동정하고 오히려 피의자 편을 들기도 했다. 기소를 해야 하는데 자신도 모르게 자꾸 변론을 하고 있었다. 구형량을 둘러싸고 부장검사, 차장검사에게 혼나기도 했다. 법

1982년 8월 사법연수원 수료식에서 문재인과 함께.
박원순은 조영래, 문재인과 함께 학적변동자 출신이다.
이후 조영래와 문재인은 변호사가 되었고
박원순은 검사가 되었다.

원 주변 사람들은 검사가 '관선 변론'한다며 기이하게 여겼다. 치정살인사건을 맡은 적이 있다. 남편이 사이비 종교에 빠져 다른 남자와 동거하고 있는 아내와 내연남을 죽인 사건이었다. 남편은 독실한 불교신자로서 살인하기 전에 팔공산 갓바위를 오르며 죽이고 싶은 마음을 달래고 괴로워한 흔적이 역력했고, 살인도 우발적인 것이었다. 개과천선의 여지가 있다고 여겨 10년 정도 구형하면 좋겠다고 했더니, 차장검사는 두 사람을 죽인 중대한 사건이므로 사형을 구형하라고 호통 쳤다. 결국 무기를 구형하는 것으로 타협했다.

일방적이고 권위적인 검찰 문화도 거북했다. 검사로서 사형 집행에 임석해야 하는데 그 일도 힘겨웠다. 선배 검사에게 대신 임석해줄 것을 부탁했다. 체질적으로 술을 마시지 못하는데 폭탄주와 2, 3차의 술자리를 견뎌야 하니 버거웠다. 그는 권위와 권세를 누리고 즐기는 타입이 아니었다. 그의 과거사를 살펴보면 노마드적 일 벌이기 때문에 많은 일을 경험했는데, 그중에서도 검사직은 그에게 가장 어울리지 않은 옷과 같은 것이었다. "1년은 채우라"는 부장검사의 간곡한 만류 때문에 6개월을 더 근무한 뒤, 1983년 8월 17일에 검사직을 떠났다. 『동아일보』가 보도한 검사 임명과 사임 기사도 1982년에서 1983년으로 연도만 바뀌었을 뿐 날짜는 8월 13일로 같았다.

검사직을 1년 만에 그만두는 것은 매우 이례적인 일이었다.

그의 고향에서는 비리나 사고를 쳐서 검사 옷을 벗었다는 식의 헛소문이 나돌았다. 가족 중 누구도 검사직 사표를 반대하지 않았다. 아버지가 생존해 있었다면 반대했을지도 모르지만, 어머니는 아들을 마냥 믿었고 아내도 남편의 선택을 존중하는 편이었다.

짧은 시간이지만, 검사로서 사회와 현장을 가까이에서 살필 수 있는 소중한 경험이었다. 그는 검사 재직 중에 '검시' 관련 글을 써서 조갑제가 편집장으로 있던 『마당』(1983년 5월호)지에 발표했다. 이례적으로 검시에 관심을 가졌던 것은 역사 공부를 좋아했으므로 조선시대에 법의학서로 이용되고 있던 『무원록』(無寃錄) 등의 존재를 알고 있었기 때문일 것이다. 억울함을 없게 한다는 의미의 『무원록』은 중국 원나라 때 편찬된 법의학서로 우리나라에서도 조선 전기부터 이용되었다. 또 남이 하지 않는 새로운 영역을 개척하는 기질 때문에 검시에 관심을 가졌을 것이다. 검시에 관한 이 글은 본격적 글쓰기의 출발에 해당한다. 검사로서 바쁜 와중에도 『대구매일』 등에 기고했던 것으로 기억한다. 지방지라서 그 원문을 확인하지는 못했다.

남편 박원순, 아버지로서의 박원순

박원순은 대구에서 검사로 있을 적에 첫딸을 얻었다. 아내는 입덧이 유달리 심해서 하루에 식당을 13군데나 헤매고 다녔는데, 남편에게 뭔가 얻어먹은 기억은 없다고 했다. 출산 때도 이호웅 등 선배와 친구들이 대구로 내려온 탓에 남편은 곁에 없었다. 결혼기념일이 마침 크리스마스라 어렵지 않게 기억은 하지만, 특별히 그날을 챙기거나 아내에게 값진 선물을 해준 적도 없었다. 결혼 패물마저 대구에 살 적에 몽땅 도둑맞았다. 어느 용감한 도둑이 검사의 집을 털었던 것이다. 여태껏 '여보' '당신'이라고 다정하게 불러본 적도 없다. 그저 딸의 이름을 빌려 서로 '다인 엄마' '다인 아빠'라고 불렀다.

변호사로 일할 때까지는 뭐든지 아내와 같이하려고 노력했다. 집안 잔치나 주변의 경조사에도 함께 다녔고 등산도 같이 다녔다. 심지어 구치소 접견을 갈 적에도 아내와 같이 가서 아내는 차에서 기다렸다. 글을 쓰거나 일을 할 때도 아내가 옆에 있어주기를 바랐다. 신혼 초에는 영어공부도 같이 했다. 아내가 관심 있어하는 미학 원서 『예술과 인간』(*Art And Man*)을 구해서 같이 읽었다. 모르는 단어가 나오면 파생어를 적어주며 외우게 했다. 학원 영어강사 경력이 있어 영어를 가르치는 기술도 뛰어났다. 아내와 불어와 일어공부를 같이 한 적도 있었다.

그러나 시민운동에 투신한 뒤부터 더욱 바빠지면서 아내, 아이들과 같이 지낼 시간은 절대적으로 부족해졌다. 남편 박원순은 항상 바빴고, 자기 일에만 몰두했다. 집에서도 혼자 책을 읽거나 스크랩하거나 TV를 보았다. 아내는 남편을 '혼자서도 잘 노는 왕자님'으로 표현했다. 잦은 외국과 지방 출장에, 일하다가 사무실에서 자는 날도 많았다. 그래서 아내는 영국과 미국에 유학했던 2년간을 가장 아름다운 시간이라고 기억한다. 미국 유학 당시 자료복사에 지쳐 아내가 쓰러졌을 때도 아내를 의무실에 데려다놓고 그는 다시 복사하러 갔었다. 그래도 유학 기간에는 가족과 함께 지낸 시간이 많았다.

집안의 대소사는 물론 아이들의 양육과 교육문제 등 가정사는 모두 아내가 전담했다. 그가 1996년 1월 참여연대 사무처장으로 상근을 결정하고 변호사 일을 그만둔 뒤부터는 아내가 가정 경제도 책임져야 했다. 남편의 일방적 통고를 듣고 아내는 "내가 알아서 살아가겠다"고 먼저 말했다. 외국에 체류하는 동안 아내는 인테리어에 관심을 갖게 되었고, 한국에 돌아와서 2년여를 인테리어 학원에 다니며 공부했다. 인테리어 일이 험한 일이라, 신발에 먼지를 뽀얗게 묻혀 귀가하는 딸을 보며 장모는 무척 속상해했다. 그런 모습을 보며 박원순의 딸은 돈 잘 버는 변호사가 되겠다고 말하기도 했다. 그래도 일거리가 있었고 가계를 꾸려 갈 정도는 되었다.

2014년도 공직자 재산신고에서 박원순의 재산은 마이너스 7억여 원이다. 고위 공직자 중 가장 재산이 적을 것이다. 그 부채는 대부분 아내의 인테리어 사업 정리과정에서 파생된 것이었다. 이명박 정권의 탄압과 건설경기 불황, 예상치 않은 사고

보상까지 겹치면서 아내의 인테리어 사업은 어려움에 처했다. 그는 부채가 의외로 많은 것에 놀라 아내에게 화를 내기도 했다. 그러나 근본적으로 아내를 생활전선으로 내몰았던 그에게 책임이 있었다.

그는 남편이나 아버지로서 제대로 역할하지 못했지만, 입학식·졸업식 등 최소한의 행사에는 참석했다. 가끔 설거지를 자청하기도 했다. 설거지를 깨끗하게 하지 못해서 아내가 말리기도 했지만 나중에는 내버려두었다. 집에 꽃을 사들고 갈 때도 있었다. 신혼 초에 받고 싶은 선물을 묻자 아내는 '꽃'이라고 대답했다. 그 후부터 아내에게 미안해할 일이 생길 적마다 꽃을 사와서 불쑥 내밀곤 했다. 한때 꽃을 자주 사들고 간 적이 있었는데, 전철역 앞 노점의 꽃집 주인이 아는 체 인사해서 사지 않을 수 없어서였다. 밤늦은 시간이라 약간 시들긴 했지만, 꽃은 많이 싸주었다. 그래서 시민운동 후배들에게 이혼당하지 않으려면 아내에게 꽃을 사가야 한다고 농담하곤 했다.

휴대전화 단축번호 1번에는 당연히 아내의 전화번호가 입력되어 있다. 가끔 틈이 날 때 전화를 걸면 아내는 "왜 전화했어요? 무슨 일 있어요?"라며 걱정스럽게 물었다. 모처럼 일찍 귀가하면 오히려 이상하게 여겼다. 2001년 4월에 법장 스님이 주도하는 생명나눔실천회에 장기기증을 서약했다. 그 사실을 말했더니 아내에게 "모처럼 잘했네요"라며 칭찬받은 기억만은 선명하다. 언젠가 아이들이 "같이 수목장으로 하면 어떠냐"고 말했지만, 아내는 답하지 않았다. 그는 유언장에서 "이 생에서 다 하지 못한 많은 시간을 함께 지냈으면 하오"라고 참회했다.

둘을 잘 아는 주변 사람들은 아내 강난희가 지나치게 희생해왔다고 생각한다. 그러나 정작 아내는 그렇게 생각하지 않는 듯하다. 첫 만남 자리에서 "세상의 매듭을 푸는 역할을 하고 싶다"고 말했던 남편에게 여전히 콩깍지가 씌어 있다며 그의 아내는 웃었다. 다만 정치 참여 이후 이런저런 공세에 가족들까지 고통을 당하게 된 것만은 무척 견디기 힘들어했다.

그는 밖에서는 예의바르고 친절하고 여성스러운 면도 많은 사람이었지만, 집안에서는 가정적인 남편과 아버지가 아니었던 것 같다. 오히려 서울시장이 되고 난 후에 일찍 귀가하는 등 가장으로서의 역할을 다하려고 의식적으로 노력하는 듯하다. 물론 시청 직원들이 일찍 퇴근할 수 있게 시장이 일찍 퇴근할 수밖에 없는 결과이긴 하지만. 그는 2002년 아름다운재단이 펼친 1퍼센트 나눔운동의 하나로 참회가 주조를 이루는 공개 유언장을 미리 작성한 바 있다. 그 유언장 이후 10여 년이 흘러 그동안 참회할 내용이 추가되겠지만, 기본 내용은 다음의 유언장에 모두 들어 있다.

박원순 유언장

내 딸과 아들에게

유언장이라는 걸 받아들면서 아빠가 벌이는 또 하나의 느닷없는 행동이라고 생각할지 모르겠다. 제대로 남길 재산 하나 없이 무슨 유언인가 하고 나 자신이 자괴감을 가지고 있음을 고백한다. 유산은커녕 생전에도 너희의 양육과 교육에서 남들만큼 못 한 점에 오히려 용서를 구한다.

그토록 원하는 걸 못 해준 경우도 적지 않았고 함께 가족 여행을 떠나거나 함께 모여 따뜻한 대화 한번 제대로 나누지 못했구나. 그런 점에서 이 세상 어느 부모보다 역할을 제대로 못 한 점을 실토한다.

가난했지만 내 부모님께서 내게 해주신 것으로 보면 특히 그렇단다. 우리 부모님은 인생의 모든 것을 자식을 위해 바치신 분들이다. 평생 농촌에서 땅을 파서 농사를 짓고 소를 키워 나를 뒷바라지해주신 그분들은 내게 정직함과 성실함을 무엇보다 큰 유산으로 남겨주셨다.

하지만 나는 너희에게 제대로 시간을 내지도 못했고, 무언가 큰 가르침도 남기지 못했으니 그저 미안하게 생각할 뿐이다.

다만 그래도 아빠가 세상 사람들에게 크게 죄를 짓거나 욕먹을 짓을 한 것은 아니니 그것으로나마 작은 위안을 삼을 수 있지 않을까 싶다.

내 부모님의 선한 심성과 행동들이 아빠의 삶의 기반이 되었듯 내가 인생에서 이룬 작은 성취들과 그것을 가능하게 한 바른 생각들이 너희의 삶에서도 작은 유산이 되었으면 좋겠다.

분명 아빠의 변명이겠지만 세상은 그렇게 홀로 아무것도 없이 시작하는 것이 좋다고 생각한다. 아빠는 단지 책 보따리 하나 들고 야간열차를 타고 서울로 와서 스스로 공부하고 스스로 컸다. 학창시절에는 감옥도 가고 학교로부터 제적이 되어 긴 방랑의 세월도 가졌다. 긴 고통과 고난의 세월도 있었다.

그러나 아빠는 그것에 굴하기는커녕 언제나 당당히 맞서 극복해왔다. 그런 힘든 나날이 오히려 더 큰 용기와 경험, 자신감을 심어주었다. 그러니 젊어 고생은 사서라도 하라는 말이 진리임에는 틀림없는 듯싶구나.

당연히 너희의 결혼을 치러주는 것이 내 소망이다. 하지만 그때 내가 너희에게 집 한 채 마련해주지 못하고 세간조차 제대로 사주지 못하더라도 너무 실망하거나 원망하지 말아라. 그 모든 것을 해주고 싶은 마음이야 이 아빠에게도 왜 없겠냐마는, 그래도 그런 능력이 안 되는 나를 이해해다오. 우리가 약속했듯 대학까지만 졸업하고 나면 나머지 모든 것은 너희가 다 알아서 해결하고 개척해가렴.

그러나 너희가 아무런 재산을 물려받지 못하고, 거창한 부모를 가지지 못했다 해도 전혀 기죽지 말아라. 첫출발은 언제나 초라하더라도 나중은 다를 수 있으니 말이다. 인생은 긴 마라톤 같은 것이다. 언제나 꾸준히 끝까지 달리는 사람이 인생을 잘 사는 것이란다.

인생은 그렇게 돈이나 지위만으로 평가받는 것이 아니다. 자신이 최선을 다해 인생을 살면 그것으로 충분하다.

너희는 돈과 지위 이상의 커다란 이상과 가치가 있음을 깨닫는 인생을 살기 바란다. 그런 점에서 아빠가 아무런 유산을 남기지 못하는 것을 오히려 큰 유산으로 생각해주었으면 좋겠다.

내 아내에게

평생 '아내'라는 말, '당신' 또는 '여보'라는 말 한마디조차 쑥스러워 하지 못했는데, 이제야 '아내'라고 써놓고 보니 내가 그동안 당신에게 참 잘못했다는 반성부터 앞서는구려.

변호사 부인이면 그래도 누렸을 일상의 행복이나 평온 대신 인권변호사와 시민운동가로서의 거친 삶을 옆에서 지켜주느라 고되었을 당신에게 무슨 유언을 할 자격이 있겠소. 오히려 유언장이라기보다는 내 「참회문」이라 해야 적당할 것이오.

그래도 적으나마 수입이 있던 시절, 그 돈으로 집을 사고 조금의 여윳돈이 있던 시절, 내가 다른 가족들이나 이웃, 단체들에게 그 돈을 나누어주는 것을 옆에서 말리기는커녕 당신 또한 묵묵히 동의해주었소. 당신도 내 낭비벽의 공범이었으니 나만 탓할 자격은 없다고 생각하오.

지금 와서 생각해보면 그때 조금이나마 따로 저축이나 부동산을 남겨두었다가 이럴 때 비밀스럽게 내놓을 수 있었다면 얼마나 좋을까 싶기도 하오. 그러나 후회해도 소용없는 법.

지금 우리가 살고 있는 아파트의 전세금이나 고향에 부모님이 물려주신 조그만 땅이 있으니 그래도 굶어죽지는 않겠구나 자위하지만 그래도 장래 우리 아이들의 결혼 비용이나 교육비에는 턱없이 부족할 테니 사실 조금 걱정이 되기는 하는구려.

그러나 우리가 그랬듯 살아가는 동안 겪는 어려움과 고난은 오히려 우리 아이들을 더욱더 건강하고 강하게 만들 것이니 모든 것은 운명에 맡겨두는 것이 좋을 듯하오.

당신에게 용서를 구할 게 또 하나 있소. 아직도 내 통장에는 저금보다 부채가 더 많다오. 적지 않은 빚이 있는데, 다행히 나와 함께 일하는 간사가 내가 마구 쓰는 것을 견제하면서 조금씩 적금을 들고 있는 모양이니 조만간 많이 줄어들 수 있으리라 생각하오. 그러나 혹시 그걸 다 갚지 못한다면 역시 당신 몫이 될 테니 참으로 미안하기만 하오. 내 생전 그건 어떻게든 다 해결하도록 노력하겠소.

내가 당신보다 먼저 이 세상을 떠난다면 몇 가지 더 처리해줘야 할 일이 있소. 내가 소중히 하던 책들, 이사할 때마다 당신을 고생시키며 모아온 그 책들은, 우리 아이들이 원하면 가지게 하고 그렇지 않으면 어느 대학 도서관에 모두 기증해주기를 바라오. 아무래도 법률책이 많으니 고시 관련서만 가득한 서울대 법대에 기증하는 것도 좋겠소. 그 책들은 내가 평생 이 나라와 여러 나라에서 소중하게 모은 것들 아니오? 당신 밥 한 끼 사주는 대신 함께 모은 것들이니 한곳에 전해져 그 분야에 관심 있는 후학들에게 도움이 되었으면 좋겠소.

이미 안구와 장기를 생명나눔실천회에 기부했으니 그분들에게 내 몸을 맡기도록 부탁하오. 그다음 화장을 해서 시골 마을 내 부모님이 계신 산소 옆에 나를 뿌려주기 바라오. 양지바른 곳이니 한겨울에도 따뜻한 햇볕을 지키면서 우리 부모님에게 못다 한 효도를 했으면 좋겠소. 원컨대 당신도 어느 날 이 세상 인연이 다해 내 곁으로 온다면 나는 언제나 당신을 기다리겠소. 그래서 우리 봄 여름 가을 겨울 함께 이 생에서 다하지 못한 많은 시간을 함께 지냈으면 하오.

내 마지막을 지키러 오는 사람들에게 조의금을 받지 않았으면 좋겠소. 내 영혼은 그들이 오는 것만으로도 반가울 것이오. 내 부음조차도 많은 사람에게 알리지 않는 것이 좋겠소. 신문에 내는 일일랑 절대로 하지 마오.

무책임한 남편이 끝까지 무책임한 말로써 이별하려 하니 이제 침묵하는 것이 좋겠소. 부디 몸조심하고 남은 인생을 잘 보내고 다음 세상에서 좋은 인연으로 다시 만나길 바라겠소. 감히 다시 만나자고 할 염치조차 없지만 그래도 당신 덕택에 내가 이 세상에서 좋은 일을 많이 할 수 있었으니 나로서야 또 만나자고 할 형편이오. 어떡하겠소? 다만 이 모든 것을 용서해주오.

박원순은 인권변론의 전성기에
인권변론에 앞장섰다.
시국사건·공안사건에 대한 변론을
흔히 '인권변론'이라고 하는데
박원순에게 인권변론이란
그 의미가 더욱 폭넓었다.

5

엄혹한 시대를 밝힌 인권변론

저작권법에 주목한 신참 변호사

1983년 8월에 검사에서 의원면직 처리되었다. 곧장 서울로 올라와 29일에 변호사 등록(2694번)을 하고 9월에는 변호사 사무실을 열었다. 9월 9일에 개업한다는 신문광고도 냈다. 사무실은 중앙일보사 사옥 맞은편 쪽에 위치한 대건빌딩에 마련했다. 당시에 각급 법원이 서소문에 위치하고 있었기 때문에 변호사 사무실도 대부분 그 인근에 몰려 있었다. 애초 조영래와 같이 사무실을 쓰기로 하고 책상까지 마련했지만, 서로 불편할 것 같아 단독으로 사무실을 열었다. 조영래는 두 달여 전인 7월 11일, 서소문 입구 쪽 대한일보 빌딩에서 개업했다.

사실 조영래는 개업하기 전에 개인적 인연이 있었던 김영무 변호사가 대표변호사로 있는 김&장 법률사무소에서 1년 정도 일했었다. 그는 사법연수원 동기 문재인이 판사직을 지망했다가 시위전력 때문에 탈락하자 김&장에 들어가기를 권하기도 했었다. 김영무는 후일 시민운동을 하던 박원순에게 여러 도움을 주기도 했다. 참여연대 기금 마련 전시회에서 물품을 사주고, 아름다운재단 산하 '공감'의 변호사 비용을 지원하고, 희망제작소 산하 조례연구소를 지원하는 등 조용히 후원해주었다.

조영래와 달리 검찰 생활을 1년 정도 하다가 변호사 개업을 한 박원순은 당시 28세로, 변호사로서는 드물게 연소한 편이었다. 병역의무를 이미 마쳤고, 검사로 1년만 근무했기 때문이다.

辯護士開業人事

풍요의 계절, 이 가을의 문턱에서 이제 저는 변호사 활동의 뜻을 세웠읍니다. 앞으로 저는 아래 장소에서 민사, 형사, 행정, 가사등 모든 소송업무와 법률자문, 인권상담에 온 힘을 기울일 것입니다. 지난날 춘천지방법원 정선등기소장, 대구지방검찰청 검사로서 재직시에 베풀어 주신 드높은 사랑에 감사드리오며 앞으로도 계속적인 지도 편달을 바랍니다.

1983. 9.

辯護士 朴 元 淳

개업장소 : 서울 중구 서소문동57의7번지 대건빌딩702호(중앙일보사 맞은편)
전　　화 : 사무실 752—6004~5
자　　택 793—4400
개업식일시 : 1983. 9. 12(月) 16 : 00~21 : 00

변호사 개업인사

저는 작년 9월에 변호사개업을 한 이래 김앤드장 법률사무소의 여러분들과 함께 일반 민형사사건, 국제무역, 조세, 해상, 기업, 금융거래 등에 관련된 소송 및 법률자문 등 폭넓은 법률사무를 취급하여 오던 중 이번에 그간의 경험을 토대로 하여 본격적인 소송업무에 전념하기로 뜻을 정하고 아래의 장소에 법률사무소를 개설하게 되었읍니다. 그동안 여러가지로 걱정하고 성원하여 주신 모든 분들께 깊이 감사드립니다. 꿋꿋이 변호사의 직분을 지키고 성심성의껏 업무를 수행함으로써 평소의 애호에 보답하고자 하오니 더욱 큰 사랑과 가르침으로 이끌어 주시기 바랍니다.

1983. 7. 8.

변호사 趙 英 來 올림

사 무 소 : 서울 중구 태평로2가 340 (대한일보빌딩 1107호)
전　　화 : 사무실 752—4661, 4662
자　　택 603—7768
개업일시 : 1983. 7. 11(월) 오후 5 시

1983년 『동아일보』 9월 9일과 7월 9일에 실린 박원순과 조영래의 변호사 개업 광고. 두 사람은 두 달의 시차를 두고 가까운 곳에 따로 사무실을 열었다.

법조계 인력이 부족한 시절이라, 병역의무를 마치지 않은 이들이 법무관으로 가고, 대부분은 판·검사로 상당 기간 근무한 후에 변호사로 개업하는 것이 당시의 관례였다. 그는 연소하고 경력도 보잘것없었지만, 변호사 사무실을 열자마자 많은 사건을 수임할 수 있었다. 우선 변호사 수가 절대적으로 적었기 때문이다. 그리고 단국대학교와 시골 창녕 출신이라는 마이너리티의 요소가 오히려 이점으로 작용했다.

변호사 업무를 시작하면서 저작권법에 주목했다. 그즈음 한국에서는 저작권 관련 국제조약 가입을 앞두고 저작권법 개정의 필요성이 대두되었다. 저작권에 대한 인식이 생기기 시작하는 시점이었는데, 그 분야의 전문가가 거의 없었다. 한 마디로 저작권은 블루오션이었다. 박원순은 저작권 관련 글을 집중적으로 발표하고, 한국문화예술진흥원이 주관하는 '저작권법개정 공청회' 등에 수차례 참석해서 발제하고 토론했다. 영어에 능했으므로 외국의 저작권법 사례를 번역해서 소개하거나 방희선과 공저로 『저작권법』 책을 출간하기도 했다. 그는 졸지에 저작권 관련 최고 전문가가 되었다. 박원순이 저작권이라는 블루오션을 선택한 점은 주목할 만하다. 그는 대부분 남이 가지 않은 길을 개척했고, 같은 길을 가더라도 항상 새로운 영역을 개척했던 것이다. 그는 세상의 흐름을 읽을 줄 알았고, 법이 어떤 역할을 해야 하는지, 어떤 법이 필요한지를 알고 있었다.

인권변론의 최전선에 뛰어들다

한편 개인적으로는 오둘둘 사건의 선배들과 관계를 유지하고 있었고, 특별히 조영래가 그를 아꼈으므로 여차하면 인권변론에 투입될 수 있었다. 그러나 1980년대 초반에는 공안 사건이 별로 없었다. 조영래가 주도하는 '망원동 수재 사건'과 몇 개의 시국 관련 사건을 옆에서 돕는 정도였다. 그런데 1985년부터 대형 시국사건이 속출했고, 1986년경부터는 본격적으로 인권변론 활동에 나섰다.

1980년대 중·후반은 인권변론의 하이라이트 시대였다. 노태우 정권이 들어선 이후에도 공안사건이 속출했지만, 전두환 정권 말기가 그 최정점을 이루었다. 시국사건·공안사건 변호에서 박원순은 인권변호사 그룹의 막내로서 실무를 담당했다. 열심히 변론에 임했고, 변론서도 많이 썼다. 역사에 기록을 남긴다는 자세로 장문의 변론서를 작성했다. 민변(민주사회를위한변호사모임)의 후배 변호사들은 물론 자신도 어떤 사건의 변론서를 기초했는지 잘 기억하지 못하고 있다. 다만 문체와 장문의 글을 근거로 그가 작성한 것임을 짐작할 뿐이다. 인권변론 건수나 변론서 작성이란 측면에서 그는 발군의 존재였다.

1986년 5월 19일에는 '정법회'가 발족했다. 정법회는 인권변론과 사회정의를 실천하려는 변호사들이 모여서 만든 최초의 조직이다. 1970년대부터 인권변론을 감당해온 40대 전후의 선배 변호사들(시니어 그룹)과 조영래, 이상수, 박원순 등 새로 충원된 변호사들(주니어 그룹)이 결합한 것이다. 창립 당시 회원은 28명이었다. 조영래, 이상수 등은 두 그룹의 중간쯤에 위치해 있었다. 특히 조영래는 양 세대를 결합시켜 정법회를 만드는 가교 역할을 했다. 박원순은 정법회의 가장 막내였다.

'정법'(正法)이라는 이름 때문에 불교단체로 오해받기도 했다. 정법회는 공개 단체가 아니었고, 이름을 내걸고 외부 활동을 한 적도 없었다. 조화나 화환에 그 이름이 사용되는 정도였다. 그래서 정식 명칭조차 '정의실천법조인회' '정의실천법조회' '정의실현법조인회' 등 각기 다르게 기록되고 있다. 박원순은 인권변론의 역사를 정리한 자신의 책 『역사가 이들을 무죄로 하리라』에서 '정의실천법조인회'로 기록했다.

정법회를 결성하게 된 배경에는 두 사건이 직접적 계기로 작용했다. 하나는 '망원동 수재 사건'이라 불리는 집단소송이다. 1984년 여름 장마철에 마포 망원동 일대에 대규모 수재가 발생했다. 비가 많이 내리기도 했지만, 재난은 배수지 펌프장 수문이 붕괴되면서 발생한 것이어서 '인재'에 가까웠다. 그래서 조영래 등이 나서서 피해자들을 설득하여 시공사인 현대건설과 관리책임이 있는 서울시를 상대로 집단소송을 제기했다, 재판은 제3심에 이르기까지 6년여간 진행되었고, 1990년 8월 2일 대법원에서 최종 승소했다. 이 사건을 계기로 시국사건에 국한

되어 있던 인권변론 활동이 민사소송 분야로 확장되었다. 집단소송제도도 도입되었다.

또 하나는 1985년 6월 대우어패럴 노동자들의 구로동맹파업 사건이다. 구로 지역의 중심 노조였던 대우어패럴 노조위원장이 구속되면서 인근 지역 노조들이 동맹파업을 결의했다. 이것은 한국전쟁 이후 최초의 대규모 동맹파업이었다. 다수의 노동자가 구속, 해고되었다. 당국은 재판진행 과정에서 일어날 파란을 막기 위해 사건을 여러 개로 나누어 기소했다. 이 사건 이후 시국사건에서 '쪼개기' 기소가 보편화되었다.

두 사건 모두 사건 규모가 크고 관련자가 많았으며, 게다가 당국이 사건을 나누어 기소하게 되면서 여러 명의 변호사가 동원되었다. 박원순은 두 소송에 모두 참여했다. 이 두 사건을 공동 변론하는 과정에서 두 세대 변호사들 간에 교류와 신뢰가 축적되었고, 조직적으로 변론할 필요성이 제기되면서 정법회가 결성되었다.

정법회는 느슨한 형태의 조직이었지만, 과거 개인 차원의 인권변론에서 한 차원 앞으로 나아간 것이었다. 권력이 함부로 탄압하기 어려운 종교적 배경을 가진 한국기독교교회협의회(KNCC)와 가톨릭정의평화위원회 등 인권단체가 사건을 접수해서 정법회로 보내오면, 인권간사가 회원들에게 사건을 분담했다. 가끔 김수환 추기경이 명동성당 옆 건물 지하식당에 자리를 마련해서 정법회 회원들을 격려하기도 했다. 수녀들이 직접 만든 음식과 약주를 대접받았다. 그 약주의 힘을 빌려 "추기경님, 2차 갑시다"라고 농을 던지는 이색적 장면이 연출되기도 했다.

박원순은 1986년 초 김근태 고문사건 항소심에서부터 본격적으로 인권변론에 참가했다. 이어 부천경찰서 성고문 사건이 터졌다. 1986년 6월 부천지역 공단에 위장 취업해 있던 여대생을 체포한 경찰이 성고문을 가한 사건이었다. 이 사건이 폭로되자, 공안당국은 도리어 "급진세력의 투쟁전략-전술의 일환" "성(性)까지 혁명의 도구화한 사건"이라고 발표했다.

애초 이 사건은 KNCC를 통해 이상수 변호사에게 전해졌다. 조영래는 사건 내용을 전해듣자마자 주심 변호사를 자청했다. 변론은 진상조사, 고발, 기자회견, 재정신청을 위한 대규모 대리인단 구성, 형사기록 복사를 위한 민사소송 제기 등 전례가 없는 방식으로 진행되었다. 특히 김수환 추기경에게 권 양을 위로하는 메시지를 받아 언론에 공개하여 여론을 환기시켰다.

박원순도 이 사건의 변호인단 9명 중 일원이었다. 인천교도소 수감 시에 권 양과 이야기를 나누었던 증인들을 면담하는 등 증거조사를 담당했다. 조영래의 요청으로 변론이유서 초안을 작성했다. 그런데 조영래는 박원순이 작성한 변론서를 제쳐두고 완전히 새로 작성했다. 조영래는 며칠 밤을 새워가며 퇴고를 거듭했고, 재판에 임하는 마지막 순간까지도 고쳐 썼다. 그리고 떨리는 목소리로 법정에서 그것을 읽어내려갔다.

> 우리가 그 이름을 부르기를 삼가지 않으면 안 되게 된 이 사람, 온 국민이 그 이름은 모르는 채 성만으로 알고 있는 이름 없는 유명 인사, 이 처녀는 누구인가. 그녀는 무엇을 하였는가. 그 때문에 어떤 일을 당하였으며, 지금까지 당하고 있는가. 국가가, 사회가, 우리들이 그녀에게 무엇을 하였으며 지금도 하고 있는가.

방청석 여기저기에서 흐느끼는 소리가 들렸다. 박원순은 자신이 작성한 변론서가 일거에 폐기되는 수모를 당했지만 조영래의 변론과 변론이유서를 보면서 많은 것을 느꼈고 배웠다. 박원순은 폐기된 초안을 나중에 항소이유서를 작성하면서 대폭 활용했다.

1985년 5월 23일에 서울 미 문화원 점거농성 사건이 일어났다. 대학생들이 광주학살에 미국의 책임이 있다며 서울 미 문화원을 점거했다. 세간의 이목이 집중된 사건이었으므로, 많은 변호사가 변호를 자청했다. 제1심은 박찬종 변호사(전 민주당 국회의원) 등 정치권 변호사들이 주도했지만, 변론과 재판은 엉망이 되고 말았다. 그들은 진정한 의미의 변호를 하기보다는 재판을 정치적 선전수단으로 활용했기 때문이다. 그래서 1986년에

1. 서론

— 고귀한 순결과 위대한 용기 —

오늘 이 법정 가득 빛나고 있는 희디흰 순결에 우리의 눈이 부십니다.
오늘 이 자리에 충만하고 있는 거룩한 용기에 우리의 목이 메입니다.
그 순결은 너무나 더러운 오욕의 한가운데 있음으로 인하여 더욱
눈부시고 그 용기는 온갖 짓누름과 끝없는 눈가림으로 인하여 더욱
목 메입니다.

지난 6월 6일과 7일 저 자그마한 체구의 처녀가 말로 다할 수
없는 야수의 치욕을 당하고, 그 지독한 수치와 통분함을 가슴에 안고
경찰서의 보호실과 유치장에서, 다시 교도소의 감방으로 넘어가기
까지의 순간 순간마다 그녀의 머릿속을 메웠던 것은 오직 죽음에의
유혹과 가위눌림의 악몽 뿐이었읍니다. 유복한 가정과 명문 대학의
출신으로서 [illegible] 불행한 이웃과 함께 일생을 하려 노동자 생활을 시작
하였던 그녀가 정작 자신이 가장 불행한 처지에 놓이게 되고 가장
극악한 피해자 의 입장이 될 줄은 꿈에도 몰랐을 것입니다. 마침내
그 치욕과 수치, 절망과 좌절을 과연히 떨쳐내 고 악마의
무리들을 고발하게 되기 까지 그녀가 겪은 고통과
좌절, 갈등과 주저는 얼마만한 크기의 아픔이었겠읍니까

그러나 외로운 그녀의 외침과 절규는 두꺼운 감방의 벽을 뚫고

辯護士 朴 元 淳
서울·중구서소문동57-7(대진빌딩801호)
전화 : 752-6004·6005번

1986년 박원순이 작성한 부천경찰서
성고문 사건 변론서 초고. 검사 시절부터 사용한
타자기를 이용하여 초고를 작성했다. 박원순은 이 초고를
2심 항소이유서를 작성할 적에 활용했다.
이 초고가 어떤 사정으로 민주화운동기념사업회에
보관되어 있는지 박원순도 모른다.

열린 제2심은 홍성우, 황인철, 조준희, 이돈명, 김상철, 박원순이 변론을 맡았다. 특히 이 가운데 홍성우, 황인철, 조준희, 이돈명과 변론에 참여하진 않았지만 한승헌까지를 포함한 5명을 세간에서는 '홍황조이한'이라 불렀다. 그들은 인권변론 시니어 그룹의 상징적인 인물들이었다. 특히 '홍황조' 세 명만을 가리켜 '3총사와 달타냥'이라고 했다. 이 세 명은 나이, 서울대 학맥, 판사경력, 민변 지도부 역임 등에서 유사점이 많았기 때문이다.

이처럼 대체로 언론이나 세간의 주목을 받지 못하는 제2심임에도 상징적 인권변호사들이 대거 동원되었다. 변론요지서는 박원순이 초안을 작성했고, 여러 변호인이 보완했다. 타자체로 64쪽에 이르는 방대한 분량이었다. 거의 논문 수준이었다. 이것이 아마 그의 인권 변론서 데뷔작일 것이다.

사건 관련자들은 1986년 7월 항소심에서 대폭 감형을 받았다. 사건 관련자인 이강백은 출옥 후 학원 강사로 일하다가, 참여연대 사무처장으로 일하고 있던 박원순을 찾아갔다. 이강백은 참여연대보다는 아름다운가게 일에 적임이었다. 이후 그는 아름다운가게 사무처장으로 박원순과 함께 일했다.

"역사 앞에서 심판받지 않을 존재는 없다"

1986년 들어 서노련 사건이 터졌다. 전해인 1985년 6월의 구로동맹파업으로 노동자들이 대거 구속, 해고되었다. 두 달여 후인 8월에 김문수(전 경기도지사), 심상정(현 정의당 국회의원), 박노해(시인, 사회운동가) 등이 단위사업장 노조를 넘어 선진적 노동자연합 조직으로서 '서울노동운동연합'(서노련)을 결성했다. 서노련은 급진적 노동운동 조직으로서 1986년 5월 1일 노동절을 기해 구로공단에서 대규모 가두집회를 벌였다. 거의 동시에 인천에서 직선제개헌을 위한 대규모 5·3시위가 있었다. 이와 같이 시위와 당국의 탄압이 더해지는 와중에 서노련의 핵심 인물들이 체포되었다. 이 사건은 보안사(기무사의 전신)가 민간인을 체포했고 그 고문의 정도가 심했던 점에서 특이했다.

김문수에 대한 고문의 실상에 대해 박원순은 『야만시대의 기록』에서 다음과 같이 기록하고 있다.

> 그의 말에 따르면 1986년 5월 6일 밤 11시경 잠실아파트 서혜경의 집에서 서혜경, 최한배, 노정래, 유시주, 손세환 등과 함께 두 사람에게 연행되어 송파에 있는 보안사에 갔는데(김문수는 세단차로 가고 나머지는 다른 차로 갔음) 아파트 방 안에서 도주하려고 했다는 이유로 두 사람에게 발로 채이고 밟히고 몹시 구타당하였다, 차 안에서도 발로 채이고 주먹으로 얻어맞았다. 보안사에 도착하여 차에서 내리자마자 마당에서 10여 명이 달려들어 간첩보다 나쁜 놈이니 죽여야 한다면서 야구방망이로 때리

고 발로 차는 등 온몸을 마구 때려 실신했다.

그들은 곧 지하실로 데리고 가더니 두 사람이 들어와서 심상정, 박노해의 소재를 대라고 하기에 모른다고 하자 몽둥이로 온몸을 사정없이 때린 다음 옷을 발가벗겼다. 다시 한 층 아래의 지하실(지하 2층)로 끌고 가서 쇠의자(속칭 엘리베이터)에 앉히고 팔걸이에다 손목을 묶고 팔뚝 · 몸체 · 무릎 · 발목을 의자에 단단히 묶은 다음 양쪽 엄지손가락에 전깃줄을 감고 온몸에 물을 끼얹고 나서 15명이 들어와서 방 안의 전등을 끄고 캄캄하게 한 다음, 플래시로 얼굴을 비추면서 또다시 심상정, 박노해의 소재를 대라고 했다. 모른다고 하자 전기 스위치를 넣어 차츰 전압을 높여갔다. 피구속자가 견디다 못해 요동을 하면서 이야기를 안 하자, 이제는 고춧가루를 보이면서 고춧가루 고문을 하겠다고 협박을 하더니 옆에 있는 드럼통 물에 고춧가루를 탄 다음 피구속자의 얼굴을 수건으로 가리고 목을 의자등받이 뒤로 꺾게 하고 고춧가루 물을 수건 위에 부어서 코와 입, 눈, 그리고 귀에 스며들게 했다.

이러한 전기 및 물고문을 약 30분간 계속하여 피구속자가 실신하자 업어다가 지하 1층에 있는 침대에 눕히고 두 사람이 마사지를 하여 정신을 차리게 했다. 정신을 차리자 또다시 두 사람의 소재를 대라고 해서 박노해의 장인 집 약도를 그려주었더니, 심상정의 거처도 마저 대라고 했다. 모른다고 하자 발가벗

긴 채 또다시 지하 2층으로 데리고 가서 다시 1차 때와 같이 쇠 의자에 앉혀 꽁꽁 묶고 전기고문과 고춧가루 고문을 더 심하게 했다. 그래도 대지 않자, 야구방망이로 무릎을 때리고 막대기로 성기를 때리는 것을 비롯하여 온몸을 때리는 등 이러한 고문을 약 30분간 계속하였다. (그동안 드럼통 2개 반의 고춧가루 물을 얼굴에 부었다.) 이리하여 다시 기절하자 또다시 지하 1층 침대 방에 업어다 눕히고 마사지를 하여 정신을 차리게 했는데, 위와 같은 고문은 5월 6일 밤부터 5월 7일 아침까지 계속되었다.

5월 7일 아침 날이 새자 옷을 입히고 앰뷸런스에 태워 피구속자가 그려준 약도대로 천호동 소재 피구속자의 친구 집을 찾아갔다. 도중에 약도가 틀리지 않느냐면서 5~6명이 몹시 때리고 전기방망이로 손과 발을 50회 이상 지져댔다. 못 견뎌 기절하자 다시 송파보안사로 데리고 와서 진찰을 하고 맥박을 잰 다음 어디인지는 모르나 굉장히 큰 군병원에 데리고 가서 엑스레이를 찍고 (식후에 먹으라고 하면서) 약을 주었다. 또다시 보안사에 데리고 가서 매일 목욕과 마사지를 시키고 상처에 안티프라민을 발라주었다.

피구속자는 위와 같은 고문으로 4일간이나 소변을 못 보고 대변도 못 보았으며, 현재 머리가 아프고 온몸이 쑤시고 가렵고 힘이 없고, 뒤틀리는지 걷지도 잘 못한다고 하며, 현재 남아 있는 고문 상처라고 하면서 보여주어 확인한바, 왼쪽다리 · 허벅지에 손바닥 크기의 시퍼런 멍이 들어 있고, 배에도 작은 점들이 많이 있었다. 피구속자는 1986년 5월 6일 밤에 송파보안사에 연행되어 가서 독방에 갇혀 있다가 1986년 5월 15일 구속영장에 의하여 서울시경에 이송되어 성동경찰서 유치장에 수감되었다.

이 사건도 역시 검찰이 여러 개로 쪼개어 기소했기 때문에 변론에 어려움이 있었다. 박원순은 그중 한 건을 변론하면서 여러 건의 재판을 방청해야 했다. 김문수의 아내를 면담하기도 했다. 한 시간여에 걸친 김문수의 모두진술과 유시주의 최후진술 등이 강렬하게 그의 인상에 남아 있다. 후일 한나라당 국회의원이 된 김문수는 2004년 총선을 앞두고 한나라당 공천심사위원장으로 박원순을 영입하려 했다. 유시주는 희망제작소 사업에 참여했고, 제1대 소장을 역임했다.

2010년 6월 지방선거 때 서노련 사건으로 얽힌 후보자들 간의 기연이 화제가 된 바 있다. 경기도지사 선거에 김문수, 유시민, 심상정이 각각 당을 달리하여 겨루게 된 것이다. 김문수와 심상정은 서노련의 핵심 인물이었고, 유시민은 유시주의 오빠로서 사건 당시 '가족 투쟁'을 효과적으로 수행했다. 연행자 가족들은 연행된 곳도 모르고 면회가 거절되자 대담하게 장안

동 대공분실로 기습해 들어가서, 사무실을 뒤지고 다녔을 정도로 당시 가족들의 대응은 대단했다.

1987년 들어 『한국민중사』 사건이 터졌다. 『한국민중사』는 최초로 민중의 관점에서 한국사를 서술하려 했다는 점이 특징이었다. 그런데 김찰이 책 내용 중 "역사의 주체는 생산대중" 등 33곳의 표현을 문제 삼아 출판사 대표 나병식 등 관련자들을 체포했다. 이 사건에 인권변론의 상징적 변호사 7명이 참여했다. 역사와 관련된 것이어서 박원순이 주도적으로 변론이유서를 작성했다. 그는 역사공부를 좋아했고, 이미 역사문제연구소 창립을 주도했었다. 변론서는 대단히 장문으로, 목차만 보더라도 그 자체가 한 편의 논문이었음을 엿볼 수 있다.

1 서론

2 이 사건 공소의 배경

(1) 출판탄압의 일환으로서의 이 사건

(2) 역사학에 대한 무지로부터 비롯된 이 사건

3 학문의 자유와 그 수난의 의미

(1) 학문의 자유가 보장되는 근거

(2) 역사학에 대한 독립성 존중의 전통

(3) 역사학에 대한 수난의 의미

4 『한국민중사』의 시대적 의미

(1) 한국현대사가 던지는 질문

(2) 답변으로서의 『한국민중사』

5 본 건 재판의 절차와 실체의 분석

(1) 본 건 재판의 절차적 측면

(2) 기묘한 검찰의 대응

(3) 본 건 공소사실의 실체적 측면

(4) 검찰이 이 재판을 통해 얻는 교훈

6 결론

– 이 법정이 역사를 심판할 수 있는가

이 변론서는 1987년 8월 3일에 발표되었는데 6월항쟁 직후 시점의 고무된 상황이 일정하게 반영되어 있다. 결론에서 "역사 앞에서 심판받지 않을 존재는 없습니다. 그런데 우리는 지금 그 역사를 재판하려 하고 있습니다. 진실로 이 법정은 역사를 재판한 것으로 하여 다시 역사의 법정에 서게 될 것입니다. 이 심판은 후대의 역사가가 아니라 당대의 역사가들에 의해서 이루어지고 있습니다"라고 썼다. 실제로 재판에서도 검찰의 태도는 6·29선언 이전과 이후로 확연히 차이가 났다. 이 출판탄압 사건으로 『한국민중사』는 도리어 베스트셀러가 되었다.

박원순은 책읽기와 글쓰기를 좋아했기 때문에 출판탄압사건 관련 단골 변호사였다. 또 역사문제연구소 이사장으로서 그 무렵 역사비평사의 재정을 담당하고 있었으므로 그 자신이 출판인이기도 했다. 그가 변론한 출판계 관계자는 나병식 등 60~70여 명에 이를 것이라고 추정했다.

보도지침 사건의 변론도 맡았다. 1986년 월간 『말』 9월호는 '보도지침' 특십호였다. 전두환 정권하에서 문화공보부는 매일 언론사에 '홍보조정지침'이라는 문건을 내려보내 언론을 조종했는데, 그 10개월치 보도지침을 모아 폭로한 것이다. 이로써 정권의 언론통제와 그에 굴종한 언론의 실태가 적나라하게 드러났다. 이에 검찰은 황당하게도 폭로에 가담한 이들을 국가보안법 위반으로 기소했다. 6월항쟁 이듬해인 1988년 5월에 『한겨레신문』이 창간될 수 있었던 것은 이러한 언론현실 때문이었다. 『한겨레신문』 창간을 주도했던 김태홍(전 민언협 사무국장), 신홍범(『조선일보』 해직기자, 두레출판사 대표), 김주언(전 『한국일보』 기자) 등이 바로 이 사건 관계자들이었다. 박원순은 『한겨레신문』 창간에 참여했고, 30대 초반 나이에 논설위원을 지냈다. 나중에 일군의 『한겨레신문』 기자들로부터 『한겨레신문』의 사장으로 나서줄 것을 제안받기도 했다.

1989년에 문익환 목사 방북사건이 발생했다. 전국민족민주운동연합의 상임고문이었던 문익환 목사는 1989년 3월 25일부터 4월 3일까지 북한을 비밀리에 방문, 김일성 주석과 두 차례 회담을 갖고 통일문제 등을 논의하고 돌아오자마자 구속되었다. 박원순은 조용환 등 여러 변호사의 도움을 받아 장문의 변론문을 작성했다. 그러나 이 변론문은 당국의 방해로 법정에서 사용되지 못했고, 1990년 『빼앗긴 변론』이라는 제목의 단행본으로 출간되었다.

문익환 목사 방북사건은 극심한 공안정국을 불러온 계기가 되고 말았다. 그로부터 십수 년이 지난 2002년 9월 16일 박원순도 북한 땅을 처음 밟게 되었다. 그해 추석에 즈음하여 KBS교향악단과 북한 조선국립교향악단이 평양에서 합동공연을 열기로 합의했고 그는 참관단 자격으로 방북한 것이다. 방송에 다수 출연한 공로가 있다는 이유로 참관단에 선발되었다. KBS교향악단원 105명을 포함한 참관단, 취재단 등 200여 명의 방문단은 전세기를 타고 직항로를 통해 평양 순안공항에 내렸다. 6박 7일 일정이었다. 평양은 물론 장군봉에 올라 백두산 천지를 살폈고 묘향산도 구경했다.

그의 수많은 파일 가운데서 「북한 방문기」를 발견할 수 있었다. 항상 그러하듯이 그 방문기에는 여행 일정과 감상을 꼼꼼하게 기록해놓았다. 방문기의 맨 처음은 다음과 같이 시작한다.

9월 16일 월요일

1. 평양행 비행기

12시 집결. 3시 출발. 아시아나 직항 편. 인천공항 안내판에

> 는 평양행이 표시되고 있다. 세상에. 저걸 쳐다보는 시민들이 평양행 비행기 표를 내놓으라고 하지는 않을지. 진짜 그랬다. 문익환 목사의 시에는 평양행 기차표를 내놓으라고 떼쓰는 장면이 나와 있다. 아마도 10년쯤 뒤면 아무라도 평양행 기차든 비행기든 타지 않을까. 그 뒤에는 문익환 목사같이 온몸으로 통일을 위해 피땀을 흘린 사람들의 노고가 배어 있으리라.

문익환 방북사건의 변호인으로서 그는 방북에 즈음하여 지난 십몇 년 동안의 격세지감을 느꼈다. 분단시대에 북한 땅으로 향하던 문익환을 비롯한 통일 일꾼들은 비장한 마음으로 다음의 한시를 떠올렸다.

'답설야중거, 불수호난행, 금일아행적, 수작후인정.'(踏雪野中去, 不須胡亂行, 今日我行蹟, 遂作後人程: 눈 덮인 들판을 밤에 걸어갈 적에 어지러이 걷지 마라. 오늘 나의 행적이 뒷사람의 이정표가 되리니.)

하지만 박원순의 방북에 그런 비장감은 이미 없었다. 그의 방북 시점은 2000년 6·15선언 이후였다. 직접 눈으로 목격한 북한의 심각한 현실에 실망감을 표하면서도, 10년쯤 뒤면 남북관계가 진전될 것이라는 희망적 전망을 피력하기도 했다. 마침 방북 즈음은 북한과 일본 간 국교 정상화 교섭이 한창이던 시기였다. 2002년 방북한 이후에 희망제작소 구성원들과 금강산으로 수련회를 다녀온 적이 있었다. 외국을 수없이 방문했지만 북한 땅에 발을 들여놓은 것은 이렇게 딱 두 번뿐이었다.

법정문 밖으로 이어진 인권변론

이상 몇 가지 사례에서 보았듯이 박원순은 인권변론의 전성기에 인권변론에 앞장섰다. 시국사건·공안사건에 대한 변론을 흔히 '인권변론'이라고 하는데, 그 의미를 폭넓게 이해할 필요가 있다. 우선 인권변론을 함에 있어 박원순은 사건의 경중과 성격을 가리지 않았다. 과격한 이념 사건일지라도 야만적 공권력 앞에서 피의자들은 모두 약자였기 때문이다. 수재를 당한 시민도, 억울하게 죽은 페인트공도, 더 나아가 일본군위안부도, 노골적인 성희롱에 고통당하는 여성도 모두 약자였다. 때로는 수배자로 절박한 상황에 내몰린 이들을 숨겨주지 않을 수 없었다. 그는 누군가의 인권을 위해 변호인으로서 최선을 다했다.

'김상원 폭행치사 사건'이 대표적인 예다. 이 사건은 전두환 정권 시절 대표적인 의문사 사건의 하나로 미 국무부「인권 보고서」 한국편에도 올랐던 사건이다.

페인트 도장공 김상원이 1986년 3월 10일 실종되었다. 보일러공인 동생은 백방으로 수소문하여 실종 35일 만에 한 시립병원에 식물인간이 되어 사경을 헤매고 있는 형을 발견했다.

머리가 깨지고 치아 6개가 부러져 있었다. 결국 김상원은 5월 16일에 사망했고, 경찰은 행려병자 사망사고로 처리했다. 동생은 생업마저 포기하고 형의 죽음의 진실을 밝히기 위해 나섰다. 형이 실종되었던 날은 근로자의 날이라 영등포에서 집회가 있었고, 검문이 심했다. 경찰이 파출소로 연행하는 과정에서 폭행하고 증거를 조작한 사실도 밝혀냈다. 여러 명의 경찰관을 고소했지만, 질질 끌다가 1988년 6월 8일 증거불충분으로 무혐의처분이 내려졌다.

동생은 여러 변호사를 찾아갔지만 아무도 그의 말을 들어주려고조차 하지 않았다. 마침내 박원순을 찾아갔다. 박원순은 별로 승산이 없다고 여겼지만, 동생의 열성에 감복하여 그 사건을 맡게 되었다. 먼저 재정신청을 받아냈다. 재정신청이란 검사의 불기소처분에 불복하여 그 불기소처분의 당부를 가려달라고 직접 법원에 신청하는 제도다. 1990년 10월 15일 서울고등법원은 그 재정신청을 받아들여 경찰 1명을 기소했다. 공권력에 의한 살인사건이 일어난 지 4년여 반 만에 한 단계 결실을 맺었다. 이어 대리인 변호사로서 국가 및 경찰관을 상대로 손해배상청구소송을 청구했다. 1990년 11월 29일 승소하여 1억여 원의 배상판결을 받았다.(항소심과 대법원 판결에서 약간 감액됨) 1995년 8월 9일, 가해 경찰 한 명은 징역 3년에 집행유예 5년형을 선고받았고, 다른 한 명에게는 위증 혐의로 벌금형이 선고되었다.

김상원 폭행치사 사건은 공권력에 의한 의문사 사건으로서는 드물게 일단의 진실이 밝혀지고, 가해자 처벌이 이루어진 유일한 사례일 것이다. 대리인 변호사로서 배상금의 일부를 받았지만, 이소선이 유가협 건물을 마련하는 데 쾌척했다. 유학을 앞둔 시점이라 비용이 필요했지만 그 돈을 차마 개인 용도로 사용할 수 없었다.

법정에서의 변호에 그치지 않고 수배자를 여럿 숨겨주기도 했다. 그것도 박원순에겐 인권변론의 연장선이었다. 그의 집에는 많은 사람이 드나들었다. 결혼 초기에 살았던 아파트에 고교 동기 구충서가 찾아와서 한동안 기숙했던 적이 있다. 아이 양육도 벅찼던 새댁은 남편 친구의 수발까지 감당했다. 옮겨 간 창천동 집의 2층 서재는 사랑방 역할도 겸했다. 역사문제연구소 세미나 모임의 일정이 겹쳐서 공간이 모자랄 때도 가끔 그곳을 이용했다. 술꾼들의 심야 술자리와 숙식처가 되기도 했다. 그래서 그곳을 주변사람들은 '창천옥'이라 불렀다. 이런저런 불청객들을 수발하는 것은 오로지 창천옥 안주인의 몫이었다. 그녀는 싫은 내색 없이 그 불청객들을 맞아주었다.

불청객 중에는 수배자 장기표도 있었다. 장기표는 속옷 빨래거리를 내놓지 않을 정도로 자기 관리가 철저했다. 박계동도 거쳐 갔다. 변호사 신분 때문에 그의 집은 안전한 피난처로 여겨졌지만, 사실 수배자를 집에 들이는 것은 무척 위험한 일이었다. 그 때문에 박원순은 심한 스트레스를 받았고 악몽을 꾸기도 했다. 변호사의 집은 공권력이 미치지 않는 '소도'와 같은 곳이 아니었다. 1986년 10월의 이돈명 구속사건을 돌이켜보면, 상황을 짐작할 수 있다.

이돈명은 국가보안법위반(편의제공)과 범인은닉죄로 구속되었다. 재야단체의 집결체인 민통련(민주통일민중운동연합) 사무처장 이부영이 1986년 '5·3인천사태'의 주동자로 지목되어 피신하다가 체포되었는데, 피신한 5개월 동안 이돈명 변호사 집에 숨어 있었다고 진술했던 것이다. 실제로는 친구 김정남(전 청와대 교육문화수석)의 알선으로 고영구 변호사 집에서 지냈다. 이돈명은 당시 64세로 인권변론의 가장 연장자로서 널리 존경을 받았다. 가톨릭 인권단체에서 활동하며 김수환 추기경과도 동갑으로서 친하게 지냈다. 그래서 당국이 이돈명을 쉽게 구속하기 어려울 것이라 판단하고 그렇게 말을 맞추었던 것이다.

그러나 예상과는 달리 이돈명은 바로 구속되었다. 그는 "이 민족이 모두 당하는 수난인데 나만 예외일 수 없다"고 말하며 의연하게 재판에 임했다. 최후진술에서 그는 "내가 암만 생각해 봐도 한 일이 아무것도 없는데, 왜 이렇게 갇혀 있는지 모르겠다"고 말했다. 당시 그 말의 진정한 의미를 아는 사람은 거의 없었다. 담당변호사 중에서도 몇 명만이 그 진실을 알고 있었다. 검찰과 공안당국이 그 진실을 몰랐다면 무능한 것이고, 진실을 알고도 묵인했다면 범죄행위다. 검찰과 공안당국은 저간의 진실을 알고도 일부러 모른 체했을 확률이 더 높다. 숨어 있던 5개월간의 일상을 과연 꾸며댈 수 있을까? 이돈명은 남의 죄를 뒤집어쓰고 노령에 구속되었고, 징역 8개월형(자격정지 1년)을 선고받았다. 석가탄신일 특사로 풀려났으나 8개월의 형기를 거의 다 채운 셈이다.

그 기간에 고영구는 자책감으로 겨울에도 난방하지 않고 지냈다고 한다. 한편 이부영은 옥중에서 1987년 1월의 박종철 고문치사 사건의 단서를 확보하여 김정남에게 전달했다. 경찰 지도부는 고문치사 사건 관련자로 두 명의 말단 경찰을 체포하고 이들을 돈으로 회유하고 협박했다. 실제로는 지휘선상에 세 명이 더 관련되어 있었다. 이부영은 그러한 내막을 전해 듣고 한 교도관을 통해 김정남에게 메모를 전했던 것이다. 가톨릭계와 밀접했던 김정남은 천주교 정의구현사제단을 통해 이 사건을 폭로했다. 이로써 6월항쟁의 서막이 열렸다. 이상은 1980년대 중·후반 인권변론 전성기의 전설 같은 이야기들이다.

이돈명 변론에는 사법사상 최대 규모의 변호인단(283명)이 구성되었다. 그 전해 부천서 성고문사건 변호인단(166명)의 규모를 훨씬 넘었다. 물론 박원순도 그 변호인단에 이름을 올렸다. 자칫하면 그도 이돈명처럼 구속되어 감옥살이를 했을지 모른다. 박원순이 숨겨주고 편의를 제공해준 장기표와 이호웅이

5·3인천사태의 핵심 주동자로 지목되었기 때문이다.

박원순은 1996년 1월부터 참여연대 사무처장으로 상근하기 시작하면서 인권변호사에서 시민운동가로 전신한다. 변호사 업무도 중단했기 때문에 직접 재판장에 나가 변호할 기회는 거의 없었다.

한국 여성사를 바꾼 우 조교 변호

여성은 또 하나의 약자였고 그의 변호 대상이었다. 1993년 8월 14일에 박원순은 미국 유학에서 돌아왔다. 그로부터 10여 일 후인 26일, 『조선일보』 제31면 하단에 실린 한 가십 기사가 그의 눈에 확 들어왔다. '성희롱' 사건이었다. 외국에 나가 있던 2년 동안 유사한 사건들을 많이 접했고, 자료를 모아두고 있었다. 당시 우리나라에는 '성희롱'(Sexual harassment)에 대한 인식이 뚜렷하지 않았고, 더구나 그것을 범죄라고 여기지 않았다. 당연히 가해자는 죄의식을 느끼지 않았고, 성희롱을 문제 삼을 경우 피해자인 여성이 도리어 '꼬리를 쳤다'는 누명을 뒤집어쓰기 십상이었다. 그는 직장 내 성희롱을 개인의 문제가 아니라 사회적 문제로서 환기시킬 필요성을 느꼈다.

박원순은 수소문해서 당사자인 우 조교를 만났다. 먼저 사실 확인과 당사자의 의지 정도를 가늠할 필요가 있었다. 사건의 성격상 피해자가 희생을 감수할 확고한 의지가 없다면 재판을 성공적으로 진행할 수 없었기 때문이다. 신속하고 효율적으로 변호하기 위해 두 변호사의 도움을 받았다. 이종걸 변호사(현 새정치민주연합 국회의원)에게는 사실 확인을, 최은순 변호사에게는 법률 검토를 분담하게 했다. 여성단체들의 측면 지원도 받았다.

손해배상청구소송 결과, 1994년 4월 18일 제1심에서 3,000만 원 손해배상지급명령을 받았으나, 이듬해 7월 25일 항소심에서는 패소했다. 항소심 재판부는 대여섯 차례에 걸쳐 성희롱이 있었다는 사실은 인정하면서도, 그 행위가 피해자에게 심한 성적 굴욕감이나 혐오감을 주어 업무수행에 심각한 불이익을 가져올 정도는 아닌 '경미한' 정도라고 판시했다. 그러나 1998년 2월 10일 대법원은 파기환송했고, 이듬해 6월 25일 서울고법은 500만 원 손해배상지급명령을 결정했다. 5년 8개월간의 지루하고 힘든 싸움에서 마침내 승소했다.

이 사건을 계기로 남녀고용평등법과 성폭력특별법이 개정되었다. 직장 내 성희롱 행위를 처벌하고, 고용주에게는 사전 방지조치를 할 의무가 부과되었다. 여성의 권리와 사회적 활동이 법적으로 보호받게 된 것이다. 한국여성단체연합은 1998년 박원순에게 '올해의 여성운동상' 수여를 결정했다. 그러나 그는 "우리끼리 상을 주고받으면 되겠느냐? 내가 남(他, 男)이냐? 상을 못 받겠다"며 버텼다. 결국 세 명의 변호인이 공동수상하기로 했다. 상금은 한국여성단체연합에 도로 기부했다.

조영래가 부천서 성고문 사건의 의미를 간파하고 변호를 주도하여 사회적 반향을 일으켰던 것처럼, 박원순은 성희롱 사건을 맡으면서 조영래처럼 했다. 두 사건에서 두 사람의 역할은 거의 데자뷔였고 오마주였다. 성고문 사건에 조영래와 용감한 권 양이 있었다면, 성희롱 사건에는 박원순과 용감한 우 양이 있었다. 그는 우 조교가 도중에 소를 취하할까봐 은근히 걱정했다. 그녀는 결혼을 앞두고 있었고 집안의 압력도 받았지만, 6년여를 굳건히 버텨주었다. 그 덕분에 한국 여성사의 한 물줄기가 바뀌었다. 박원순은 변론서에서 "역사의 물줄기를 바꾸는 데는 사건이 있고, 그 사건 뒤에는 주인공인 한 사람이 있다. 우 조교가 바로 그런 사람이다"라고 썼다.

박원순은 우 조교가 어려운 상황에 처하면 무조건 돕겠다고 공언했다. 그러나 그녀는 스스로 자기 앞길을 개척했고, 그래서 특별히 도울 일이 없었다. 우 조교는 2001년 5월 한국성폭력상담소가 수여하는 '제1회 성폭력추방 운동상'을 받았다.

여성국제법정에 선 남북한 단일팀 대표검사

'원순'이란 이름이 여성적인 것처럼, 그는 그 이름대로 여성성이 강하다. 언젠가 극우 인사들이 참여연대 앞에서 데모할 적에 "원순이 이년 나와라"고 외쳤다는 일화가 전해지고 있다. 실제로 박원숙으로 오기하는 경우도 더러 있었다. 의외로 그는 허세를 부리거나 위선적이지 않고, 책임감 있고 꼼꼼하고, 예쁘고 아기자기한 것을 좋아한다. 남을 배려하고 챙기는 것이 몸에 배어 있다.

참여연대의 박영선 사무처장, 아름다운재단의 윤정숙 상임이사, 아름다운가게의 이혜옥 상임이사, 희망제작소의 유시주 소장 등 그의 후임 인사는 묘하게도 대부분 여성이다. 보수적인 경상도 출신, 아들을 선호하는 집안 분위기, 탁한 목소리와 밀도 높은 수염, 급한 성격, KS의 엘리트 코스, 검사, 변호사 등 객관적 조건에도 불구하고 경상도 마초로서의 속성은 찾기 어렵다. 적어도 한국 사회의 전형적인 남성 리더들의 속성과는 확연히 다르다. 여형제가 많은 환경에서 자랐기에 그 영향을 적지 않게 받았을 것이다. 물론 인권변호사로서 약자인 여성에 대한 배려도 작용했을 것이다. 특히 여성단체들과 함께 활동하면서 여성성이 길러진 탓일지도 모르겠다.

그는 일찍부터 각종 여성단체들과 밀접한 관계를 맺고 활동했다. 1988년 여름부터 1년여 동안 한국기독교교회협의회 산하의 가정생활위원회가 발행하는 『새가정』의 가정상담에 참여했다. 여성들이 가정에서 겪는 일상의 사소한 문제들에 대해 상담하는 과정에서, 그 문제가 가정에 국한된 것이 아니라 이 사회와 남성의 문제와 직결되어 있다는 생각을 갖게 되었다. '여성의 전화' 고문변호사였고, 여성민우회의 여성평등본부 공동대표이기도 했다.

일찍부터 한국정신대문제대책협의회(정대협)의 활동도 도왔다. 정대협이 주관하는 일본대사관 앞 수요 집회를 격려하기 위해 여러 번 참석하기도 했다. 일본군위안부 관련 논문을 여러 편 썼고, 관련 국제회의에도 자주 참석했다. 과거사 청산 문제는 그의 주요한 관심사였다. 그는 "과거를 기억할 수 없는 사람은 그 잘못을 되풀이할 수밖에 없다"고 말하곤 했다. 그런 점에서 일본군위안부 문제는 여성의 문제를 넘어 역사의 문제이고, 전쟁범죄라는 점에서 현재의 문제이기도 하다.

박원순은 2000년 12월 8일부터 12일까지 열린 '2000년 도쿄 여성국제법정'에서 한국 측 대표검사로 역할을 했다. 이 법정은 각국 인권단체들이 주최하고 국제적 NGO들의 후원으로 개최된 것으로, 일본군의 전쟁범죄인 일본군위안부 문제를 심판하는 최초의 민간 법정이었다. 그는 그해 9월부터 3개월 동안 일본에 체류하면서 시민운동 단체를 탐방하고 있었다. 그래서 이 법정에 참여할 처지가 아니었으나, 주최 측의 간곡한 요청으로 어쩔 수 없이 막판에 합류하게 되었다.

12월 1일 일본 시민단체 탐방을 마치고 귀국했다가, 나흘 뒤인 5일에 다시 일본으로 날아갔다. 8일부터 행사가 열리기로 예정되어 있었는데, 막상 가서 보니 기소장조차 마련되어 있지 않았다. 준비도 지지부진한 상태였다. 그는 히로히토 천황을 법정에서 효과적으로 기소하기 위해 PPT를 만들기로 하고, 발표 당일까지 밤샘 작업을 하는 강행군을 이어갔다.

그런데 또 하나의 난관이 기다리고 있었다. 남북은 단일팀으로 참석했는데, 일제강점기를 바라보는 남북의 시각과 역사 인식이 달랐으므로, 이견 조정이 필요했다. 북한 측 대표단은 법정이 열리기 이틀 전에야 도착했는데, 이 법정을 정치적 선전에 활용하려 했다. 논의가 진전되지 않고 겉돌았다. 박원순은 실무 차원의 구체적인 조정을 통해 그 난관을 돌파했다. '서론은 북한 측, 내용은 남한 측, 증거는 재일동포'가 맡는 것으로 역할분담하고, 각각의 발표시간도 분 단위로 정했다. 그는 그 이견을 쉽고 빠르게 조정할 수 있었던 것은 서로 말이 통했기 때문이라고 생각했다. 예민한 부분들을 영어로 표현했다면 이견 조정이 쉽지 않았을 것이다.

박원순은 남북한 합동검사단의 수석 검사로서 기소요지를 맨 먼저 발표했다. 여러 나라 중 가장 먼저 발표했는데, 성공적이라는 평가를 받았다. 이 발표는 다른 나라의 모범이 되었다. 당시 준비 요원으로 일했던 이정이(현 아름다운재단 전문위원)는 기소문을 작성해 난관을 돌파하는 박원순의 추진력에 감동했다. 그 후 이정이는 다른 단체에서 일하기로 약속했던 것을 거절하고 참여연대로 박원순을 찾아왔다. 그녀는 박원순과 함께 아름다운재단의 펀드레이저(fundraiser, 모금 업무 담당자)로 일하고 싶어했다. 그녀는 참여연대 조직관리 국장을 거쳐 결국 아름다운재단에서 모금전문가로 일하게 되었다.

박원순이 '종북'이라는 공세를 의식하여 그와 인터뷰할 적에 북한과 관련된 사실들을 집중적으로 추궁했다. 그는 그 의도를 눈치 채고 대뜸 "내가 '종북'이 아니라 북한 사람들이 '종박'(從朴)이죠"라고 응수했다. 도쿄 여성법정에서 남북한 수석검사였으므로 북한 측이 박원순을 따랐다는 의미다.

국가보안법과 정면 승부하다

위에서 장황하게 살펴본 인권변론들은 변호사로서 민주화에 기여하는 다양한 실천방식 중 하나였다. 변호사들은 법률적 지원은 물론 1987년 6월항쟁 당시에는 민주화운동에 직접 참여하기도 했다. 6월항쟁 지도부인 국민운동본부에는 74명의 변호사들이 참여했다. 거기에는 박원순의 이름도 들어 있다. 정법회 변호사를 중심으로 변호사들이 변호사회관에서 농성하고 직접 시위에도 참여했다. 변호사들이 집회, 시위, 농성 등에 조직적으로 참여한 것은 전례 없는 일이었다.

변호사들은 6월항쟁 직후 폭발한 노동운동에도 참여했다.

이상수, 노무현 변호사가 거제 대우조선소 파업 과정에서 최루탄에 맞아 사망한 노동자의 장례식에 참석했다가 '장례식 방해'와 '제삼자 개입' 혐의로 구속되었다. 8월 29일 이상수 변호사가 충무경찰서 유치장에 수감되자, 박원순은 이상수를 면회하기 위해 두 차례 충무까지 내려갔다. 며칠 뒤 9월 2일, 노무현 변호사가 구속되었을 때도 노무현의 변호인으로서 부산에 내려가 면회했다. 영화 「변호인」의 마지막 장면은 9월 23일 노무현에 대한 구속적부심 장면을 그린 것이다.

1987년 연말 대선에서 민주화운동권이 나뉘었듯이 변호사들도 나뉘었다. 앞서 언급했던 '홍황조'가 단일화 입장이라면 '이한'은 비판적 지지 입장이었다. 박원순은 조영래, 홍성우 등과 함께 원론적인 후보단일화 입장을 취하고 있었다. 인권변호사 대부분이 그러한 입장이었다. 사실 단일화운동은 현실성이 적고 김영삼을 지지하는 것으로 귀결되기 쉬웠다. 그러나 조영래는 결연했다. 민주화세력이 분열되면 이길 수도 없고 만약 패한다면 그 이후에는 싸울 도덕적 기반마저 무너진다고 생각했다. 조영래는 김대중·김영삼 두 사람을 초청해 단일화할 것을 설득하고, 단일화 촉구 집회를 개최했으며 단식농성을 벌이기도 했다. 충정로에 있는 한국기독교장로회총회 선교교육원에 진을 치고 단일화운동에 필사적이었다.

박원순은 조영래 곁에서 문건 작성을 돕고 단식농성에 참가

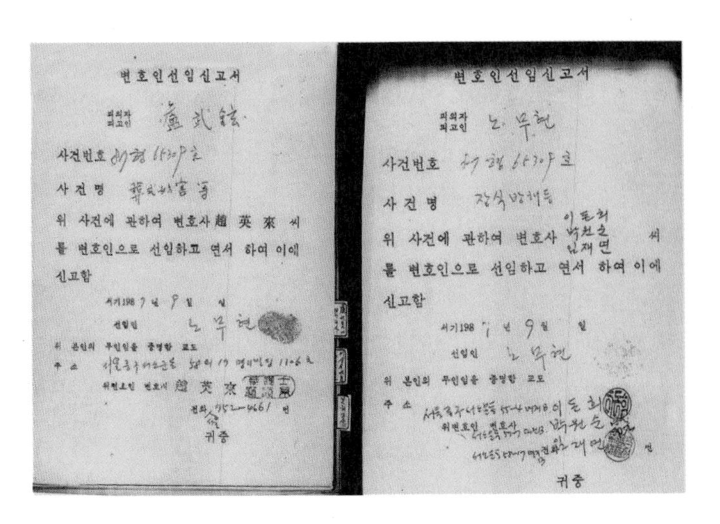

변호인선임신고서

피의자 피고인 盧武鉉

사건번호

사 건 명

위 사건에 관하여 변호사 趙英來 씨를 변호인으로 선임하고 연서 하여 이에 신고함

서기198 7 년 9 월 일

선임인 노무현

위 본인의 무인임을 증명함 교도

주 소

위변호인 변호사 趙英來

전화 752-4661 번

귀중

변호인선임신고서

피의자 피고인 노무현

사건번호

사 건 명 장식방해등

위 사건에 관하여 변호사 이돈희 박원순 임재연 씨를 변호인으로 선임하고 연서 하여 이에 신고함

서기198 7 년 9 월 일

선임인 노무현

위 본인의 무인임을 증명함 교도

주 소

위변호인 변호사 이돈희 박원순 임재연

전화 번

귀중

1987년 9월 노무현 구속사건에 대한 박원순과 조영래의 변호인선임신고서. 노무현은 최루탄에 맞아 사망한 노동자의 장례식에 참석했다가 '장례식 방해'와 '제삼자 개입' 혐의로 구속되었다.

하기도 했다. 단일화 촉구 마라톤 대회가 열렸을 적에는 자신의 차를 빌려주기도 했다. 1997년 9월 참여연대 재정 마련을 위해 서화전을 열었을 적에 박원순은 당시에 작성된 단일화 촉구 선언문 초고를 내놓았다. 책 속에서 그 선언문을 우연히 발견했던 것이다. 대학노트 몇 장에 쓰인 그 초고는 재야법조인 130여 명의 이름으로 발표된 성명서로 조영래의 친필이었다. 주최 측은 그 초고의 값을 어떻게 책정해야 할지 고민하다가 비현실적인 가격을 매겼다. 그런데 김&장의 김영무 변호사가 500만 원에 구입해갔다.

단일화 촉구 선언문의 가격이 무색하게 야권의 단일화는 이뤄지지 않았고 결국 1987년 12월 대선에서 36.6퍼센트 득표로 노태우가 당선되었다. 그러나 이듬해 4월 총선에서는 여소야대 국면이 조성되었다. 일정하게 합법적 공간이 열렸다. 이러한 시대 상황에 조응하여 제각기 부문별 단체를 조직해가고 있었다. 이러한 상황에서 1988년 5월 28일 '민주사회를위한변호사모임'이 출범했다.

정법회가 조직되어 있었지만 대중적으로 알려져 있지 않았고, 조직의 수준과 역할이 친목회의 성격을 크게 벗어나지 못했다. 그즈음 사법시험 합격 정원이 늘어나면서 청년 변호사가 대거 배출되었다. 그중에서도 조용환, 백승헌, 이양원 등 청년 변호사는 따로 공부모임을 정기적으로 꾸리고 있었다. 이들은 개업해서 단독 사무실을 열고 있던 백승헌 변호사 사무실에서 주로 모였고, 가끔 박원순의 사무실도 이용하였다. 젊은 변호사들이 주축이어서 그 모임은 편의상 '청변'이라 불렸다. 박원순은 정법회의 막내로서 청변 모임에도 참여하고 있었다. 6월항쟁 즈음엔 백승헌, 이양원 등도 정법회에 가입하게 되었다. 민변은 정법회와 청변의 통합으로 탄생했다.

박원순은 민변 출범과정에서 중요한 역할을 감당했다. 정법회는 조직 강화특위를 두고 통합에 적극적 자세를 보였다. 청변은 정법회와의 관계설정을 두고 고민에 빠졌다. 박원순은 청변 내부에서 통합을 지지하는 입장을 취했다. 독자 노선은 고립될 여지가 많고 경험이 많은 선배 그룹과 같이 해야 시너지 효과를 낼 수 있다고 판단했다. 통합 여부를 묻는 청변 내부 표결에서 통합노선이 독자노선보다 1표를 더 받았다. 결국 정법회의 발전적 해체와 새로운 법률가단체 결성으로 의견이 모아져서 민변이 출범했다. 창립회원은 51명이었다. 정법회가 해체될 때 남아 있는 회원은 33명이었다.

정법회 창립과정에서 조영래가 시니어와 주니어 그룹의 중간매개 역할을 했다면, 박원순은 민변 창립과정에서 정법회와 청변 간에 매개체 역할을 했다. 민변 창립 후 그는 학술기획간사를 맡았다. 정법회와 달리 민변은 연구조사 활동을 강화했다. 변호사의 활동은 변론이 중심이지만, 새로운 활동영역을 개척

할 필요가 있었다. 민변은 1988년 12월에 악법개폐의견서 작성위원회를 구성하여, 이듬해 1월에 『반민주악법개폐에 대한 의견서』를 내놓았고, 곧 책으로 출판했다. 1989년 12월에는 악법개폐토론회를 개최했다. 이 의견서는 여소야대 구도하에서 성과를 냈다. 집시법, 근로기준법, 농업관계법 등이 개정되었고, 사회보호법은 폐지되어 보안관찰법으로 대체되었다.

박원순은 대한변협의 『인권보고서』 출간에도 참여했다. 대한변협 내에 인권위원회가 이전부터 설치되어 있었지만, 사실상 존재감이 없었다. 그런데 조영래 등 정법회 구성원들이 인권위원회에 적극 참여하면서 인권위원회가 활성화되었다. 김은호(1985~87)와 문인구(1987~89) 두 변협회장이 인권위원회 활동을 적극 지원해주었다. 인권위원회는 매년 『인권보고서』를 발간했다. 조영래 주도하에 『1985년도 인권보고서』(제1집, 1986. 4.), 『1986년도 인권보고서』(제2집, 1987. 2.)가 발간되었다. 이때는 정권의 탄압이 극심했으므로 조영래 주도하에 집필·인쇄·배포를 모두 비밀리에 해야 했다.

인권보고서 제3집부터는 박원순이 인권위원회 출판간사로서 주도했다. 『1987·88년도 인권보고서』(제3집, 1989. 1.)는 앞의 두 호와 달리 정식 출판의 형식을 취했다. 여타의 단행본처럼 편집과 판매를 출판사에 의뢰함으로써 일반대중들도 『인권보고서』를 서점에서 쉽게 접할 수 있도록 했다. 그리고 제4집

(1990. 3.), 제5집(1991. 10.)의 『인권보고서』가 같은 체제와 형식으로 발간되었다. 그가 출판간사로 있는 기간에 민변 변호사들은 그의 원고청탁 때문에 그를 피해 다녔다고 한다.

박원순은 1991년 영국 유학을 가면서 그 고역에서 벗어났다. 그러나 외국에 유학하는 동안에도 인권위원으로서 역할은 계속했다. 박원순이 변협 인권위원에서 형식상 물러난 것은 2000년이었다. 이세중 회장 재임 시에는 1993년부터 1995년까지 대한변협 공보이사 역할도 감당했다.

그의 인권변론 활동과 함께 특기할 것은 국가보안법연구 3부작이다. 그것은 인권변론의 연장선상에 있었다. 법정의 변론에만 머물지 않고 조사연구 영역을 개척했다는 점에서 그는 인권변론역사에서 선구적이고 독보적인 위치를 점하고 있다.

1980년대 시국 공안사건은 대부분 국가보안법 위반이었다. 그는 인권변론 과정에서 국가보안법이 사상·학문·언론·출판의 자유 같은 기본권을 가로막고 있다는 것을 절감했다. 법리적 측면에서도 형법, 군사기밀보호법 등과 중복되고, 고무·찬양·동조 규정은 위헌성이 있다고 판단했다. 그래서 국가보안법을 본격 연구하여 『국가보안법 연구』(전 3권, 1989~92)를 출간했다.

내가 개인적으로 박원순이란 한 인간을 특별히 주목하게 된 계기도 바로 이 책이었다. 당시만 해도 국가보안법은 금기와 성역이었고 권력에게는 '전가의 보도' 같은 존재였다. 그런데 그는 국가보안법을 피하지 않았다. 여느 인권변호사들처럼 국가보안법을 우회했더라면 나는 그를 주목하지 않았을 것이다. '국가보안법 폐지론'이라는 주장의 정당성 여부를 넘어 그것을 본격적으로 연구 대상으로 설정했던 것 자체를 높이 평가했다. 그의 용기와 도전정신, 그리고 진지함과 유능함에 무척 놀랐다.

그가 법률가이면서도 우리 역사에 관심과 소양이 있었고 자료들을 확보하고 있었기 때문에 『국가보안법 연구』를 펴낼 수 있었다. 역사를 공부하는 나는 그 세 권 중에서도 가장 백미는 바로 국가보안법 적용사를 다룬 제2권이라고 생각한다. 변호사로서 바쁜 와중에 더구나 30대 초·중반의 나이에 그런 대작을 펴내는 것을 지켜보며 그가 대단해 보이는 한편 자신을 무척 초라하게 느꼈던 기억을 새삼 떠올리게 된다.

정치인 박원순에게 인권변호사로서의 '국가보안법 폐지론'은 어쩌면 멍에로 작용할지도 모르겠다. 물론 수십 년 전의 그 생각과 소신은 부분적으로 변했을 여지도 있다. 정치인 박원순은 어떤 문제이든 상당수의 반대를 무릅쓰고 자기 소신대로 무리하게 실행하지 않을 것이다. 그의 문제의식은 근본적이고 치열하되 실천은 온건했다.

그는 주관이 강하고 고집이 세지만 실천하는 과정에서는 유연하게 대처했다. 그가 활동하는 단체들에도 이런저런 갈등이 있었지만, 파국으로 귀결된 적은 없다. 지나친 내분과 갈등은 좋은 성과를 가져올 수 없다. 정치인으로 전신하기 전에는 극히 이례적으로 적과 안티가 적은 사람이었다. 내가 정치인 박원순의 성공 가능성을 높게 보았던 것도 바로 이러한 측면이다. 시민운동가는 어쩌면 근본주의자가 되어야 난관을 돌파할 수 있겠지만, 현실 정치인은 근본주의자가 되어서는 안 된다. 특히 한국처럼 적대적 대립이 과도한 사회라면 더욱 그러하다.

아무튼 그의 『국가보안법 연구』는 나에게 신선한 충격을 안겨주었고 그가 나의 관찰 대상이 되는 결정적 계기로 작용했다. 한편 국가보안법을 수호신이나 부적으로 여기는 이들과 전가의 보도처럼 휘둘렀던 공안당국에게는 그 책이 신성모독 같은 심각한 불안감과 거부감의 대상이 되는 계기로 작용했다.

폐암으로 투병 중인
조영래를 방문했을 적에,
“박 변, 이제 돈 그만 벌고
좀더 넓은 세상을 살펴보게”라는
말을 들었다.
‘나는 어떤 세상을 꿈꾸는가’라는
생각을 늘 하고 있던 차에
조영래의 말이 불을 질렀다.

6

2년간의 외국 유학과 멈추지 않은 글쓰기

조영래의 유언과 영국 유학

폐암으로 서울대학교병원에 입원한 조영래를 박원순이 문병했을 적에, "박 변, 이제 돈 그만 벌고 좀더 넓은 세상을 살펴보게"라는 말을 들었다. 그 말을 듣고 얼마 지나지 않아 조영래는 1990년 12월 마흔셋의 나이로 요절하고 말았다. 조영래를 '인권변호사의 전설'이라고 하지만, 변호사로서 보낸 삶은 채 8년이 되지 않았다. 조영래를 아끼던 이들은 그의 암을 '시대의 암'이라고 여겼다. 군정 종식의 절호의 기회를 민주화 진영의 분열로 무산시킨 것에 대해 그가 가슴앓이했던 걸 잘 알고 있었기 때문이다.

당시에는 조영래의 말을 흘려들었지만 결과적으로 그 말은 유언이 되었고 뇌리에 남았다. 조영래는 그를 각별하게 대했고, 그도 조영래를 멘토로 꼽는 것을 주저하지 않는다. 후일 참여연대의 기관지격인 『참여사회』는 '잊지 못할 사랑 이야기'라는 코너를 만들고 사무처장 박원순의 글을 첫 번째로 실었다.(2001년 7월호) 이 글에는 조영래에 대한 애틋함이 그대로 묻어난다.

> 조영래 변호사를 기리며…
>
> 사람은 일생을 살아가는 동안 여러 사람들의 영향을 받게 마련이다. 가까이는 부모와 친구에게, 멀리는 책이나 영화에서 영향을 받기도 한다. 때로는 그 영향이 지대하여 한 사람의 인생

을 완전히 바꿔놓을 수도 있다. 아직 인생을 회고할 나이는 아니지만 그래도 구태여 생각해보면 나도 많은 사람에게 사랑을 받고 그분들에게서 큰 영향을 받았다. 사랑은 받기보다 주는 것이 더 좋다지만 나는 아직 준 편이라기보다는 받은 편이라고 할 수 있다. 조영래 변호사님은 10여 년이나 후배였던 나를 사랑해주고 도움을 준 잊을 수 없는 사람 가운데 한 분이다.

1980년 사법연수원에서 인연을 맺기 시작하면서부터 1990년 돌아가실 때까지 10년 동안 그분 곁에서 함께 활동했던 것이 내겐 큰 행복이었다. 그 기간은 조영래 변호사 자신으로서도 온몸의 정열을 불태운 황금기였다. 시대가 영웅을 만든다더니 5공의 엄혹한 군사독재정권과 민주화의 과도기였던 그 시기는 바로 조영래를 전설적 인물로 만들었다. 어둡고 고통스런 나날이었지만 그것은 새벽의 짙은 어둠에 다름 아니었다. 그는 짧았지만 굵고 진한 삶을 살았다. 그 곁에서 나는 많은 것을 보고 배웠다. 많은 사람도 그를 보며 절망적 세월 속에서 희망을 가질 수 있었다.

무엇보다도 그는 인간을 사랑하는 방법을 아는 사람이었다. 가난하고 억압받고 고통받는 사람들과 함께 산 짧은 일생이었다. 빗지 않은 머리, 아무렇게나 물어 드는 담배, 누구와도 쉽게 터놓고 대화하는 모습. 서울대를 수석 입학한 천재였지만, 그는 누구에게도 거부감을 주지 않았다. 그는 집중할 줄 아는 사람이었다. 부천서 성고문사건 제1심 변론요지서 초안은 내가 썼다. 그러면 그는 그것을 가지고 처음부터 다시 쓰기 시작해 재판이 시작되기 전까지 초읽기로 몰리면서 써 내려갔다. 무서운 집중력이었다. 신문이나 잡지에 칼럼을 쓰면서 그는 밤샘을 하기 일쑤였다. 글을 쓰고 난 다음 날이면 재떨이에 담배꽁초가 수북이 쌓였다고 한다. 결국 그는 암을 얻고 말았지만.

그는 명쾌한 판단력과 실천력을 갖춘 사람이었다. 부천서 성고문 사실을 전해 듣고 이미 그는 5공 정권을 뒤흔들 사건이라고 판단하여 그 사건에 전력을 다했다. 6·29 후 대선에서 양김 분열은 필패일 수밖에 없음을 단언하고 단일화운동에 나섰다. 그러한 판단력에는 물론 언제나 진지하게 사람들에게 묻고 다니고 연구하는 자세가 뒷받침되어 있었다.

마침내 서울대병원에 입원하여 폐암과 싸우고 있을 때 그는 나에게 말했다. 이제 변호사 그만두고 좀더 넓은 세상을 보라고. 당시로는 한 귀로 흘려들었으나 그가 세상을 떠난 후 그 권고는 새삼 큰 목소리로 다가왔다. 그 말대로 나는 영국에서 1년, 미국에서 1년을 지낸 다음 돌아왔다. 그리고 새로운 마음으로 시민운동을 시작했다. 바로 참여연대의 시작이었다. 그 운동의 과정에서 조 변호사님과 함께한 세월 동안 배웠던 그 모든 것이 큰 도움이 되었다.

조 변호사님의 죽음은 많은 사람에게 아쉬움을 남겼다. 좀더 많은 일을 할 사람이라고 입을 모았다. 그 명쾌한 판단력과 돌파력을 아쉬워했다. 군사독재시기에 오히려 운동은 단순했다. 그러나 지금은 용기 이상을 필요로 한다. 사태는 훨씬 복잡하다. 더 깊은 지혜가 필요하다. 그럴 때마다 나는 묻는다. "조영래 선배가 살아 있다면 지금 어떻게 했을까?"라고.

조영래 영결식에서 홍성우 변호사가 조사를 읽었다. 그 조사는 명문으로 전해지고 있는데, 사실은 박원순이 기초한 것이라고 홍성우는 증언했다. 홍성우는 조영래보다 고등학교와 대학교 8년 선배였지만, 둘이 특별히 가까운 사이라는 것을 아는 사람들이 그에게 영결식 조사를 부탁했다. 홍성우는 애통한 마음과 분위기 탓에 상가에서 과음했다. 그래서 박원순에게 조사 작성을 부탁했고 그 초안을 가필해서 영결식에서 읽었다. 오래전에 조영래는 홍성우에게 "박원순이라는 후배가 있는데, 아주 괜찮은 친구"라고 특별히 말했던 적이 있었다. 홍성우는 조영래 결혼식 주례를 섰고, 조영래 추모 모임의 대표를 맡을 정도로 각별한 사이였다. 선배가 후배의 조사를 읽고 추모 모임 대표를 맡는 것은 그리 흔한 일이 아니다.

노태우 정권이 들어섰지만 공안정국은 이어졌고 바뀐 것은 별로 없었다. 무척 갑갑하던 차였다. 조영래의 유언대로 외국에 나가기로 결심하고 소문부터 먼저 냈다. 유학에 특별한 계획이 있었던 것도 아니었다. 인권변론하면서 학생과 노동자들의 혁명적 열정과 소신을 가까이에서 보고 들었다. 그들은 새로운 세상을 꿈꾸고 있었다. 그들의 생각에 전폭 동의한 것은 아니지만, '그러면 나는 어떤 세상을 꿈꾸는가'라는 생각을 늘 하고 있던 차에 조영래의 유언이 불을 질렀던 것이다.

학비나 연구 공간 등을 고려하면 어디엔가 소속될 필요가 있었다. 소문은 냈는데 입학허가서가 오지 않아서 초조해하던 중에 런던정경대학교(London School of Economics and Political Science, LSE)에서 입학 허락을 받았다. 안경환 서울대학교 교수가 거기에 교환교수로 가 있었는데 바통을 이어받은 셈이다. 출국 전날까지 법정에 들어가야 했고, 출국 직전에 『국가보안법 연구』 제2권과 제3권 원고를 출판사로 넘겼다. 출국 전 몇 달 동안은 그 원고를 작성하는 데 매달렸다. 맡은 사건들은 같은 사무실의 이종걸 변호사에게 인계했다. 해외 유학을 결심하고 있을 즈음, 이종걸이 같은 사무실에서 일하기를 자청하여 1991년 4월에 서초동으로 사무실을 이전하고 같이 일하게 되었던 것이다.

1991년 광복절 날 영국유학길에 올랐다. 30대 중반 나이에 첫 출국이었다. 영국에 체류하는 동안 도쿄에서 열린 회의에 참석한 적은 있지만 한 번도 귀국하지 않았다. 바쁜 변호사 생활에서 벗어난 탈출이고 해방이었다. 마침 런던에 도착한 직후에 소련에서 쿠데타가 일어났고 소련이 해체되는 세기적 사태가 연출되었다. 또 하나의 거대한 역사적 실험을 유럽에서 관찰할 수 있었다. 하필 해방된 날에 출국하게 된 것은 우연이었지만 그 출국이 그의 앞날에 또 하나의 중대한 계기가 될 줄은 박원순 자신도 미처 몰랐다.

런던정경대학교 국제법 과정(Diploma)은 세 과목을 수강하고 논문을 제출하게 되어 있었다. 지도교수는 히긴스(Rosalyn Higgins)였다. 히긴스는 유명한 국제법 교수로 유엔인권위원회 위원이었고 나중에 국제사법재판소 소장으로 근무했다. 졸업논문으로 "The Role of NGOs for Human Rights in Asian Countries"(아시아 국가에서의 인권에 관한 NGO의 역할)를 제출했다.

그가 영국에 체류하고 있다는 소문이 돌자 영국에 들르는 지인들이 그의 집을 거쳐 갔다. 현지의 숙박비와 물가가 비싼 탓이었다. 손님들을 대접하느라 시장에서 연어를 사다가 토막 내는 고역을 감당해야 했다. 서울의 '창천옥'이 런던으로 이전한 셈이다.

조용환 변호사도 그의 집에서 열흘 정도 머물렀다. 조용환은 그에게서 동네의 옥스팜 등에 관한 이야기만 잔뜩 들어야 했다. 조용환은 '천하의 박원순이 저런 데 관심을 가질 때가 아닌데, 영국까지 와서 저런 자료나 수집하다니 엉뚱하다'고 생각했는데 나중에야 그것이 아름다운재단과 아름다운가게에 대한 구상이었다는 것을 알고, '역시 앞서가는 사람'이라고 생각하게 되었다.

손님 대접 외에도 박원순은 시간이 날 때마다 영국의 도서관, 책방, 헌책방, 시장 등을 살폈다. 엠네스티 인터내셔널에서 1주일간 인턴으로 일한 적도 있다. 무엇보다 중고차를 구입하여 도버 해협을 건너 유럽 전역을 여행한 것이 추억거리가 되었다. 한번은 그리스를 거쳐 불가리아까지 돌아볼 예정으로 이탈리아를 여행하는 중에 숙박하던 유스호스텔의 2층 침대에서 떨어져 머리뼈와 척추가 골절되어 한 달여간 입원했다. 그 사고로 이탈리아의 사회보장제도에 대해 알게 되었다. 외국인인데도 병원비가 무료였다. 그런 식으로 영국은 물론 유럽 여러 나라를 몸으로 배웠다.

외국 유학에서 일궈낸 인식의 대전환

꼭 1년 만에 영국에서 귀국했다가 한 달여를 국내에 머무른 다음, 1992년 9월 23일 미국행 비행기에 올랐다. 하버드 대학교 로스쿨의 인권 프로그램에 객원연구원(Visiting Fellow) 자격으로 초청받았기 때문이다. 대학도서관과 로스쿨 도서관에서 자료를 수집했다. 영국 유학 때보다 경제적 부담이 덜했다. 초청

박원순은 해외 유학 시절 다양한 경험을 했다.
영국에 있을 때는 엠네스티 인터내셔널에서 1주일간
인턴으로 일한 적도 있다. 그 당시 엠네스티 인터내셔널의
실무자들과 회의하는 박원순.

받아 간 것이었으므로 대학 측의 연구지원과 경제적 지원을 받았다. 미국의 인권재단에서도 특별 지원을 받았다. 동업하는 이종걸 변호사가 1,000달러씩 여러 차례 부쳐주어서 요긴하게 사용했다.

하버드 대학교에서의 유학 여부와 자격 문제가 2011년 서울시장 보궐선거 시에 논란이 된 적이 있었다. 나중에 하버드 대학교 법대 부학장 알퍼드(William P. Alford) 교수가 시장실로 찾아와 당시에 찍은 사진을 그에게 전해주었다. 그 교수도 선거 과정에서 그의 하버드 대학교 유학 경력이 논란 대상이 되었던 것을 잘 알고 있었던 것이다. 알퍼드 교수는 당시 아시아법을 가르쳤고, 그 교수가 개설한 강의에서 그는 하버드 대학교 법대생을 대상으로 한국법을 강의한 적도 있었다. 우리나라의 참담한 정치 현실을 들킨 것 같아 부끄러웠다.

알퍼드 교수는 박원순이 복사를 많이 했다는 사실도 알고 있었다. 그래서 돈을 많이 벌면 하버드 대학교 로스쿨에 복사기 10대를 기증하겠다는 농담도 주고받았다. 당시에는 복사기 비밀번호를 누르면 무료로 복사할 수 있는 혜택을 받았는데, 그는 하루에도 몇십 권씩 복사했다. 그는 복사기를 이용하는 사람들이 적은 저녁에 출근하여 밤새 복사를 하고 오전에 잠을 자는 올빼미 생활을 했다. 미국 북동부의 눈폭풍(블리자드)이 몰아쳐 사람들이 적은 날에는 낮에도 복사기를 독차지할 수 있었다. 그래서 그는 폭설 예보를 오히려 반겼다. 한 동양인의 과욕 때문이었는지 곧바로 복사 관련 규정이 바뀌었다. 무료 복사량을 제한한 것이다.

하버드 대학교가 방학에 접어들자, 8개월여의 보스턴 생활을 정리하고 워싱턴으로 향했다. 자식들을 먼저 귀국시키고, 워싱턴 시내 원룸에서 아내와 3개월 정도 생활했다. 미국시민권연맹(American Civil Liberties Union, ACLU)의 인턴으로 활동하는 한편 의회도서관과 인근의 미 국립문서관리기록청(National Archives and Records Administration, NARA)에 도시락을 싸들고 가서 자료를 모았다. 이 자료들은 후일 시민운동을 하면서 귀중하게 쓰인다. 한번은 박원순이 의회도서관에서 골라온 책을 복사하던 아내가 쓰러진 적도 있었다.

미국변호사협회 총회에 초청받아 뉴욕에 2주간 머물기도 했다. 1993년 8월 14일 미국에서 귀국했다. 영국으로 출국한 지 꼭 2년 만에 국내로 귀환한 셈이다. 비록 2년이었지만 그 기간의 의미는 결코 적지 않다. 그 유학기간이 없었다면 지금의 박원순의 삶은 전혀 딴판이었을지도 모른다. 다양한 실천을 시도할 적마다 실무자들과 '신(新)신사유람단'을 꾸려 외국 현황을 탐방했다. 외국에서 많이 보고 배웠고 많은 자료를 수집하여 돌아왔다. 몸은 먼저 귀국하고 자료들은 나중에 도착했다. 세관원은 자료로 가득 찬 박스들을 일일이 검사하다가 지쳐 나중에는 검사도 하지 않고 일괄 통과시켜주었다.

그의 출입국 기록과 여권을 분석하면, 총 120여 회 이상 출국했고, 6대 주를 두루 방문했다. 30대 중반에 처음 출국했던 점을 고려하면 대단한 기록이다. 대부분은 국제회의에 초청받은 경우로, 두세 번을 제외하고는 초청하는 쪽에서 경비를 지원받았다. 아내를 해외여행에 동반하는 경우는 거의 없었다. 회의가 열리는 곳이 제한되어 있어서 방문한 곳을 반복 방문하는 형태였다. 박원순보다 해외 체류 기간이 길고 출국이 잦은 이는 많겠지만 그만큼 외국에서 많이 배우고 또 배운 것을 실천한 사람은 드물 것이다.

외국 유학은 대부분 외국 학위를 얻기 위해서다. 하지만 그는 그런 것에는 별로 관심이 없었다. 2년간의 유학을 기회로 우물 안 개구리에서 벗어나 글로벌 시각을 가지기 시작했다. 선진국의 사례들에 대한 자료를 모았다. 그러고는 한국을 바꾸는 실천운동에 본격적으로 나섰다. 현대판 신사유람단이라고 할 수 있다. 조선 말엽의 신사유람단은 국가 차원의 지원을 받아 이루어진 것이지만, 그는 아무런 지원도 대가도 없이 유학했고 귀국하여 공적인 실천을 했다.

그의 유학이 그의 삶과 우리 현실에 어떠한 영향을 미쳤는지를 다양한 활동상을 설명하며 곳곳에서 살펴보겠지만, 인식의 대전환은 다음과 같은 단편적 일화로 엿볼 수 있다. 그가 유학하고 귀국한 직후 시점의 어느 사적인 자리에서 '동물권리'를 말하는 것을 들었다. 당시 인권도 보장되지 않는 한국 현실에서 동물권을 말하다니, 황당한 생각이라고 치부했던 기억이 아직도 생생하다.

그런데 이번에 조사하는 과정에서 그가 동물권에 대한 장문의 논문 「'동물권'의 전개와 한국인의 동물인식」을 유학 직후인 1994년에 쓴 것을 발견했다. 동물보호단체 KARA(Korea Animal Rights Advocates)가 2007년부터 발행한 부정기 간행물 『숨』의 이사진이었다는 사실도 새롭게 알게 되었다. 서울시장이 된 이후 돌고래(제돌이)를 방사한 일도 즉흥적 이벤트가 아니었던 것이다. 서울시장으로서 펼친 시정의 상당수도 그의 오래 묵은 파일이나 메모첩에 이미 기록되어 있는 것을 발견하고 무척 놀랐다.

2년에 불과했지만 유학을 통해 영어도 익히게 되었다. 원래부터 어학에 소질이 있었고 영어를 잘하는 편이었다. 게다가 스무 살도 되기 전에 학원 영어강사까지 하지 않았던가. 그런데 그도 문법과 독해 중심의 한국식 영어교육의 피해자였다. 1987년 김근태·인재근 부부가 '로버트 케네디 인권상'을 받게 되었을 적에 부부의 출국이 거부되자 케네디의 딸 등 미국 측 관계자들이 한국을 방문했다. 어쩌다 보니 그가 그녀의 옆자리에 앉게 되었다. 다른 사람들이 미국인 옆에 앉지 않으려 했기 때문에 그 자리가 비어 있었을 것이다. 영어가 들리지도 않고 말도 할 수 없어서 슬그머니 자리를 떴다가 다른 곳에 자리를 잡았던 적도 있다.

런던정경대학교에 제출할 자기 소개서를 쓰는 데도 며칠이 걸렸다. 초안을 미국사람에게 보였더니 빨간 펜으로 고친 부분이 너무 많아 종이가 빨간색이 되었다. 영국에 도착한 후 영어학원에 다니며 영어를 공부했다. 그러나 여전히 영어실력은 쉽게 늘지 않았다. 그런데 어차피 고급 영어는 못 한다고 포기하면서부터 어느 순간 영어가 되기 시작했다. 인권변호사 중에 영어에 능통한 이가 없었던 탓에 그는 인권 관련 국제회의에 자주 차출되었다.

홍성우 변호사는 민변 변호사 중에 유학 경험이 없으면서도 영어를 잘하는 사람으로 천정배, 박원순, 조용환을 꼽았다. 1993년 6월 오스트리아 빈에서 세계인권대회가 열렸을 적에, 홍성우는 한국 대표단을 이끌고 참석했다. 박원순은 미국에 체류할 때였으므로 미국에서 바로 빈으로 향했다. 홍성우는 그가 외국 참가자들과 영어로 토론하는 장면을 보고 무척 놀랐다. 그 대회에서 국가보안법에 대해 발표했고 그 발표문을 보완하여 1995년 11월 영어책으로 출간했다.

'초판 클럽' 멤버 박원순, 50여 권의 책을 쓰다

그는 원래 어학에 소질이 있는데다 외국어 공부를 강조하고 스스로 외국어 공부를 게을리하지 않았다. 이미 사법연수원 시절에 일본어를 독학으로 터득했다. 결혼 초에 아내와 함께 일어와 불어를 공부하기도 했다. 일어는 책을 보는 데는 별다른 애로가 없을 정도이고 기본적 의사소통이 어느 정도 가능한 수준이 되었다. 중국어는 나이 들어 교재로 공부했지만 여전히 답보 상태라고 아쉬워한다.

그의 삶을 들여다보면 정말 바쁘고 치열하게 살아왔음을 발견하게 된다. 변호사로서 고객과 상담하면서도 조는 기술을 터득할 정도였다. 술을 먹지 못하면서도 졸면서 술자리를 끝까지 지키다가 계산하고 뒤처리까지 했다. 시민운동에 투신한 이후 더욱 바빠졌다. 그의 다이어리는 흰 바탕이 거의 보이지 않을 정도로 스케줄과 아이디어로 가득 차 있다. 시간 단위로 약속이 잡혀 있고, 아침 7시 반부터 자정까지 강행군이다. 해외여행에도 시차를 느끼지 않을 정도로 몸이 적응했다.

그렇게 바쁜 일정 속에서도 수많은 글을 남겼다. 단독 저서만 헤아려도 50여 권에 이른다. 매우 다작이라고 할 수 있다. 그러나 스스로 '초판 클럽' 멤버라고 자조하기도 한다. 대부분은 활동을 위해 필요해서 그때그때 쓴 것이다. 대부분 블루오션을 다룬 것이므로 의미 있지만 대중적으로 널리 읽히지는 않았다.

그의 책 중에서 드물게 상업적으로 성공한 책은 『내 목은 짧으니 조심해서 자르게』(1999)일 것이다. 참여연대에서 회원을 모을 의도로 대중강좌를 시도했고, 그는 "세기의 재판" 강좌를 담당하게 되었다. 그 강좌가 인기가 있었다. 여러 출판사가 출판 의욕을 보였는데, 결국 한겨레출판에서 출판하게 되었다. 출판사 측은 유시주에게 강의 녹취록을 건네주며 원고 정리를 부탁했다. 그러나 정작 그녀가 심혈을 기울여 정리한 원고는 출간되지 않았다. 박원순이 그 원고를 살펴보고 "이건 내가 쓴 책이라고 할 수 없다. 내 이름을 달고 낼 수 없다"고 거부했기 때문이다. 그녀는 나중에 출판사 측에서 이 말을 전해 들었다. 그녀가 널리 자료조사를 해서 가필을 지나치게 많이 했던 것이다.

그의 최초 저작은 『저작권법』(1986)이다. 이 책은 당시 판사시보였던 방희선과의 공저로 되어 있지만 사실상 편역서다. 변호사로서 본격적으로 관심을 가지고 글쓰기를 시작한 것은 저작권법이다. 출판, 음악 등과 관련된 잡지에 여러 편의 글을 발표했다. 저작권 책까지 펴내게 되면서 일약 저작권 최고 전문가가 되었다.

서른도 안 되는 나이에 한국저작권법학회 이사, 한국음악저작권협회 자문위원, 지적소유권학회 이사, 저작권협회와 음반협회 고문변호사가 되었다. 각종 저작권 관련 단체의 임원을 역임하며, 길옥윤·박춘석 등 유명 작곡가와 친해졌다. 길옥윤과는 친목계를 만들어 매달 만나 세상 돌아가는 이야기를 나누기도 했다.

그가 음주가무에는 별로 소질이 없다는 것을 알고 있기에 음악인들과 어울렸다는 게 별로 믿기지 않았다. 그는 차중락의 「낙엽 따라 가버린 사랑」을 즐겨 부른다. "찬바람이 싸늘하게 얼굴을 스치면 따스하던 너의 두 빰이 몹시도 그립구나"라는 실연의 가사를 담은 그 노래를 씩씩하게 부르는데 박자와 음정이 자유롭다. 음주가무는 물론 잡기 등과도 거리가 멀다. 이른바 세속적 유흥 문화와는 거리가 있는 편이다. 그래도 1985년 길옥윤·한승헌 등과 함께 저작권법 학회 창립총회에 참석했던 것으로 미루어보아 친분이 있었다는 것은 사실인 것 같다.

언젠가 '가왕' 조용필이 그의 사무실에 계약서를 갖고 온 적이 있었다. 그 계약서를 살펴보았더니 지독한 노예 계약이었다. 그 사건을 맡을 생각이었는데 조용필은 다시 찾아오지 않았다. 최근 언론에 보도되어 세간의 관심을 집중시켰던 바와 같이, 조용필은 히트곡은 많지만 그 저작권이 대부분 지구레코드사에 있었다.(저작권은 2014년이 되어서야 조용필에게 반환되었다.)

1986년경부터 본격적으로 인권변론에 나서면서 인권의 최대 걸림돌인 '국가보안법'을 연구했다. 그 결실로 제1권 『변천사』(1989), 제2권 『적용사』(1992), 제3권 『폐지론』(1992)으로 구성된 3부작 『국가보안법 연구』를 써냈는데 국가보안법에 대한 최초의 본격 연구서였다. 같은 문제의식하에 『역사가 이들을 무죄로 하리라』(2003)에서 일제강점기 이래 인권변론의 역사를 정리했다. 『야만시대의 기록』(전 3권, 2006)에서는 고문의 역사를 정리했다. 이 책은 2005년 스탠퍼드 대학교에 7개월 체류하는 동안에 정리한 것이다. 미국행 비행기에 오르기 전 책장 하나 가득 쌓여 있던 관련 자료를 화물로 부치고 체류 초반 3개월 동안 집필에 몰두했다. 세 권의 책을 합치면 그 양이 무려 1,600여 쪽에 이른다.

『야만시대의 기록』은 일제강점기부터 참여정부에 이르기까지의 고문의 역사를 집대성한 것으로 자료집 성격이 강하다. 고문의 역사는 아픈 역사였지만 누구도 기록하지 않았던 것이다. 영화 「변호인」을 통해 재조명된 부림사건 관련자들의 고문에 관한 생생한 증언도 이 책에 담겨 있다. 부림사건은 전두환 정권 초기에 부산지역 교사, 학생, 회사원 등이 독서모임 한 것을 '영장'도 없이 불법 체포·감금·고문하여 용공조작한 사건이다. 노무현은 그 사건의 변호인 중 한 사람이었고 이를 계기로 거듭나게 되었다.

나는 박원순의 저술 중 위의 세 저작을 가장 높이 평가한다. 물론 전인미답의 영역을 개척하고 방대한 내용을 급히 정리하느라 사소한 오류들이 더러 있지만, 기념비적 3부작으로 평가하지 않을 수 없다. 인권변론에 직접 참여했고, 관련 자료를 꾸준히 모아두었으며, 역사에 특별한 관심과 소양이 있고, 무모함에 가까운 용기와 사명감이 있었기에 펴낼 수 있었던 대작들이다.

역사에 관심이 많은 법률가로서 『아직도 심판은 끝나지 않았다』(1996)에서는 일본의 전쟁범죄를 다루었고, 『역사를 바로 세워야 민족이 산다』(1996)에서는 한국에서의 과거청산을 다루었다. 단재 신채호가 말한 '역사를 잊은 민족에게는 미래가 없다'는 그가 자주 입에 올리는 경구이다.

박원순은 다른 나라의 시민단체와 지역 사람들을 탐방한 보고서도 책으로 펴냈다. 유학 이후 외국에 한 달 이상 장기 체류했던 적이 총 5회 있었는데 그때마다 책으로 출간했다.

2004년 12월 19일부터 2005년 7월 16일까지 약 7개월 동안 스탠퍼드 대학교에 머물렀다. 스탠퍼드 대학교 아시아태평양연구소(Asia Pacific Research Center, APARC)에 방문학자(visiting scholar)로서 '한국의 시민사회'(Emerging Power for Change: Civil Society in Korea)를 주제로 강의했다. APARC 신기욱 교수의 주선으로 가게 된 것인데 큰 연구실과 매달 1만여 달러를 제공받았다. 앞서 말한 대로 이 기간에 『야만시대의 기록』을 집필했다.

나머지 4회의 장기 체류는 선진국의 시민사회를 2~3개월간 탐방한 것이다. 귀국하여 보고서를 출간했다. 첫 번째 보고서는 1999년 3월 17일부터 5월 23일까지 아이젠하워재단 초청으로 미국을 방문한 결과보고서다. 이 보고서는 『NGO: 시민의 힘이 세상을 바꾼다』(1999)라는 제목의 책으로 출간되었다. 박원순은 미국 탐방을 통해 지역재단의 유용성을 발견하고 귀국하여 아름다운재단을 만들었다.

두 번째 보고서는 2000년 8월 31일부터 11월 30일까지의 일본 방문기다. 박원순은 일본국제교류재단과 국제문화회관 초청으로 일본을 방문했는데 시민운동을 하는 가와리모노(かわりもの, 괴짜)들을 만나고 돌아왔다. 보고서는 『박원순 변호사의 일본 시민사회 기행』(2001)이라는 제목으로 출간되었는데 일역되어 일본에서도 출간되었다. 일본 방문은 낙천낙선운동 직후 대중의 주목에서 벗어나기 위한 시도이기도 했다.

박원순은 프리드리히 에버트재단의 초청으로 2004년 5월 13일부터 8월 8일까지 독일을 방문했다. 그를 아끼던 강원용 목사의 주선으로 리하르트 폰 바이체커(Richard von Weizsacker) 독일 전 대통령도 만날 수 있었다. 이 보고서는 『독일 사회를 인터뷰하다』(2005)라는 제목으로 출간되었다.

마지막 네 번째 방문지는 영국이었다. 박원순은 2010년 3월 6일부터 4월 25일까지 미래포럼의 공동대표이자 풀무원 사장인 남승우의 지원으로 영국을 방문했다. 이때의 답사를 바탕으로 『올리버는 어떻게 세상을 요리할까?』(2011)를 출간했다. 영국 방문은 지방선거 출마 압력을 회피하기 위한 것이기도 했다.

위의 네 권은 모두 미국, 일본, 독일, 영국이라는 선진국의 시민사회를 살핀 것이다. 외국에서 배운 것을 한국 상황에 맞게 변용하여 실천하고, 한국의 시민운동을 이끌면서 그 경험을 정리하기도 했다. 『한국의 시민운동 프로크루스테스의 침대』(2002)가 시민운동의 이론적·현실적 문제들을 다룬 책이라면, 『세상은 꿈꾸는 사람들의 것이다』(2004)는 참여연대 활동 경험을 정리한 것이다. 『성공하는 사람들의 아름다운 습관-나눔』(2002)은 아름다운재단의 경험을, 『프리윌: 스스로 움직이게 만드는 힘』(2007)은 아름다운가게의 경험을 정리한 것이다. 『악법은 법이 아니다』(2000)는 이미 발표했던 글들을 묶은 것으로 낙천낙선운동의 와중에서 출간되었다. 그는 선거법 위반을 감수하면서 낙선운동을 했고 나중에 벌금형을 받았다.

싱크탱크 희망제작소를 주도하면서 개인적으로 지역과 소기업 대안 경제에 특히 집중했다. 여러 해 동안 지역과 농촌 현장을 누비며 많은 사람을 만나 인터뷰했다. 그 인터뷰의 일부를 재정리하여 출간했다. 『마을에서 희망을 만나다』(2009), 『마을이 학교다』(2010), 『마을, 생태가 답이다』(2011), 『마을 회사』(2011) 등이 그것이다.

『지역재단이란 무엇인가』(2011)는 지역재단의 유용성과 필요성을 절감하고 지역재단을 개설한 것이다. 1999년 미국 시민사회를 탐방하는 중에 지역재단의 유용성을 알게 되어 귀국한

다음 해에 '아름다운재단'을 창립했다. 그는 지역재단을 미국이 발명한 '인류 최고의 발명품'이라고 표현했다.

그 외에 자신의 경험과 생각을 대중적으로 쉽게 풀어쓴 책들이 있다. 『아름다운 세상의 조건』(2010), 『원순 씨를 빌려드립니다』(2010), 『박원순의 아름다운 가치사전』(2011), 『세상을 바꾸는 천 개의 직업』(2011) 등이 그것이다.

그의 개인적인 삶과 생각을 기록한 책들도 있다. 『희망을 심다』(2009)는 인터뷰 전문가 지승호와 인터뷰를 통해 시장 출마 이전 시기를 기록했고, 『정치의 즐거움』(2013)은 『오마이뉴스』 대표기자 오연호와 인터뷰를 통해 서울시장 이후를 기록했다. 『희망을 걷다』(2013)는 백두대간 산행 일기다.

단행본 외에 신문·잡지 등에 실린 글도 헤아릴 수 없이 많다. 대중적 글쓰기는 1988년부터 1991년까지 『한겨레신문』 논설위원을 지내면서 요령을 터득했다. 보도지침 사건 변호를 담당하면서 『한겨레신문』 창간 주역들과 알게 되었고 창간에도 참여했다. 조영래는 『한겨레신문』 논설위원으로 필봉을 휘둘렀는데 그 자리를 이어받아 논설을 쓰게 되었다. 신문 논설 쓰기는 대중적 글쓰기를 고민하는 계기가 되었다.

그는 『샘이깊은물』에 글을 자주 실었다. 특히 '박원순의 인권탐색'이라는 꼭지 이름으로 1995년 3월부터 1998년 9월까지 3년 6개월에 걸쳐 총 42회 연재했다. 『뿌리깊은나무』의 고문변호사직도 조영래에게 물려받은 것이었다. 한창기 사장은 1976년 3월에 『뿌리깊은나무』를 창간했다. 이 잡지는 내용은 물론 형식 면에서도 가로쓰기 한글전용으로 참신해 유신 말기에 대중 교양지로서 큰 인기를 끌었다. 1980년 신군부에 의해 강제 폐간되었고 1984년 11월부터 『샘이깊은물』로 이어졌다.

한창기는 서울대학교 법대를 졸업하고 영어에 능통했지만 서적판매인으로 출발하여, 재야국어학자이자 문화재 수집가였고, 전통문화의 부활을 선도한 문화운동가였다. 직원들에게 "교정 한 번 잘못 보면 총살해버리겠다"는 극언을 할 정도로 깐깐한 기인이었다. 그는 한창기에게서 꼼꼼함을 배웠다고 고백했다. 한창기는 조영래와 함께 그에게 영향을 미친 또 하나의 큰 스승이었다. 한창기는 그를 유언 집행인으로 지명하기도 했다.

그가 썼지만 본인의 이름을 붙이지 않은 글도 제법 많다. 대표적인 것이 '변론서류'다. 법정에서 한 구두변론뿐 아니라 법정의 사람들에게 진실을 전하고 역사에 기록을 남긴다는 자세로 쓴 글들이다. 그만큼 역사적인 변론문을 많이 남긴 이도 드물 것이다.

변론서 형식을 파격적으로 작성한 적도 있었다. 한 여성이 어떤 스님에게 농락당한 사건을 맡게 되었을 때의 일이다. 제1심에서 패소한 그는 자신이 제대로 변론하지 못한 탓이라는 죄책감이 들었다. 항소심을 앞두고 3일 동안 조용한 곳에 칩거하며 변론서를 작성했다. 그 변론서는 각주까지 넣을 정도로 정성을 많이 들였다. 그래서인지 그 재판에서 승소했다. 각주가 달린 변론서는 그가 처음 시도했던 것이리라.

헌책방 순례자의 자료수집벽

그의 풍부한 아이디어와 집필의 원천은 방대한 자료와 정리된 파일에 있었다. 그는 대학 시절부터 신문을 스크랩하기 시작해서 20~30년 동안 해왔다. 신문은 계속 발간되므로 '이길 수 없는 전쟁'을 했던 셈이다. 책은 물론 회의 발표문건과 전단지마저도 허투루 버리지 않았다. 자료를 모으는 것 못지않게 중요한 것이 자료를 제대로 정리하는 것이다. 책을 자기 나름의 방식으로 분류하여 서가에 꽂고 문건들을 파일로 정리해둔다. 그래서 온갖 종류의 파일들이 축적되어 있다. 생각나는 대로 메모하는 것이 습관화되어 있고 인터뷰를 하면 잊어버리기 전에 곧장 정리해두는 습관도 있다.

지인들 사이에서는 '박 변 주소록'이 유명하다. 사람들을 만나면서 받은 명함을 모아두었다가 수시로 정리해서 주소록을 만들어 요긴하게 활용했다. 그에게 전화가 오면 대부분은 '도와달라, 와서 일하라'는 내용이라는 소문이 자자했다. 한편 그도 상대편의 도움 요청을 박절하게 거절하지 못했다. 그 과정에서 좌우는 물론 상하를 가리지 않고 많은 사람을 알게 되었고 최고의 마당발이 되었다. 물론 그 '박 변 주소록'은 간사들에게도 공유되었다.

시장실에 들르면 항상 서류 뭉치들이 산더미처럼 쌓여 있다. 주말에 날을 잡아 밤새워 그것들을 정리하는 것 같았다. 그것 역시 이길 수 없는 전쟁이다. 하루도 거르지 않고 문건은 계속 생산될 것이니까 말이다. 문서 정리 담당자를 따로 두어 그 일을 감당하게 하면 좋겠다 싶었다. 그러나 책을 어느 칸에 꽂고 문건을 어느 파일에 넣을 것인가를 고민하는 것 자체가 의미 있기 때문에 그 일을 남에게 맡기지 않으려 한다. 어떤 내용이 생각나지 않으면, 집으로 전화해서 어느 책꽂이 몇 번째 칸에 있는 책 어느 부분을 읽어달라고 말하기도 한다. 자료를 모으는 데는 나도 그에게 뒤지지 않는다고 자신하지만, 자료 정리 작업은 아예 포기하고 만다. 자료 정리 과정은 엄청난 수고와 스트레스를 수반하기 때문이다. 그런데 펀칭 작업과 파일 정리 작업이 스트레스 해소책과 취미가 될 수 있는지 의아할 뿐이다.

그는 하버드 대학교 법대 도서관의 지상 7층, 지하 3층의 책을 다 살펴보았다고 말했다. 물론 그 말은 농담일 것이다. 그러나 나는 그 말의 의미를 이해할 수 있었다. 나 역시 주요 도서관과 서점을 누비며 미친 듯이 자료를 모았던 적이 있기 때문이다. 헌책방을 오래 들락거린 사람은 필요한 책을 고르는 요령을 터득하게 된다.

2011년 서울시장 보궐선거 시에 그가 61평 아파트에 산다는 것이 논란이 되었다. 그는 수만 권의 자료 보관 때문이라고 해명했다. 그 해명을 제대로 이해할 수 있는 사람은 별로 없었겠지만 나는 이해할 수 있었다. 나도 수만 권의 책을 보관하고 있기 때문이다. 그래서 당시에 다음과 같은 내용이 포함된 글을 썼다.

> 박원순과 필자는 헌책 수집에서 경쟁자였다. 헌책방에서 가끔 조우하기도 했다. 구입하는 책의 종류도 비슷했는데 그의 폭이 좀더 넓었다. 필자가 먼저 헌책을 수집하기 시작했지만 가난한 서생으로서 작은 손이었고, 박원순은 변호사로서 큰손이었다. 독립문 근처에 있는 골목책방은 정부 소장 자료나 정부간행물 유출의 주요 통로여서 자주 들렀던 곳이다. 지금도 그 헌책방이 있는데, 박원순이 만들어준 작은 간판이 걸려 있다.
>
> 자료는 글을 쓰는 데 필수적인 것이다. 인터넷이 없던 시절에 책은 절대적인 정보원이었다. 자료가 제대로 구비된 도서관이 없던 시절이라, 그와 나는 자료를 모았다. 헌책방에서 보석 같은 자료를 헐값에 구입하는 쾌감은 직접 경험해본 이가 아니면 이해하기 어려울 것이다. 박원순에게도 그 자료들은 보석 같은 것이었다. 박원순은 많은 돈과 공을 들여 모은 그 자료들을 여러 사람이 이용할 수 있게 역사문제연구소에 기증했다.

책과 책장으로 가득한 아파트.
2011년 선거 시 논란이 된 61평 아파트는
수만 권의 자료를 보관하기 위한
최소한의 공간이다.

1997년에도 무려 세 트럭분의 책과 자료를 추가로 역사문제연구소에 기증했다. 그러고도 그의 책 모으기는 계속되었다. 역사문제연구소가 소장하고 있는 수만 권의 장서 대부분은 그가 기증한 것이다. 그가 기증한 자료목록을 보면서 그의 안목을 고평가하지 않을 수 없었다. 헌책방에서 책을 고르는 현장을 목격하기만 해도, 또 서재를 얼핏 살피기만 해도 그 사람의 관심사와 안목을 대충 파악할 수 있다.

박원순의 자료수집벽은 해외에서도 지속되었다. 영국과 미국 유학 등 외국에 나갈 적에도 새 책, 헌책을 가리지 않고 책방 순례를 했다. 도서관과 문서보관소에서 필요한 자료들을 복사해왔다. 박원순이 책을 골라오면 부인이 복사를 해주었는데 그 과정에서 부인이 쓰러지기도 했다고 한다. 그의 지적 호기심과 열정에 놀라지 않을 수 없다. 그 자료들을 연구와 저술은 물론 실천에 유용하게 활용했다.

박원순의 그 많은 자료는 안방과 거실을 비롯하여 집 안의 곳곳에 자리하고 있을 것이다. 만여 권이 넘으면 사방의 벽을 두르고도 공간이 모자라 도서관처럼 방 중간까지 서가를 만들어야 한다. 책은 무게도 엄청나다. 이 글을 쓰기 위해 내 책상에 있는 박원순 인터뷰 책 『희망을 심다』(박원순을 가장 쉽게 이해할 수 있는 책이므로 일독을 권함)의 무게를 재어보았더니 750그램이다. 2만여 권을 소장하고 있다고 하니 총 무게는 15톤이다. 그 책보다 가벼운 책이 거의 없을 것이니 20톤을 훨씬 상회할 것이다. 필자도 그 정도 장서를 모았지만 솔직히 몇 권인지 알지 못한다. 목록도 작성하지 못했고, 제대로 정리도 못하여 유용하게 활용하지 못하고 있다. 찾지 못하거나 소장 여부조차 헛갈려서 같은 책을 다시 구입하기도 한다. 서고 전용으로 활용하기 위해, 최근 시골에 25평(실평수) 창고를 마련하여 책 정리를 시도했으나 그 공간이 턱없이 모자란다. 여름 장마철에 곰팡이를 방지하기 위해 서고에 제습기를 사용해야 하는데 전기요금만 해도 상당하다.

이사할 적마다 이삿짐 옮기는 일꾼들의 투덜거림에 웃돈을 주어야 했다. 아파트에 거주할 적에 책방 방바닥이 무너질까 기우했다. 실제로 방바닥에 균열이 생기기도 했다. 이와 같이 책은 필자에게 최고의 재산이고 가장 소중한 것이지만, 애물단지이기도 하다. 그 구입과 소장에 엄청난 비용과 수고가 따랐기에 그에 대한 애정과 집착은 더해진다. 박원순이 수만 권의 책들을 쾌척하는 결단에 대해 자료 수집광인 필자로서 높이 평가하지 않을 수 없었다.

2만여 권이라는 장서의 존재는 아무리 구구절절 설명해도 실감나지 않을 것이다. 박원순의 집 내부 사진을 보여주기만 해도 박원순의 해명에 설득력이 배가될 것이다. 예전에 그의 집을 방문했을 적에 실제로 안방은 서고였다. 필자도 책을 시골로 옮기기 전에 안방을 서고로 사용했었다. 보관상의 애로 때문에 시골로 책을 옮기기는 했지만, 이용하기에 불편하다.

헌책을 수집하는 과정에서 그와 얽힌 인연을 돌이켜보면, 공씨책방과 골목책방이 먼저 떠오른다. 공씨책방은 공 씨 성의 창녕 출신 사람이 운영했던 곳으로 한동안 광화문 사거리에 위치하고 있었다. 그와 우연히 그곳에서 조우했다. 책을 골라와서 계산하는데 그는 나의 것까지 계산하겠다고 했다. 나는 그럴 수 없다고 버텼다. 그때 망연히 나를 쳐다보던 그 특유의 난처한 표정은 아직도 선연하다. 밥을 사겠다면 흔쾌히 응했겠지만, 책을 마련하는 데 그의 도움을 받을 수는 없었다. 서생의 알량한 자존심 때문이었다.

그는 역사문제연구소에 책을 기증했던 심정을 다음과 같이 표현했다. "마누라만 빼고 책을 다 가져가라"고 말했는데, 막상 자료가 사라진 텅 빈 공간을 보면서 "차라리 마누라를 데려가지" 하는 심정이었노라고 말이다. 이는 공씨책방의 소식지에도 실렸다.

골목책방은 독립문 사거리 인근에 위치하고 있었다. 간판도 없는 허름한 곳이었지만 정부청사 등 각종 기관에서 폐기되는 자료들이 많이 나왔다. 비매품의 좋은 책도 나왔고 가격도 쌌다. 중간상인들과 헌책방 주인들도 자주 그곳을 들락거렸다. 책방 주인은 단골들이 어떤 종류의 책에 관심이 있다는 것을 대충 파악하고 있었다. 쓸 만한 책이 나오면 개인적으로 연락하기도 했다. 그는 개인적으로 연락을 받는 주요 고객 중 한 사람이었다. 연구소에 2차로 기증한 책들의 대부분은 그곳에서 사 모은 것이다. 영국 유학을 가게 될 즈음에, 소설가 김성동의 글씨를 받아 인사동에서 판각하여 작은 간판을 걸어주었다. '골목책방'이라는 상호도 그가 지어준 셈이다. 그 작은 나무 간판은 아직 그대로 걸려 있다. 헌책방 주인은 유학 가는 그에게 참기름 한 통을 선물했다. 그 책방 안주인은 눈 오는 날 흰 고무신을 신고 아내와 책방에 들러 책을 사갔던 부부의 모습을 생생하고 기억하고 있었다. 그 책방 안주인은 가끔 나에게 '박 변호사님' 소식을 묻곤 했다.

그는 국내에서뿐 아니라 외국에서도 헌책방을 그냥 지나치지 못했다. 영국과 유럽 각국을 여행하면서도 헌책방을 기웃거렸고 미국에서도 그러했다. 미국은 영국에 비해 상대적으로 헌책 값이 싸서 더 많이 살 수 있었다. 그만큼 국제적으로 헌책방 순례를 한 사람도 드물 것이다.

"아직도 현역이고 싶다"

이와 같이 방대한 자료를 확보하고 자료 정리가 잘 되어 있었던 덕에, 그것을 변호, 시민운동, 입법 등에 활용할 수 있었고

박원순이 헌책을 수집하던 독립문 인근의 '골목책방'.
책방의 간판은 박원순이 영국으로 유학 갈 즈음
소설가 김성동의 글씨를 받아 걸어준 것이다.

실천가·활동가로서 바쁜 와중에도 글쓰기를 겸할 수 있었다. 앞서 살펴보았듯이, 그는 실천의 관점에서 주로 글쓰기를 했다. 양자를 겸한다는 것은 결코 쉽지 않다. 연구하고 쓰고 싶은 주제는 많지만 시간적 여유가 없다. 서울시장 집무실은 나날이 파일들로 가득 채워지고 있으므로 정리하고 싶은 주제는 이루 헤아릴 수 없을 것이다.

그는 종종 다산 정약용처럼 유배당하여 책을 쓰고 싶다고 말했다. 그의 경험과 필력 그리고 자료 축적을 감안하면 전업 저술가로서 충분히 승산이 있지만, 그의 본령은 학자·이론가·저술가이기보다는 실천가며 활동가다. 그의 장점을 최대한 살릴 수 있는 부분은 실천에 있다. 유배지에서 책 보고 글쓰기에는, 뒷방 늙은이로 물러나 있기에는 아직 에너지가 넘친다. 그는 여러 대학의 이사장 자리와 명예직을 제안받았지만 모두 거절했다. 아직도 현역이고 싶기 때문이다. 설사 유배된다고 하더라도 책 쓰는 일보다 유배지를 아름다운 공동체로 바꾸는 일을 도모하는 데 더 열심일 것 같다.

실제로 그는 변호사를 그만두고 학자의 길을 꿈꾼 적이 있었다. 사학과를 다니면서 역사공부를 계속하고 싶었다. 그래서 일본 대학을 알아보기도 했다. 그러나 주변 사람들이 말리는 바람에 그 대신 역사관련 연구소를 만들어 지원하는 것으로 정리했다. 그렇게 해서 역사문제연구소가 1986년 2월 21일에 창립

되었다. 주위의 강권으로 이사장을 맡았다. 당시 그의 나이 겨우 서른이었다.

연구소 창립 초기에 사무실 임대료와 운영비는 거의 전적으로 그가 부담했다. 게다가 그가 소장하고 있던 책 대부분을 연구소에 내놓았다. 인사동, 청계천 등을 돌며 시간과 돈을 투자하여 모은 소중한 자료들이었다. 나중에 새로 모은 자료들도 연구소에 기증했다. 나는 그가 역사문제연구소를 만들고 경제적으로 지원한 것보다 애써 모아온 자료 대부분을 내놓은 사실에 더 놀랐다. 그 자료들을 모으는 과정의 수고와 그 자료들이 갖는 의미를 잘 알고 있기 때문이다. 박원순처럼 한창 활동할 나이에 자신이 수집한 자료 대부분을 기증한 경우를 본 적이 없다.

연구 공간이 있고 자료가 있었기에 연구자들이 모여들었다. 마침 현대사 연구가 본격적으로 시작되던 즈음이었다. 초기 현대사 연구자의 상당수는 역사문제연구소를 거쳐 갔다. 연구소는 역사대중화를 위해 계간지 『역사비평』을 발간했다. 단 한 번의 결호도 없이 발간되었고, 2015년 봄호는 제110호로 발간된다. 역사비평 출판사는 원혜영(현 새정치민주연합 국회의원)이 지원하다가 정치권으로 진출하면서 박원순이 맡게 되었다. 거기에도 많은 돈을 투입해야 했다. 이런 인연으로 역사와 관련한 그의 글 일부가 『역사비평』에 실렸고, 그가 쓴 책 상당수와 대한변호사협회의 『인권보고서』 등도 그곳에서 출간되었다.

역사문제연구소 관계자들과 함께.
박원순 자신이 역사를 전문적으로 공부하고 싶어했으나
그 대신 역사문제연구소를 만들어 아낌없이 지원했다.
제일 왼쪽이 박원순이다.

역사문제연구소는 셋방살이로 여러 곳을 전전하다 1989년 10월 자기 터전을 마련하여 이사했다. 중구 필동 소재의 대지 164.3평, 건평 80여 평의 이층 주택이었다. 겉으로는 낡아 보였지만 잘 지어진 집이었다. 당시 역사문제연구소는 자기 터전을 가진 유일한 진보적 학술단체여서 학술단체협의회 사무실도 그곳에 있었다. 한 언론학술단체는 그 문간방에 세 들어 살았다.

연구소 터전을 구입하는 비용은 거의 그가 부담했다. 구입 비용을 마련하기 위해 한남동 소재 57평짜리 청화아파트와 연희동에 사두었던 땅마저 처분해야 했다. 변호사 활동으로 번 돈의 대부분을 그 터전을 매입하는 데 썼다고도 할 수 있다. 그 집의 대지는 2013년 현재 공시지가로만 환산해도 26억 원을 상회한다. 나중에 연구소가 그 집을 팔게 되었을 적에 그의 경제적 어려움을 아는 연구소 관계자들이 매도금의 일부를 돌려주겠다고 했지만 그는 거절했다. 그의 아내는 그 실랑이를 옆에서 지켜보며 말없이 웃고만 있었다. 그래서 그는 유언장에서 그의 아내를 '낭비벽의 공범'이라고 표현했다. 버림의 행복을 누리고 있었지만, 한편 빚으로 고통을 겪을 적에는 그 달콤한 제안을 물리쳤던 것을 후회한 적도 있었을 것이다.

박원순은 욕망의 열차에서 뛰어내렸다.

재산의 대부분을 역사문제연구소에 기부했다.

전세살이를 전전했다.

참여연대 사무처장으로 상근하면서

변호사로서 수익 활동을 그만두었다.

7

참여연대 '상근' 사무처장

한국 시민운동의 대명사 '참여연대'

1993년 8월, 2년간의 해외 생활을 마치고 귀국했다. 그동안 대통령이 노태우에서 김영삼으로 바뀐 것 외에 변한 것은 별로 없었다. 귀국하기 이틀 전에 금융실명제가 발표되었지만 남의 일이었다. 차명계좌도, 숨겨둔 돈도 없었다. 빚만 지고 돌아온 것이다. 귀국 후 특별한 계획이 있었던 것도 아니었다. 다만 인권문제를 체계적으로 다루어보려고 동업하고 있던 이종걸 변호사와 논의해서 활동가 한 사람을 뽑아 관련 자료를 모으고 있었다.

그런데 김중배·조희연·김동춘·김기식 등을 만나 참여연대 논의에 합류하게 되었다. 이미 영국에 체류할 적에 엠네스티 인터내셔널에서 1주일간, 미국에 체류할 적에 미국시민권연맹에서 3개월간 인턴으로 근무한 경험이 있었다. 1987년 6월항쟁과 헌법 개정으로 제한적이지만 민주화가 진행되고 합법적 공간이 열렸다. 그러나 진보 진영은 변화된 상황에 효과적으로 대응하지 못하고 있었다. 이미 1989년에 출범한 경제정의실천시민연합(경실련) 등의 시민운동 단체가 활동하고 있었지만 흡족하지 않았다. 이러한 문제의식을 가진 이들이 자연스럽게 모여 논의를 하기 시작했다.

크게 세 그룹이 합류했다. 조희연·김동춘 교수 등의 진보적인 사회과학자들, 박원순을 비롯한 인권변호사 그룹과 법학교수들, 김기식 등을 비롯한 학생운동 출신의 청년 그룹이 그것이다. 그리고 서준식을 중심으로 한 '인권운동사랑방'이 뒤늦게 합류했다. 다양한 그룹이 합류하면서 단체명을 둘러싸고 지루한 논쟁이 있었다. 결국 타협적인 방식으로 '참여민주사회와 인권을 위한 시민연대'로 정하고 1994년 9월 10일 창립했다.

약칭으로 '참여연대'라 불렀다. 간사들이나 언론도 그 길고 복잡한 원명을 제대로 부르거나 기억하지 못했다. 박원순 자신도 곳곳에서 그 이름을 틀리게 적었다. 그해 12월에 서준식 등 인권운동사랑방의 핵심 그룹이 이탈하면서 다음 해 3월의 제1차 총회에서 '인권'이 빠져 '참여민주사회시민연대'로 개칭되었지만 여전히 기억하기 어려웠다. 1999년 2월 총회에서 '참여연대'를 정식 이름으로 정했다.

언젠가부터 '참여연대 외' '참여연대 등' 식의 표현이 관행적으로 사용될 정도로 참여연대가 한국 시민운동의 대표 단체가 되었다. 그러나 창립 당시만 해도 크게 주목받지 못했다. 창립 소식도 『한겨레신문』에만 비교적 상세히 보도되었을 뿐, 대부분의 언론은 창립 소식을 단신으로 다루거나 아예 다루지도 않았다. 초기에는 일반 사람들이 단체의 존재와 성격을 잘 몰랐으므로 지명도가 있는 경실련에 빗대어 좌파 경실련이란 의미로 '좌실련'이라고 설명하기도 했다. 영어 이름에서도 경실련이 Citizen's Coalition으로 표현한 데 비해 참여연대는 People's

1994년 6월에 찍은 참여연대 창립 준비모임 멤버.
이들은 한국 시민운동의 새로운 장을 연 장본인들이다.
오른쪽에서 네 번째가 박원순이다.

1994년 9월에 열린 참여연대 창립총회.
'참여민주사회와 인권을 위한 시민연대'라는 긴 이름을
볼 수 있다. 지난한 논쟁 끝에 정해진 이 이름을
제대로 기억하는 사람은 별로 없었다.

Solidarity로 표현했다. 참여연대는 경실련보다 '진보적 시민운동'을 추구했던 것이다.

임원들이 100여만 원씩을 갹출하여 용산역 인근에 허름한 사무실을 얻었다. 사무실 주변 일대는 홍등가였다. 사회과학자들은 정책과 운동 논리를 제공하고, 법률가들은 법이라는 수단을 활용하여 운동의 구체적 방법을 개발하고, 청년 활동가들은 실무자로서 실천했다. 의정감시, 인권, 사법감시, 공익소송, 내부비리고발자지원센터 등을 중심으로 활동을 시작했다. 십수 명의 간사는 40~50만 원의 활동비를 받으며 일했다. 초기의 열악한 상황을 차병직은 자신의 책 『법원은 일요일에도 쉬지 않는다』에서 다음과 같이 기록했다.

> 참여연대의 사무실은 용산에서 시작됐다. 인권운동사랑방이 먼저 자리하고 있던 용산역 광장 맞은편의 낡은 건물 4층은 간사들과 더불어 쥐 부대까지 수용하고 있었다. 거의 매일 야근이 이어지던 시절이었는데, 사무실 야전 침대에서 자던 김 간사와 박 간사는 쥐가 가슴으로 기어오르는 바람에 놀라서 떨어져 허리를 다쳤다. 다행히 둘 다 결혼에는 성공했는데, 지금도 세상이 얄궂게 돌아가면 쑤신다고 호소한다.
>
> 보증금 5천만 원의 비좁은 용산 사무실에 비치된 주요 시설 품목은 책상 15개, 컴퓨터 7대에 프린터 2대, 전화가 6회선이었

다. 컴퓨터 중 유일한 486은 인권하루소식 전용이었고, 나머지 386 여섯 대를 나누어 사용했다. 잠시 자리를 비우면 다른 간사가 컴퓨터를 가로채기 일쑤였기 때문에 일을 제대로 마치기 위해서는 화장실 가는 것도 참아야 했다.

참여연대 내부적으로 큰 변화의 계기를 맞은 것은 그가 사무처장으로 상근하게 되면서부터다. 그는 창립 시에 여러 명의 부집행위원장 중 한 사람이었다. 또 한 명의 창립 주체인 조희연이 사무처장직을 맡고 있었다. 그런데 조희연이 연구년을 맞아 외국으로 갈 기회가 생기면서 박원순이 1995년 9월부터 사무처장직을 맡게 되었다. 창립된 지 꼭 1년 만이었다.

당시 사무처장은 비상근이었으므로 큰 비중을 차지하지 않았기 때문에 변호사로 일하면서 사무처장직을 감당하고 있었다. 그런데 어느 날 술자리에서 한 간사가 "박 변호사님 상근하시죠"라고 농담 반 진담 반 말했다. 박원순 자신도 상근을 감히 상상조차 하지 못했다. 변호사가 시민운동단체에 상근하는 전례가 전혀 없었기 때문이다. 결국 그는 상근을 결심했다. 1996년 정초부터 사무처장으로 상근하기로 결정하고 변호사 활동을 사실상 그만두었다. 이종걸 변호사가 주도하는 '법무법인 나라종합'에 형식상으로만 소속되어 있었는데 그 사무실은 안양에 있었다. 공식적으로 변호사 휴업계를 낸 것은 아니지만 변호사로서

영리 활동을 중단한 것이다.

이미 대부분의 재산을 연구소 등에 기부했고 남아 있던 집 한 채마저 그즈음에 처분했다. 등기부상에는 1995년 12월 20일에 매도한 것으로 기재되어 있다. 동교동 로터리 인근 138평 대지의 이층집은 약간 경사지고 양지 바른 곳에 지하주차장까지 갖추고 있었다. 그 집을 처분하여 2년여의 유학 기간 중에 진 빚을 변제하고 남은 돈으로 전세를 들어갔다. 1996년부터 주변을 정리하고 본격적으로 욕망의 열차에서 완전히 뛰어내린 것이다. 그리고 참여연대 활동에 올인했다.

시민운동의 불모지를 개척하다

참여연대 활동을 단순화시켜 말하자면, 민주화 이후 법치주의 강화를 지향하며 법을 주요 수단으로 활용하는 시민운동이었다고 할 수 있다. 고소·고발하고, 공익소송하고, 시민입법하는 운동이 주를 이루었다. 그가 이전까지는 인권변호사로서 독보적 영역을 개척했다면, 이번에는 법률 지식을 활용하여 시민운동의 불모지를 개척한 셈이다.

박원순은 우선 공적 영역의 부패 방지와 투명성 제고를 위해 힘썼다. 사무처장으로 상근하게 되면서 1996년 1월 9일에는 맑은사회만들기운동본부를 만들었다. 그는 초기 6개월여 동안 그 본부장도 겸했다. 그 활동의 대표적인 것은 부패방지법 제정, 공익제보자 지원, 정보공개운동 등이었다.

창립 시부터 내부고발자(공익제보자)를 지원해왔다. 비리는 외부에서 알기 어려웠으므로 내부에서 시작되는 공익제보가 절실했다. 공익제보의 대표적인 사례는 황우석 사건이었다. 2004년 10월, 황우석연구팀의 한 연구원이 제보를 해왔다. 'MBC PD수첩'이 사실 확인과 폭로를 맡고, 참여연대는 제보자의 신변보호와 법적 책임을 맡기로 했다. 물론 이 일은 박원순이 참여연대를 떠난 이후의 일이다.

부패방지법 제정운동은 참여연대의 대표적인 입법운동이었다. 1996년 1월 24일에 부패방지법 초안을 발표하고, 이후 서명운동, 걷기대회, 토론회 등 갖은 방법을 총동원했다. 제15~16대 국회의원 절대 다수의 서명까지 확보했지만 아무래도 그들의 이해와 직결되는 문제라 입법과정은 지난했다. 2000년에는 부패방지입법시민연대를 결성하여 입법 청원했다. 2001년 4월 25일에는 국회의사당 앞에서 1인 시위에 직접 나서기도 했다. 결국 핵심 조항들이 일부 누락되긴 했지만 부패방지법과 자금세탁방지법이 각각 2001년 6월 26일과 9월 4일에 통과되었다.

물론 부패방지법에는 공익제보자에 대한 보호조항이 당연히 들어 있었다. 참여연대의 초안이 나온 지 5년 반이 지나서야 입법이 현실화되었다. 이러한 시민입법운동은 제15대 국회 임

지연되는 부패방지법 입법을 촉구하기 위해
2001년 4월 25일 국회 앞에서 1인 시위를 하는
박원순. 1인 시위는 참여연대가 창안해낸
새로운 시위문화였다.

기인 1996년부터 2000년까지 참여연대 이름으로 78개 법안 청원이 있었고 그중 반 정도가 수용되어 법으로 제정되었다. 내부제보자 보호와 부패방지법은 그가 미국 유학 시에 알게 된 것이고 미국에서 입수한 자료를 토대로 그 초안을 작성하였다.

권력을 감시하고 투명성을 높이려면 정보공개가 필수적이었다. 우여곡절을 거쳐 1996년에 정보공개법이 제정되었고 1998년부터 시행되었다. 1998년 5월에는 맑은사회만들기운동본부 안에 정보공개사업단을 설치하여 본격적으로 운동을 추진했는데 그것을 선샤인프로젝트라고 이름 붙였다. 첫 대상은 서울시장의 판공비였다. 참여연대는 행정소송을 제기했다. 액수만이 아니라 관련된 인물의 인적 사항까지 밝힐 것을 요구했다. 당시 고건 서울시장은 환경운동연합 대표를 지낸 적이 있고, 시민단체에 비교적 우호적이었다. 그러나 판공비 자료가 제대로 구비되지 않아서 참여연대가 요구하는 자료를 제출하기가 곤란했다. 고건 시장은 개인적으로 박원순을 만나 소송 취하를 부탁했지만 그가 독단적으로 결정할 수 있는 사안이 아니었다. 소송은 끝까지 진행되었다. 나중에 고건은 총리가 된 후 훈령을 내려 판공비를 모두 공개하게 했다.

자본권력(재벌) 감시도 참여연대의 주요 업무였다. 1997년부터 소액주주운동을 시작했다. 상법에 보장되어 있지만 사실상 사문화되어 있던 '소수주주권'에 주목했다. 그의 전공인 법이라는 무기를 적절히 활용한 것이다. 연구년을 맞아 어머니 병간호를 하고 있던 장하성 고려대 교수를 찾아가 삼고초려 끝에 동의를 얻어냈다. 소액주주운동을 하기 위해 장하성을 위원장으로 하는 경제민주화위원회를 만든 셈이다. 새벌개혁과 경제민주화를 위한 시민운동이 시작되었다.

그 무렵 제일은행이 한보철강에 특혜대출을 해주었다가 막대한 손해를 입은 일이 벌어졌다. 이에 개미들의 주식을 모아 1997년 3월 7일에 열린 제일은행 주주총회에 참석하여 임원들의 책임을 추궁했다. 다음 해 3월 27일에는 삼성전자 주주총회에 참석하여, 위장회사를 이용해 삼성자동차에 지급보증한 사실 등을 추궁했다. 주주총회는 무려 13시간 30분 동안 계속되었다. 이후 봄이 되면 소액주주운동이 벌어졌고, 언론에서는 3월을 '주총 시즌'이라 부르게 되었다. 소액주주운동은 전 세계의 비상한 관심을 끌었고, 미국의 경제전문 주간지 『비즈니스위크』는 장하성을 아시아경제리더 50인 중 한 사람으로 꼽았다. 소액주주운동을 주도한 장하성은 월가에서도 유명인사가 되었다.

1999년 삼성SDS의 신주인수권부사채(BW)를 이재용 등 몇 사람이 매수했는데, 그 구입가격이 시가에 비해 현저하게 낮았다. 매매를 가장한 변칙증여였다. 이에 참여연대는 재벌의 재산과 경영권의 불법 승계에 대해 문제를 제기했다. 조세개혁팀은

©민주화운동기념사업회

1998년 3월 27일 삼성전자 주주총회장에서
장하성 교수와 함께 발언권을 요구하는 박원순.
소액주주운동은 자본권력을 견제하는 중요한 시민운동이었다.

이재용을 증여세 탈세 혐의로 국세청에 고발하고 기자회견을 했다. (이 문제는 2014년 11월 삼성SDS가 상장되면서 다시 세간의 주목을 받았다. 1999년 주당 7,150원에 매입했던 것이 2014년 11월 말 현재 40만 원을 넘어섰다. 이들은 수조 원의 수익을 거두게 되었다.)

고발에 그치지 않고 국세청 앞에서 항의시위를 벌이기로 했다. 그러나 국세청 건물에 온두라스 대사관이 있어서 시위가 불가능했다. 집시법에서는 외국의 외교기관이나 외교사절의 숙소 100미터 이내에서 옥외집회와 시위를 금지하고 있었던 것이다. 고심 끝에 1인 시위를 궁리해냈다. 집회와 시위는 2인 이상의 다중 시위를 전제한 개념이므로 1인 시위는 집시법을 피할 수 있었다. 2000년 12월 조세개혁팀의 실행위원인 윤종훈 회계사를 시작으로 국세청 앞에서 1인 시위가 벌어졌다. 79일간의 1인 시위가 강추위 속에서 이어졌다.

1인 시위 방식은 유례가 없었고 생소했다. 언론에서는 '1인 피켓시위' '1인 침묵시위'라고 보도했다. 이후부터 1인 시위 방식을 참여연대에서 적극 활용했고, 참여연대가 창안해낸 1인 시위는 새로운 시위문화로 자리 잡았다. 재벌개혁을 위한 1인 시위 방식과 소액주주운동은 모두 법을 적절히 활용한 운동 방식이었다. 거대권력과 싸우기 위해 이와 같이 새롭고 신선한 방법을 개발했다. 작지만 약한 고리를 찾아내어 본질에 접근하는 싸움 방식을 강조했다. 그가 자주 말했던 "나비처럼 날아 벌처럼 쏜다"는 표현이 바로 그것이다.

참여연대는 국가권력과 정치권력을 감시하는 데도 소홀하지 않았다. 참여연대 안국동 사무실 왼쪽에는 푸른색 파일의 '민주주의의 벽'이, 오른쪽에는 녹색 파일의 '법조인 자료실'이 있었다. '민주주의의 벽'엔 국회의원에 관한 파일이, '법조인 자료실'엔 판사와 검사 개개인에 관한 파일이 꽂혀 있었다. 법조인 자료실은 1996년에 박원순의 아이디어로 만들어졌다. 가나다순으로 배열된 3,000여 개의 파일에는 개인별로 경력, 주요 처리 사건, 판결 성향, 평판 등을 한눈에 볼 수 있었다.

정보는 곧 힘이므로 박원순은 그곳을 시민안기부라 자랑했다. 권력자들은 그 파일의 존재 자체를 의식하지 않을 수 없었다. 그곳은 권력 감시 운동의 상징적인 곳이었다. 이 자료는 인사검증자료로도 활용되었다. 참여연대의 인사검증 노력은 2000년 6월 인사청문회법 제정으로 귀결되었다. 그러나 지금은 그 파일들이 사라졌다. 인터넷에 모든 정보가 널려 있는데다 그 내용을 채울 여력이 없다고 생각했기 때문이다. 정보는 정리되고 꿰어야 힘이 되고 보물이 된다. 파일 만들기와 자료 정리가 특기인 그는 그 자료들이 사라진 것을 무척 안타까워한다.

박원순은 권력을 감시하고 비판만 한 것이 아니라 복지와 국민권익을 증진하기 위해 사회복지위원회를 설치하고 국민생활최저선확보운동을 펼쳤다. 복지는 국가가 베푸는 시혜가 아니라 국민의 의무임을 선언한 것이다. IMF 경제위기 이후 사회안전망을 구축하는 일은 절실했다. 결국 1999년 8월 2일 국민기초생활보장법이 제정되었다. 생활유지능력이 없거나 생활이 어려운 국민에게 필요한 급여를 제공하여 이들의 최저생활을 보장하고 자활을 조성하는 것을 목적으로 제정된 법률로 사실상 한국 최초의 사회안전망이라고 할 수 있다. 1997년 3월 작은권리찾기운동본부를 조직하여 권리를 빼앗기거나 제약당한 일반 시민의 권익을 되찾아주기 위해 공익소송을 하는 등의 활동을 벌였다.

개혁의 무풍지대 정치권을 강타한 낙천낙선운동

박원순과 참여연대의 활동 중 정치개혁을 빠뜨릴 수 없다. 사실 참여연대와 그가 대중적으로 가장 주목받게 되는 계기는 낙천낙선운동이었다. 2000년 4월 총선 과정에서 100여 일간 펼친 낙천낙선운동은 한 편의 드라마였다. IMF 경제 위기로 국민은 고통받고 있었다. 다른 부문은 강제적으로나마 개혁이 이루어지고 있었던 것에 비해 정치권은 여전히 개혁의 무풍지대였다. 1999년 국정감사를 앞두고 참여연대 등 40여 개의 시민단체가 '국정감사모니터시민연대'를 결성하고 국회의원들의 의정활동을 평가하기로 했다. 그러나 대부분의 상임위에서는 시민단체의 방청마저 불허했다. 더 강력한 대응이 필요하다는 인식이 공감대를 얻어갔고 새 천년을 맞아 정치개혁을 위한 비상수단이 필요하다는 논의들이 오갔다.

그해 1월 12일, 412개 단체가 참여하여 총선시민연대가 조직되었다. 박원순은 참여연대 실무자들에게 "500개 이상 단체가 참가하지 않으면 아예 발족할 생각을 말라"고 다잡았다. 그 후 가입 단체는 더 늘어나서 총 1,056개 단체가 참여했다. 거의 모든 시민운동 단체가 참여한 것이다. 예외적으로 경실련은 위법한 행동을 할 수 없다며 참여하지 않았다가 뒤늦게 총선연대보다 앞서 낙천자 명단을 발표했지만 반향은 적었다. 총선연대는 1987년 6월항쟁의 지도부인 '민주헌법쟁취국민운동본부'가 재현된 것 같았다.

박원순은 총선연대의 야전사령관격인 상임집행위원장직을 맡게 되었다. 대표적 시민단체로서 참여연대는 이 운동을 사실상 주도했고 그는 이미 한국시민운동의 상징적 존재가 되어 있었다. 주변 사람들은 "당신은 거짓말을 해도 참말처럼 보이니 앞장서야 한다"며 꼬드겼다. 남을 욕하거나 앞장서는 일을 꺼리고 소심하고 부끄럼 많은 그였지만 어쩔 수 없이 호랑이 등에 올라탔다. 이 운동을 시작할 때만 해도 대중의 호응이 그렇게 폭발적일거라고는 짐작조차 못 했다. 그런데 지지여론이 90퍼센트에 이르렀다. 후원금이 순식간에 3억 8천만 원이나 답지했다.

낙선운동의 전 단계로 먼저 낙천운동을 전개했다. 1월 24일 제1차 낙천자 명단을 발표하는 프레스센터 국제회의장에는 수백 대의 카메라가 주시하고 있었다. 명단이 발표되자 명단에 포함된 이들의 항의가 속출했다. 명단에 오른 이들로서는 정치생명이 걸려 있었다. 그에게도 해명성 전화와 방문이 이어졌다. 항의와 욕설, 협박전화에 시달려야 했다. 전화기를 꺼두고 회피하다가 나중에는 전화도 받고 만나기도 했다. 악역을 피할 수만 있다면 피하고 싶었다. '이 운동만 끝나봐라. 이제 세상만사 다 잊고 살고 싶다. 내가 왜 이런 악역을 맡게 되었는가' 하는 탄식이 절로 나왔다. 그러나 이미 피할 수 없는 독배였다.

총선을 열흘 앞둔 4월 3일 정동 이벤트홀에서 낙선 대상자를 발표했다. 86명의 낙선 대상자 중 22명의 집중 낙선 대상자를 선정하여 역량을 집중 투입했다. 집중 낙선 대상자들이 후보로 나온 22개 지역에는 중앙의 간부들을 맨투맨식으로 투입했다. 우려하던 대로 낙선 대상자 측의 도발로 충돌이 일어나기도 했다. 충돌이 심각해지면 총선연대 측이 타격을 더 많이 받게 되어 있었다. 그래서 박원순은 기민하게 평화원칙을 선포했다. "때리면 맞는다. 물품을 빼앗으면 고스란히 빼앗긴다. 폭력이나 욕설 앞에서는 평화의 마스크를 쓰고 그 자리에 앉는다."

© 헤럴드경제

2000년 1월 24일 총선시민연대의
공천반대인사 명단발표 기자회견장. 박원순과 참여연대는
낙천낙선운동을 통해 정치권력을 견제했다.

박원순은 낙선 대상자로 선정된 김중위 의원이 출마한 강동을 선거구에 배치되었다. 1986년 부천서 성고문 사건 시에 김중위는 "권인숙 씨의 정신 감정이 우선해야 한다고 생각한다"고 말한 적이 있었고, 박원순은 그 사건의 변호인이었다. 집에 보관하고 있던 그 사건 관련 기록을 들고 나가서 그 지역에서 기자회견을 하고 거리와 시장을 순회했다. 그 과정에서 김중위와 세 번이나 마주쳤다. 그때마다 김중위에게 악수를 청하며 죄송하다고 말했다. 김중위에게 특별한 감정이 있었던 것은 아니었다. 결국 김중위는 낙선했다.

낙선 대상자 86명 중에 68.6퍼센트가 낙선했다. 수도권에서는 95퍼센트가 낙선했다. 특정 지역에서는 부지깽이를 내리꽂아도 당선된다는 말이 있을 정도로 지역주의가 압도하던 시절이었던 점을 고려하면 그 성공률은 높았다. 총선연대는 낙선자들에게는 저승사자 같은 존재였다. 외국의 시민단체들은 한국 시민운동의 성과를 부럽고 신기한 시선으로 쳐다보았다.

100여 일 동안 극적인 드라마에서 주연을 맡은 박원순은 개인적으로 스포트라이트를 받았고 대중적으로 널리 알려지게 되었다. 전철과 택시를 타면 사람들이 그를 알아보았다. 택시 운전사들이 그를 알아보고 택시비를 안 받겠다고 해서 다투는 경우도 더러 있었다. 그는 그것이 오히려 불편했고 자신이 잊히기를 바랐다. 그래서 그해 8월 말부터 3개월 일정으로 일본 시민단체 탐방을 일부러 떠났다.

피부로 느껴지는 시민의 열렬한 호응과는 별개로 박원순은 낙천낙선운동에 대해 선거법위반 혐의로 고발되어 피고로 법정에 서야 했다. 2001년 6월 14일 최후 변론을 했다. 검사의 기소내용을 들으며 징역 10년 정도는 구형될 줄 알았더니 정작 1년을 구형했다는 말을 시작으로 박원순은 검찰의 기소 내용을 조목조목 반박했다. 그리고 다음과 같이 개인적 심정을 토로했다.

> 개인적으로 총선연대 활동을 하는 것은 매우 고통스러운 일이었습니다. 저는 그 당시 호랑이 등에 올라탄 기분이었다고 함께 일하는 사람들에게 자주 말했습니다. 여기서 호랑이란 국민을 지칭하는 말이었습니다. 총선연대 활동을 하면서 낙선운동을 제안했던 실무자들을 원망한 적도, 그만두고 싶었던 적도 많았습니다. 한국처럼 인간관계를 중요시하는 사회에서 특정 사람을 낙선시켜야 한다고 지목하는 것은 너무 힘든 일이었습니다. 낙선운동 대상에는 개인적으로 친밀하게 지내왔던 사람도 있었고, 연고가 있었던 사람도 있었습니다. 실제로 낙선운동 대상에서 제외시켜달라고 청탁을 받은 적도 있었습니다. 검사님께서는 낙선운동 대상 선정을 몇몇 시민운동 지도부가 자의적으로 결정했다고 주장했지만 이러한 개인적 청탁이 영향

을 미친 적은 단 한 번도 없었습니다.

2001년 6월 28일, 제1심에서 그와 함께 기소된 7명의 중앙 핵심지도부 중 최열·지은희·박원순·장원에게 벌금 각각 500만 원, 정대화·김기식·김혜정에게 각각 300만 원이 선고되었다. 2001년 12월 26일의 제2심에서 50만 원으로 감액되고 그것이 대법원에서 2004년 4월 27일 확정되었다. 이종찬, 김중위, 이사철 등에게는 민사소송까지 당했다. 이종찬은 2002년 9월 26일 열린 제1심 재판에서 박원순 등 4명에게 '1천만 원 지급' 판결이 내려지자, 오히려 점심을 사겠다며 박원순 등 몇 사람을 불렀다. 그 선거에서 낙선했던 이종찬은 그 돈을 받지 않겠다고 그 자리에서 말했다. 이종찬은 1980년 신군부집권의 들러리인 국가보위입법회의에 참여했다는 이유로 낙선 대상자 명단에 올랐다. 선정 기준 때문에 불가피하게 대상자에 오르긴 했지만 이종찬은 안타까운 경우였다.

총선연대의 성공 이후에 시민사회단체를 중심으로 유사한 낙선운동이나 정치 참여운동이 전개되었다. 그러나 그는 그 모든 정치 관련 시민운동과 의식적으로 거리를 두었다. 참여연대에서 물러나 새로운 시민운동을 개척하고 있었기 때문이다. 그리고 시민운동을 평생 직업으로 삼으려 했기 때문이다.

재정 문제 해결이라는 '고난의 행군'

참여연대의 수많은 활동에는 임원들은 물론 간사들의 헌신과 희생이 따랐다. 그는 70여 명의 간사들을 혹사시켰다. 그와 함께 일하는 사람은 유능한 사람이 되거나 병이 나서 그만둔다는 말이 있었다. 외국에 갔다오거나 연휴를 보내고 오면 새로운 구상을 담은 두툼한 파일이 간사들의 책상에 던져졌다. 간사들은 사무처장의 부재를 오히려 두려워할 지경이 되었다.

당시 그와 함께 일한 적이 있는 공연기획전문가 탁현민은 그가 간사들을 얼마나 혹사시켰는지를 다음과 같이 역설적으로 표현했다. 2011년 서울시장 보궐선거 시에 탁현민이 '나쁜 남자 박원순' 시리즈를 트위터로 연재했다. (오자 몇 개만 바로잡고 나머지는 그대로 두었다.)

> 1) 참여연대 있을 때 난 박원순 앞자리였다. 사무실엔 늘 그에게 찾아오는 민원인이 많았는데, 가끔 외계인이 따라다닌다든지, 빨갱이 잡으러 왔다는 사람들에게도 친절하게 상담(?)간사를 붙여주었다. 주로 나였다.
>
> 2) 참여연대 들어가기 위해 면접 볼 때 끝까지 내 채용을 반대했던 사람이 박원순 사무처장(당시)이었다. 몇몇 선배들이 내가 꼭 필요한 '인재'라고 해도 반대했다. 이유는 '채용 안 해도(돈 안 줘도) 일할 사람'이라는 거였다.

3) 참여연대에서 내 생애 처음으로 공연기획을 하는데, 아무도 도와주지 않아 정말 힘들었을 때, 내 옆에 다가와…… 당신 책상 위 형광등이 나갔다고 말하던 그…….

4) 1999년 · 2000년은 시민운동 전성시대(?). 끝없이 쏟아지는 일과 아이디어를 내면 말한 사람이 해내야 하는 운영방식에 지쳤는데…… 주말이고 주일이고 연휴고 당신 아이디어가 떠오르면 누구든 불러내 일을 시키고야 마는…….

5) 가장 압권은 추석연휴나 구정연휴. 연휴가 끝나면 그는 '추석구상' '구정구상'이라는 이름의 제본된 문건(거의 책 수준)을 간사들에게 죽 돌려주며 꼭 물었다. "탁현민 씨는 추석 때 뭐 했어요?"

6) 결국 지쳐서 참여연대를 나오려는데, 마침 아름다운재단 만들며 참여연대를 떠나는 박 변은 내게 "공익문화기획 전문가가 되어라. 내가 재단에 빈 책상 하나 내줄게" 해서 너무 고마워 눈물 흘렸는데, 재단이 커지자 자리 빼달라고 했던…….

(저자 주–박원순은 비영리단체들을 위한 이벤트나 공연기획을 해보라며 '탁 프로덕션' 이라는 이름까지 지어주었다.)

7) 참여연대를 나오고 아름다운재단에서 쫓겨난 후 어렵게 자리 잡아갈 무렵, 느닷없이 걸려온 전화 "탁현민 씨 이번에 이런저런 행사 하나 해줘야지." 그리고 천진난만(?)하게 일을 들고 오는 실무자들 왈 "박 변호사님이 다 해주실 거라던데요?"

8) 박원순과 맥주 한잔하려는 술약속까지 꼼꼼하게 개입하시는 선관위의 세심함에 깊은 감사를 드리며, 앞으로 박 변호사께서는 술 생각 나시면 혼자서 드셔야 할 것 같습니다. 아니면 선관위랑 드시든지…… 즐.

(저자 주-9월 7일, 혜화동 호프집에서 후보 추대 시민 모임이 예정되어 있었는데 선관위는 사전선거운동이라고 제재했다.)

9) 내가 윤도현, 김제동 덕분에 조금 알려지면서 박 변호사는 가끔 전화를 하기 시작했다. 전화는 내게 했지만 찾는 사람은 내가 아니었다. 단 한 번도 예외가 없었다.

10) 출마소식이 전해지면서 그의 측근에게 전화를 받았다. 도우라고! 뭥미? 도와달라고도 아니고, 돕지 않겠느냐도 아니고, 도우라!!!!! 전화 통화 안 한 지 최소 1년은 넘었다.

11) 언젠가 그가 아주 비싼 밥을 딱 한 번 사준 적이 있다. 2000년이었다. 재작년까지 만나면 그 이야길 했다. "내가 그때 밥도 사줬잖아, 탁현민 씨." 주면 몇 배로 받아가는…….

12) 그가 참여하는 꽤 많은 행사를 했지만, 단 한 번도 그는 앞자리를 요구한다든지 하는 일체의 의전을 사양했다. 물론 그렇게 행사장 구석구석 시어머니처럼 돌아다니는 건 결국 날 갈구기 위해서였으리라.

13) 결국 오늘 자신의 팬클럽 행사에 사회를 부탁하며, 출연료는 물론, 주차권도 안 줘서 결국 만오천 원 내고 나오셨다. 아!

이 나쁜 남자를 어카면 좋겠나…….

노동 강도에 비해 간사들의 월급은 적었다. 처음엔 40~50만 원 선이었다가 나중에 재정 사정이 호전되면서 약간 늘어나서 간사들은 80~100만 원 선, 박원순의 월급은 130~140만 원 선이었다. 투명성을 위해 월급내역이 인터넷에 공개되었다. 저임금이라는 사실이 만천하에 공개되면 간사들은 어떻게 결혼하느냐고 걱정하는 목소리도 있었다. 그러나 스스로 투명해지지 않을 수 없었다.

비록 급여는 적었지만 박원순은 간사들의 처우 개선에 무척 신경을 썼다. 상근자들과 1년에 한두 번은 지리산과 설악산 등산을 시도했다. '고난의 행군'을 통해 서로 의지하고 도와주며 동지애를 확인했다. 심지어 간사들의 집단거주지를 마련하려는 구상을 하기도 했다. 간사들의 주거문제라도 해결해보자는 생각이었다. 집단거주지는 그가 활동한 모든 단체에서 제안했는데 번번이 거절당했다. 현실성이 없는 야무진 꿈이라는 이유였다. 그러나 그로서는 현실성이 있다고 생각했다. 땅을 무상으로 제공해주겠다는 후원자가 있었기 때문이다. 시민단체의 재정과 간사들 처우개선에 대한 문제의식은 이후 아름다운재단을 창립하는 하나의 계기가 되었고, 간사들의 재교육은 물론 간식 지급 방법까지 꼼꼼하게 정리한 파일을 구축할 정도로 관심을 가졌

참여연대 상근자 급여 내역(2001년 1월 현재)

각종 사회보험료 및 세금 공제 전 금액(단위: 원)

직책	이름	급여총액	직책	이름	급여총액
사무처장	박원순	1,370,000	간사	홍OO	860,000
정책실장	김OO	1,230,000	간사	이OO	860,000
시민사업국장	김OO	1,190,000	간사	이OO	850,000
기획실장	박OO	1,160,000	간사	이OO	840,000
정책부실장	이OO	1,160,000	간사	조OO	830,000
사무국장	김OO	1,150,000	간사	한OO	830,000
시민감시국장	이OO	1,130,000	간사	박OO	820,000
문화사업국장	유OO	1,100,000	간사	이OO	820,000
경제민주부장	김OO	1,090,000	간사	이OO	810,000
시민감시부장	양OO	1,020,000	간사	안OO	810,000
간사	이OO	1,000,000	간사	최OO	810,000
간사	김OO	980,000	간사	탁OO	810,000
간사	양OO	940,000	간사	김OO	800,000
간사	임OO	930,000	간사	이OO	800,000
간사	이OO	910,000	간사	최OO	790,000
간사	명OO	890,000	간사	최OO	780,000
간사	홍OO	880,000	간사	김OO	780,000
간사	우OO	870,000	평균		940,000

• 출처: 참여연대 홈페이지 '유리지갑 참여연대' 게시물, 2001년 1월.
• 참여연대는 매년 실명을 공개했지만 개인의 사생활을 고려하여 이름을 비공개 처리했다.

다. 그만큼 시민단체 실무자들의 처우에 집착한 사람도 없을 것이다.

시민단체의 최대의 아킬레스건인 재정 문제는 초기에는 임원들이 주머니를 털어 해결해야 했다. 특히 재정문제를 해결하는 데 그의 역할은 절대적이었다. 출판기념회, 서화전, 캐리커처전, 일일호프집, 콘서트 등을 통해 부족한 재정을 보완하고 정부와 기업의 지원을 받기도 했다. 그 자신도 오윤의 그림 등 각종 단체의 서화전에서 사 모았던 작품들을 모두 내놓아야 했다. 그러나 여전히 재정은 안정적이지 못했고 정부와 기업의 지원을 받는 것은 정치권력·자본권력을 감시·비판하는 데 장애가 되었다. 마침내 정부 지원금도 안 받고 기부금 액수도 100만 원으로 제한할 것을 천명했다. 소액 다수의 개미 회원을 확보하기로 작정한 것이다.

회원 관리를 하나의 사업으로 설정한다는 아이디어를 내고 밀어붙였다. 그로서는 절실했고 그것 외에 선택지가 없었다. 현 인력으로 기존의 사업도 제대로 감당 못 하는데, 회원 모집과 관리에 인력을 투입하는 것에 대한 비판적 견해도 있었다. 그가 강의한 "세기의 재판"을 수강한 주부 여섯 명의 자원봉사자를 주축으로 회원 관리 사업을 총괄하는 시민사업국을 만들었다. 수백 명에 불과하던 회원이 최고 1만 5천여 명까지 늘어났다. 재정의 안정성과 투명성도 확보했다. 시민단체 최초로 회비를

김민기의 「아침이슬」 친필 악보.
참여연대의 재정문제를 해결하기 위해
1997년에 기획한 '명사들의 애장품전'에
출품하여 100만 원에 낙찰되었다.

통해 재정 자립을 한 것이다. 참여연대의 10주년이었던 2004년 6월의 회원 통계를 보면, 남성이 67퍼센트, 30~40대가 67퍼센트, 서울·경기지역 거주자가 74퍼센트를 차지했다.

물론 참여연대의 활동이 보편적 가치를 지향했고 대중적 신뢰를 받았기 때문에 회원을 그만큼 확보할 수 있었다. 참여연대 회원 중에는 박정희기념사업회 부회장이던 사람도 있었다.

박원순은 간사들에게는 혹독하게 대했지만, 자원봉사자들과 회원들에게는 깍듯하게 대했다. 1만 5천여 회원들에게 보내는 소식지에 그는 친필로 사인하기도 했다. 사흘 동안 아무 일도 못 하고 그 일에만 매달렸다. 그의 서체가 독특한데, 집중적으로 사인하면서 만들어진 것일지도 모르겠다. 그의 손글씨체를 바탕으로 일명 '원순씨체'라는 컴퓨터용 폰트가 2014년 2월에 출시되기도 하였다.

40대 청춘을 바친 참여연대를 뒤로하고

마침내 참여연대 사무처장을 그만두었다. 박원순은 어느 날 사무처장직 사표를 제출하고 잠적했다. 그의 의욕은 앞서가고 일 욕심도 많은데 실무 간사들은 그의 속도와 의욕을 따르지 못해 갈등이 초래되기도 했다. 그럴 경우 사표를 쓰거나 잠적하는 경우가 참여연대 활동기에도 몇 차례 있었다. 그것은 실무 간사들을 압박하는 수단이었고 자신의 급한 성미를 다스리거나 스트레스를 푸는 그만의 독특한 처방이기도 했다. 어떤 이들은 그가 다른 사람들이 술·담배하고 노는 시간에 오로지 일만 해서 성과를 낸다고 질시 어린 농담을 했다. 일밖에 모르는 재미없는 사람이었다. 그러나 그도 나약한 인간이었기에 사표와 잠적 같은 가끔의 일탈이 필요했다. 그가 잠적하면 간사들은 그가 잠적한 곳을 수소문하여 데리러 왔다. 그러면 그는 못 이기는 척 따라 나섰다.

그런데 이번 경우에는 달랐다. 이미 2000년 8월에 아름다운재단이 창립되어 있었고 아름다운가게도 창립 준비 중이었다. 게다가 참여연대 임원과 간사들 대부분은 애초부터 재단과 가게 자체에 적극적이지 않았다. 아름다운재단이 엄연하게 별개 조직으로 존재했지만, 박원순이란 특별한 존재로 인해 참여연대와 분리될 수 없었다. 그가 참여연대 사무처장이란 중책을 겸하고 있는 한 더욱 그러했다. 특히 아름다운재단이 가진 기부단체로서의 성격은 감시단체인 참여연대에 부정적 영향을 줄 소지가 있었다. 여기에 지도력의 세대교체 문제까지 겹쳤다. 내부에 새로운 지도력도 성장하고 있었다. 창립부터 그와 고락을 함께했던 고참 간사들의 경우 경륜과 실력도 어느 정도 갖추게 되었다.

그러나 참여연대는 그의 전부였고 아직 못다 한 일들이 널려 있다고 생각했다. 사무처장직을 그만두겠다고 말했지만 그

문제를 심각하게 고민하지는 않았다. 그런데 어느 날 개인적으로 인연을 맺고 있던 한 선배의 편지를 받았다. 그 편지에는 최영미 시인의 「선운사에서」라는 시가 씌어 있었다. 그 편지를 받고 물러날 생각을 굳혔다. 고창 선운사는 아는 스님의 배려로 가끔 들러 쉬기도 했던 인연이 있는 절이었다. 선운사의 동백꽃이 허무하게 뚝뚝 떨어지는 장면이 그려지면서 그 시를 보낸 선배의 메시지가 더욱 분명하게 다가왔다. 그 선배의 눈에는 박원순이 참여연대를 떠날 때라는 것이 보였던 것이다.

꽃이
피는 건 힘들어도
지는 건 잠깐이더군
골고루 쳐다볼 틈 없이
님 한번 생각할 틈 없이
아주 잠깐이더군

그대가 처음
내 속에 피어날 때처럼
잊는 것 또한 그렇게
순간이면 좋겠네

멀리서 웃는 그대여
산 넘어가는 그대여

꽃이
지는 건 쉬워도
잊는 건 한참이더군
영영 한참이더군

2002년 2월 어느 일요일에 간사들 몰래 짐을 챙겨 가회동 아름다운재단으로 옮겼다. 그 뒤 한참 동안 심각한 공황상태에 빠졌다. 참여연대는 그가 40대 청춘을 바친 곳이었다. 자나 깨나 참여연대만 생각했었다. 시민운동의 밑거름이 되기로 작정하면서 고투해온 도덕적 긴장의 나날들이었다.

그의 사임 결심이 확고해지자 사무처장 교체는 현실이 되었다. 그가 상근하면서 그리고 그의 절대적 역할로 사무처장직이 주요한 자리가 되었다. 간사로 오래 활동한 처장급 간사들에게 곧바로 지도력이 넘어가는 것에 일말의 불안감이 있었다. 그러나 뾰족한 대안을 찾지 못하여 결국 김기식·박영선 공동 사무처장 체제로 낙착되었다. 창립 초기부터 주도해온 임원진도 대폭 교체되었다. 참여연대 최초의 권력교체·세대교체라고 할 수 있었다. 사무처장의 나이만 따지자면, 10년을 건너뛰어 30대

중반의 새 지도력이 구축된 것이다. 세대교체 치고는 상당히 파격적인 것이었다.

그는 시민권력도 작지만 권력이므로 물려주는 것이 쉽지 않다는 것을 깨달았다. 그러나 참여연대 같은 감시단체의 지도자는 40대여야 하고 50대에 접어들면 자격이 없다고 생각했다. 50대가 되면 주변 사람들이 지도적 위치에 오르게 되므로 그들의 눈치를 보지 않고 소신대로 용감하게 비판하기가 어려워진다는 이유 때문이었다. 결과적으로 그는 40대 중반에 사무처장직에서 물러났다.

그가 사무처장을 그만두게 된 사실은 1월 말쯤에 외부에도 알려졌다. "너무 오랫동안 혼자서 사무처장 일을 해왔다. 차세대 인물들에게 활동의 장을 열어주기 위해 그만두기로 했다"고 언론에 밝혔다. 2002년 2월 총회에서 사무처장직에서 물러나 상임집행위원장을 맡게 되었다. 집행위원장으로서 대외 활동을 보완하는 새로운 역할이 주어졌다. 그 자리와 역할 정도라면 큰 부담이 없다고 생각했다.

그런데 초반에 몇 번 회의에 참석했는데 무척 힘들었다. 일머리와 내부 사정을 잘 아는 처지인지라 회의자료를 보면 지적할 것투성이였다. 그런데 어느 회의에서 의정감시센터 소장 김수진 교수에게 "집행위원장이 뭐 그런 걸 쫀쫀하게 따지느냐"는 면박을 받았다. 기분이 몹시 상했지만 생각해보니 그 말이 맞다는 생각이 들었다. 자신은 후배들의 울타리가 되고 격려하고 밥이나 사야 하는 위치였던 것이다.

공식적으로 2003년 6월에 상임집행위원장직에서 물러났지만 실질적으로는 더 일찍 발을 끊었다. 연락이나 메일이 와도 일절 반응하지 않았다. 그 후 몇 년 동안 외국 손님을 안내해야 할 경우에만 몇 차례 참여연대에 들렀을 뿐이다. 참여연대와 인연을 끊으려 의도적으로 애썼다. 김유신이 천관녀의 집으로 향하는 말의 목을 베었다는 고사를 실감하던 시간들이었다. 이런 아픈 경험 때문에 이후 단체에서는 시작하면서부터 떠날 준비를 했다.

몸이 떠났기에 전혀 무관심한 듯 행동했지만 가끔 참여연대 홈페이지에 들어가보았다. 전하고 싶은 말이나 불만스런 점이 있었지만 꾹 참았다. 새로운 지도력이 잘할 것이라고 믿었다. 이러한 처신은 그가 거쳐간 모든 단체에 해당되었다.

사무처장직을 그만두면서 아무런 송별 행사도 없이 간사들과 헤어졌다. 가슴을 저미는 뭔가가 있었다. 오랜 시간을 밤낮없이 부대끼며 그들과 함께했다. 그들은 동지였고 형제 이상이었다. 그가 짐을 싸들고 떠나온 지 한 달여가 지난 어느 날 생일 축하한다며 간사들이 앨범을 만들어왔다. 제목은 『LOVE ALBUM-박 변과 함께한 7년의 사랑』이었다. 그는 그 앨범을 받아들고 눈물이 핑 돌았다. 간사들도 대부분 그와 같은 심정이었던 것 같다.

그 앨범에 간사들이 돌아가며 간단한 글을 남겼다. 그 글들이 쓰인 시점은 2002년 3월 중순경으로 추정된다. 글 중에 두 번이나 언급된 『오마이뉴스』 기사가 3월 15일자이기 때문이다. 가장 가까이 있었던 '간사들의 눈에 비친 박원순'을 엿볼 수 있을 것 같아 그대로 싣는다.

참여연대 간사들의 글 모음

김박입니다. 곁에 모시고 일을 배우는 것이 무진장 즐겁습니다.
껄껄. 생신 축하드립니다.

부드러운 미소 속에 굳은 신념이 젖어 있는
박원순 집행위원장님의 탄일을 축하드립니다. - 박승경

참여연대가 현재 박 변호사님의 빈자리 때문에 썰렁하지만
수많은 '처장급 간사'들의 분발과 다짐으로 온기가, 활력이 되살아나고
있습니다. 많은 것을 보고 배웠습니다. 상근자 한 사람, 한 사람이
'내가 사무처장'이라고 생각하며 책임감, 헌신성, 폭넓고 아우르는 고민,
치열한 사색과 기획, 빛나는 아이디어로 시민사회운동에 임해야 한다고
생각합니다. 오늘 『오마이뉴스』 인터뷰를 보고 눈물이 핑 돌았습니다.
핑~ 핑~ 훌쩍. 항상 박 변호사님 곁에 저희들이 있음을 든든히 생각해주십시오.
파이팅과 건투!! - 영원한 평간사, 해방동이 안진걸

지현입니다. 여기가 어딘지 짐작하실까요? N.Y. 메트로폴리탄 앞이에요.
다녀와 제대로 보고도 못 드리고 해서 사진 한 장 붙였습니다. 건강하시죠?
얼굴은 자주 뵙지 못하지만 맘은 늘 가까이에 있어요.
생신 축하드리구요. 올해도 위원장님(어색하다) 소망 이루시는
한 해 되길 기원하겠습니다. 그리고 자주 여기 사무실 오기예요. 아셨죠?
좋은 사이는 오래 떨어지면 안 됩니다.

인수기예요. 왕 처장님 생신 추카드려요. 얼굴 자주 못 봬서
넘 섭섭하고 넘 슬프지만, 늘 저희들 생각하고 계시죠? 저희들도 늘
처장님 생각하고 있어요. 서로에게 소중한 존재였음 합니다. 건강하시구요.
- 그리움에 목이 메어 인수기가

쥐가 들끓던 용산 사무실에서부터 오늘에 이르기까지 저희들과
모진 고생을 다해오신 우리 처장님. 아직 박 변호사님, 위원장님
이런 호칭이 익숙하지 않아요. 제 머리에 언젠가부터 입력된
42세의 박 변호사님의 인간적이고 정열적인 모습으로,
항상 참여연대 곁에, 안에 계셔주리라 믿어요. 건강하시고 자주 뵈어요.
- 문혜진

축하드립니다. 다시 생신을 맞으셨네요. 어디 멀리 가신 것도 아닌데
매일 뵙다가 보니 그게 습관이 되었나봅니다. 빠른 게 세월이라
제가 참여연대에서 박 변호사님과 함께 보낸 세월이 벌써 삼 년입니다.
곱고 미운 세월입니다. 이렇게 덤덤하게 계속 생신을 축하드리고 싶습니다.
내내 건강하세요. - 양영미

재단 대안사업팀 시간 좀 주세요. 같이 술 한잔하자고 해도
일이 많아서 못 한대요. 물론 저도 옴부즈맨 때문에 그렇지만요.
오늘 '박원순 탄신일'을 맞아 흰 쌀밥과 고기로 배를 채우고
푹 잤으면 하는 바람이 있네요. 김민영.
p.s. 언론 인터뷰 때 참여연대 떠났다 이렇게 말씀하시면 안 됩니다.
'대선'은 내가 책임지기로 했다. 이렇게 말씀해주세요.

늘 가야 할 곳을 잃지 않게 앞뒤에서 격려해주셔서 감사합니다.
내일도 오늘처럼 많은 격려와 힘이 되어주실 것을 믿습니다.
사무실도 한번 들러주세요. - 이샛별 드림

몸 가는 곳에 마음이 간다고 하셨지요. 몸의 일부도 참여연대에 있음을 잊지 마십시오. 늘 건강하십시오. - 김기식

아직 잘 모르는 게 너무 많아서, 배울 것도 많습니다.
살아가는 모습만으로도 항상 배울 점을 주시는 박 변호사님,
생신 축하드립니다. 제 결혼식 때 주신 원앙을 보면
박 변호사님이 생각납니다. 집에서나 사무실에서나 깨어 살 수 있도록
노력하려 합니다. 가까이에서 더 나아지는 모습에
박수 쳐주실 거라 생각합니다. 항상 건강하시구요. - 김현정

생신을 축하드립니다. 참여연대에서 함께 뭔가를 펼쳐보기도 전에
박원순 변호사님과 같은 공간, 같은 시간 생활하는 것에 약간의
거리가 생긴 것이 아쉽습니다. 저에겐 박 변호사님이 좀 남다른
각별함이 있었습니다. 존경하는 저희 어머님과 동명이거든요. 두 분의 공통점은
열정적이고 헌신적이면서도 마음에 푸근함을 간직하고 있다는 부분입니다.
앞으로 더 자주 만나뵐 수 있길 바랍니다. 늘 건강하세요. - 사회복지 정지인

진짜 생신을 찾아드리고 싶었는데 늘 엇갈립니다. 이번 '생신 찾기'는
사연이 너무 많아 눈물이 날 지경입니다. 그래도 많은 간사들이
마음을 모아 정성을 담아 준비했으니 너무 섭섭해 말아주세요.
그리고 늘 함께해주시길 부탁드립니다. - 정

저 땜에 속 많이 상하셨죠? 말도 안 듣고, 일도 제대로 안 하고……,
아마 제가 박 변호사님의 머리카락을 10개 이상 빠뜨렸을 겁니다.
죄송합니다. 매일 '직격탄' 맞으면서 이제 '철'이 좀 들려니까,
사주 뵙기 어려운 상황이 되었네요. 언젠가 저한테 '미안하다'고 하셨죠.
그때 전 처장님한테 백배는 더 죄송스러웠습니다. 원래 '애'들은
말 안 듣고 크잖아요. 늦게나마 생신 축하드립니다.
– 외딴 섬에서 땡볕을 맞는 심정으로

처장님, 사무실에서 저하고 얼굴 마주치면 항상 그러셨죠?
'별일 없죠?' 처장님! 저 별일 있습니다!!! 별일 많게,
머릿속 복잡하게 하시고는. 그래도 처장님 알고 있다는 사실만으로
동네에선 유명인입니다. 건강하세요. 내내~~ – 김정희

처장님! 오늘 처장님을 위해 미장원을 다녀왔습니다.
빨리 보고 싶으시죠? 저도 처장님 신문에서 말고 사무실에서 식당에서
자주자주 뵙기를 기대합니다. – 황지희

럭비공 튀듯 참여연대에 와서 소중한 사람들과 인연을 맺게 되었습니다.
살아온 세상과 아주 다른 세계를 접하며 매일매일이 배움이었지요.
그 안에서 처장님 만나게 되어 늘 그 배움이 신선하고 분명했었습니다.
늘 건강하시고 자주 뵈었으면 해요. – 박여라

언제나 정력적으로 활동하시는 모습이 참 인상적이었습니다.
(덧붙여 그 수많은 아이템들도!) 항상 최전선에서 시민을 위한
정력적인 활동, 계속 기대하겠습니다. 쭈~욱! – 시민과학 김지연

박 변호사님, 박 처장님, 박 상임집행위원장님, 여러 개의
호칭이 있으시네요. 그래도 항상 '박원순' 이라는 석 자는
같은 느낌으로 감동과 자극을 줍니다. 생신 축하드립니다.
그리고 멋진 가회동 사무실에서 멋진 일을 해주세요. - 박근용

처장님 생신을 진심으로 축하드려요. 말로 다 표현할 수 없는
처장님에 대한, 처장님을 향한 ♡과 미안함. 어찌 보여드려야 할지…….
열심히 일해서 떳떳하게 보여드리려 했건만.
처장님의 열정을 닮고 싶습니다. 항상 건강하시구요. - S.H.

박원순 선배님! 접니다! 최현주예요.
뭔가 특별한 선물이 없을까 고민하다가 역시 이만한 것이 없다고
모두 결론 지었습니다. 함께 보낸 '세월'을 선물하자 했지요.
작년, 박 변호사님이 간사들 사진 보고 그러셨죠?
'나만큼 간사 여러분도 많이 늙었다구요.'
사무처장에서 집행위원장으로 직책이 변한 것보다
늘 같은 사무실에서 늘상 뵙다가, 자주 못 보는 게 이상합니다.
함께 보낸 세월만큼, 서로 허전하고 느끼는 상실감도 크겠지요.
박 변호사님만큼은 아니지만 저희들이 느끼는 쓸쓸함과 허전함도
만만치 않습니다. 아마 총량으로 따지면, 저희가 훨씬 클 걸요.
아무튼, 이 운동의 길에서 사무처장이든 집행위원장이든
박 변호사님은 언제나 사랑하는 동지이자
존경하는 선배님입니다. 평생~ 따라다닐 거예요~.

'아름다운, 참으로 아름다운 사람, 박원순'
『오마이뉴스』에 실린 박원순 변호사님의 인터뷰 기사를 보고,
누가 달아놓은 글입니다. 박원순 변호사님의 아름다운 모습을
계속 바라볼 수 있기를 기대합니다. 건강하세요. – 한재각

박 변호사님, 저 이송희예요. 벌써 2년이나 된 사진을 보니
제가 어느새 참여연대에 이렇게 오래 있었나 싶네요. 참여연대의
시간감각은 참으로 이상해요. 왕왕 시간이 좀더 있었으면 하면서
뒤돌아보면 어느새 엄청 오랜 세월이 지나버린, 바쁘게 사는 만큼
아는 것도 많아지고, 사무실에서 에너지를 다 써버려 집에 가서는
부부싸움도 못 한답니다. 특히 참여연대를 끔찍이도 사랑하시는
박 변호사님의 모습에서 제가 얼마나 많은 것을 배우고 즐겁게 일했는지
아마 모르실 거예요. 꼼꼼하게 이것저것 챙기시고, 바쁜 와중에도
사무실로 찾아오는 회원 한 명 한 명 다 만나시고, 자원활동가 방은
그냥 지나치는 법이 없으셨죠. 게다가 평소 저희의 고충에
귀를 열어놓으시고 수시로 이야기 들으시며 바로 바로 도움을 주신데다
여름날 때때로 사오시던 아이스크림도 한동안 다시 맛보기는
어려울 것 같아 너무너무 섭섭해요. 그래도 박 변호사님께서
가슴에 품고 계시던 일 하시기 위해 잠깐 옆집으로 가셨다고 생각하고,
다시 같은 사무실에서 일할 날을 기대할게요. 내내 건강하십시오.

2002 신입간사 여덟 명이 처장님과 살 부대끼며 함께하지 못해
아쉽습니다. 신입간사 교육 때 '이제 젊은 사람이 필요'한 때라고 하셨죠?
저희 정말 함께 꾸는 꿈을 위해 열심히 뛰겠습니다.
건강하세요. 대선배님께. – 신입간사 드림

아름다운재단과 아름다운가게 시절은

바쁘고 힘들었지만

가장 신나고 행복한 시절이기도 했다.

그즈음 간사들에게

'과로사'가 희망이라고 말했을 정도다.

8

아름다운,
너무나
아름다운

'아름다운재단' 한국의 기부문화를 혁신하다

2000년 8월 22일 그는 아름다운재단을 창립했다. 참여연대 사무처장으로 한창 일하고 있을 때였다. 1999년 신년 워크숍에서 '100년 후의 시민운동을 생각하는 실천운동'으로 '유산 1퍼센트 나누기 운동'을 제안했다. 그때만 해도 참여연대 시민운동 차원에서 나온 발상이었을 뿐, 별개의 재단으로 창립할 구상까지는 없었다. 그런데 그 제안에 동감한 회원 20여 명이 유산 1퍼센트 기증을 약속하는 반응을 보이자, '세상에서 가장 아름답게 돈쓰기 운동' 등 기부문화 확산운동을 기획했다. 참여연대 활동을 하면서도 '아름답게 널리 확산되는 운동'의 필요성을 절감하고 있던 차였다. 점차 개인 관심이 그쪽으로 옮겨가기 시작했다.

1999년 3월부터 5월까지 아이젠하워재단 초청으로 미국사회를 돌아보게 된 기회에 미국의 지역재단에 주목했다. 특히 노스캐롤라이나의 한 여성 섀넌 존(Shannon John)이 창립한 지역재단(The Triangle Community Foundation) 활동에 깊은 감동을 받았다. 지역 주민들이 자발적으로 돈을 내서 재단의 기금을 만들고, 풀뿌리단체들을 지원함으로써 지역 문제들을 풀어가고 있었다. 지역재단은 그 선순환구조의 엔진이었다. '재단법인'의 유용성을 재발견하고는 귀국하자마자 지인들을 설득해 재단 설립 논의를 구체화시켰다.

그는 영국과 미국 유학 시절부터 기부와 관련된 자료들을 수집해오고 있었다. 1992년 겨울, 미국 하버드 대학교에서 객원연구원 생활을 할 적에 대학신문에 실린 한 칼럼에서 "영어에서 가장 아름다운 단어는 수표 동봉(check enclosed)"이라는 표현을 본 적이 있다. 그 문구는 기부의 소중함과 아름다움을 말한 것이다. 그 점에 착안해서 1999년 10월에 이미 아름다운재단(Beautiful Foundation)이라는 이름도 지어두었다. 이름 때문인지 화장품회사냐고 묻는 사람도 더러 있었다.

이듬해인 2000년, 낙천낙선운동의 소용돌이에 말려들면서 준비 작업은 잠시 지체되었다. 8월에 아름다운재단을 만들어놓고 9월부터 11월까지 3개월 동안 일본 시민단체 탐방을 떠났다.

그런 상황 속에서도 성과가 나타나기 시작했다. 먼저 2000년 8월 김군자 할머니가 5천만 원을 쾌척했다. 일본군위안부로 끌려갔던 할머니는 힘들고 가난하게 살았지만, 아름다운재단 설립 소식을 듣자마자 장례비 500만 원을 제외한 전 재산을 선뜻 기부했던 것이다. 김군자 할머니가 물꼬를 트자 기부가 이어졌고 『동아일보』와 '세상에서 가장 아름답게 돈쓰기' 공동 캠페인을 벌였다. 박원순은 할머니에게 보답이라도 하듯 그해 12월에 열린 도쿄 여성법정에서 한국 측 대표검사로 참여해 위안부를 강제 동원하고 학대한 일본의 책임을 물었다.

'모금은 과학이고 예술이다'라는 기치 아래 모금에 선진기

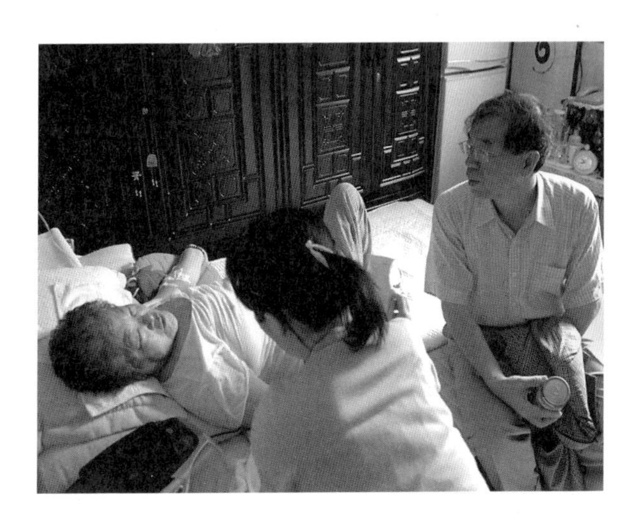

박원순은 2006년 광복절을 맞아 위안부 할머니들의
거처인 '나눔의 집'으로 김군자 할머니를 병문안 갔다.
17세의 나이에 일본군위안부로 끌려가 3년간
모진 시련을 겪은 김군자 할머니는 아름다운재단에
총 1억 원을 기부했다.

법을 적극 도입했던 점은 주목할 만하다. 모금전문가 양성과정도 두었다. 소액 기부는 물론 기업과 개인의 맞춤형 기부를 시도했던 것이 대표적인 예다. 한국의 선진적 인터넷 문화를 적극 활용해서 인터넷을 통한 기부가 90퍼센트를 차지했다. 이러한 점들은 CNN 방송이 관심을 갖고 취재해갈 정도로 세계적으로 드문 사례였다. 기부금은 전문가로 구성된 배분위원회를 통해 공정하게 분배되도록 구조화했다. 모금액과 배분 결과도 투명하게 공개했다. 가끔 드러나는 자선단체의 비리와 불투명성은 기부문화를 확산시키는 데 치명적이기 때문이다.

당시 한국 사회는 IMF 관리하의 심각한 경제위기 국면에서 실업자와 양극화 문제가 심화되고 있었다. 한편 자본주의가 성장하면서 기업의 사회적 책임이 강조되고 있었다. '노블레스 오블리주'가 자주 거론되었다. 그러나 기업과 개인이 사회공헌 의사가 있다 하더라도 그 방법을 찾지 못하고 있었다. 그런 상황에서 아름다운재단은 그들에게 맞춤형 기부 프로그램을 제시하고, 컨설팅했다. 기부자의 명예, 뜻, 철학이 반영되는 기부 모델을 만들었다. 기부하려는 기업이나 개인에게도 반가운 제안이었다. 기부는 물질적인 것에 국한하지 않았다. 각자가 가진 재능을 기부하는 문화도 생겨났다. 박경림·이금희·유재석 등 대중적 지명도가 있는 유명 방송인들이 그의 도움 요청에 적극적으로 호응하여 재능을 기부했다. 연예인들에게 기부는 이제 자연스러운 일이 되었다. 기업들이 자체적으로 나눔재단을 만드는 것도 보편화되었다.

그가 2002년에 때 이른 유언장을 작성한 것도 기부문화를 확산시키기 위한 의도였다. 유언장 작성은 그 자체로 자신의 과거를 돌아보고 미래를 그릴 수 있는 소중한 기회도 되지만, 판단력이 있을 때 기부를 유언하는 사회 분위기를 조성하려는 의도였다.

재단 창립 즈음에는 기존의 불우이웃돕기 차원의 관제 기부에서 민간 기부라는 개념이 등장하던 시점이었다. 그러나 민간 기부는 기아체험이나 ARS 차원에 머물고 있었다. 아름다운재단은 연 100억 원을 모금하는데, 그 모금액은 사회복지공동모금회, 월드비전, 굿네이버스 등에 비해서는 적었지만, 선진적이고 한국적인 다양한 기부 프로그램을 도입했다는 면에서는 기부문화에 큰 반향을 불러일으켰다.

한국의 기부문화는 아름다운재단 이전과 이후로 나뉜다고 해도 과언이 아니다. 아름다운재단이 기부문화를 선진화하고 확산시키는 데 이바지한 것은 가장 의미 있는 성과였다. 교육·출판 사업을 통해 모금과 관련한 인식을 변화시키고, 법이나 세제 등을 개선하는 데도 특별한 관심을 기울였다. 아름다운재단의 활동경험에 영향을 받아 사회공헌 프로그램을 컨설팅하는 비영리 기관이 속속 생겨났고, 기업들은 자체적으로 프로그램을 만들어 직접 기금을 운용하기 시작했다. 그에 따라 아름다운 재단을 향한 기업 기부는 줄어들었고, 상대적으로 개인 기부의 비율이 늘어나게 되었다.

박원순은 참여연대 사무처장을 그만두면서 아름다운재단 이사에서 상임이사가 되었고, 2005년 1월 윤정숙 이사로 대체될 때까지 일했다. 재단 치고는 이례적으로 한 달에 한 번 이사회를 열었고, 상임이사인 그의 역할은 절대적이었다.

낙천낙선운동 때문에 피고 신분으로 법정에 섰던 적이 있다. 재판장은 그와 안면이 있는 판사였다. 신문을 시작하면서 직업이 뭐냐고 물었다. 그는 '시민운동가'라고 대답했다. 당연히 변호사라고 답할 줄 알았던지, 판사는 일순 당황했다. 공익적 시민운동도 개인의 희생과 헌신에만 의존해서는 계속 유지될 수 없다. 공공의 이익을 실천하는 시민운동가가 이슬만 먹고 살 수는 없었다. 시민운동가도 당당하게 직업으로 인정될 수 있을 정도의 사회적·경제적 대우를 받아야 한다고 생각했다. 박원순은 시민운동가로서 정년퇴임할 수 있어야 한다고 호기롭게 말했고, 자신도 그렇게 살고자 했다.

사실 그는 일찍이 욕망의 열차에서 뛰어내렸다. 이미 자기 재산의 대부분을 역사문제연구소에 기부했다. 남아 있던 집마저 처분하고 전세살이를 전전했다. 참여연대 사무처장으로 상근하게 되면서 변호사로서 수익 활동은 사실상 그만두었다. 이처럼 버리는 것의 즐거움을 맛보고 있었다.

한편 시민운동을 하면서 단체 운영비와 간사들 월급을 마련하기 위해 극심한 애로를 경험했다. 월급날이 다가오면 지인들에게 손을 벌려야 했다. 전화는 걸었지만 막상 돈 이야기는 꺼내지 못하고 안부만 묻고 끊은 적도 있었다. 어느 사장이 직원들의 월급을 구하지 못하여 자살했다는 뉴스가 남의 일 같지 않았다. 변호사로 돈을 벌어 시민운동을 지원하는 편이 오히려 더 나은 방안이 아닐까라고 생각한 적도 있었다. 이러한 개인적 실천과 애로를 경험하지 못했다면 아름다운재단 창립을 감히 꿈꾸지 못했을지도 모른다.

아름다운재단 창립 배경에는 경제적 약자를 지원 한다는 의도는 물론 열악한 상황에서 공적 활동을 하는 제3섹터로서의 시민운동을 지원하려는 의도도 있었다. 아름다운가게에서는 월급과 활동비를 전혀 받지 않았지만, 나중에 아름다운재단에서 200여만 원의 급여를 받은 것은 후임자를 위한 배려였다.

공정한 기부금 분배와 공익변호사그룹

아름다운재단의 모금과 기부문화 확산 활동에 대해 정치적 반대자들은 참여연대가 앞에서는 재벌을 비판하고 뒤에서는 재단을 통해 재벌 돈을 받아내서 좌파 단체를 물질적으로 지원한다는 식으로 매도했다.

이러한 비판을 의식한 듯 현재 참여연대 홈페이지(FAQ. 참여연대가 궁금합니다)에는 아름다운재단에서 받은 지원 규모는 연간 1,500~3,000만 원 정도였고, 총 배분액의 0.8~1.6퍼센트(2010년 기준)라는 내용이 실려 있다. 시민단체에서 참여연대가 차지하는 위상을 고려하면 높은 비율은 아니다. 참여연대 재정에서 그것이 차지하는 비율도 극히 미미한 수준이다.

박원순 자신도 2002년 2월 사무처장직에서 물러난 후에는 참여연대의 활동에 관여하지 않았다. 상임집행위원장이라는 직함을 잠시 달았으나, 그것은 의례적으로 주어진 자리일 뿐이었다. 아름다운재단 업무에서도 모금에만 치중했고, 배분에는 의도적으로 관여하지 않았다. 전문가들로 구성된 배분위원회가 배분을 결정했다.

물론 모금하는 일도 쉽지는 않았다. 특히 돈의 성격을 가리는 일이 어려웠다. 담배나 술과 관련된 사업체 등 상식 수준에서 판별되는 기업에게는 기부를 받지 않았다. 기부처 논란이 두어 번 있었다. 한 번은 박지만 EG 회장에게 기부받은 5천여만 원이었는데 이 돈은 농어촌 청소년 온라인 교육에 지원하였다. 또 다른 한 번은 론스타로 기부는 받았지만 나중에 '먹튀 자본'이라는 사실이 알려져 일부 돌려주었다.

아름다운재단 산하에는 특별한 조직이 있다. 공익 변호사그룹 '공감'이 그것이다. 참여연대 때도 공익변호사 두 명이 상근한 적이 있었다. 당시 홈페이지에 '낮은 곳으로 임하는 변호사'의 급여가 필요하다고 알렸더니, 미국에서 사업하는 이가 5천만 원을 보내왔다. 그리고 몇 날 후 그 사업가가 한국 방문길에 참여연대에 들러 "박 변호사가 하고 싶은 일에 쓰라"며 5억 원을 추가로 내놓았다. 아름다운재단을 설립하는 과정에서 그 돈 중 3억 원을 차용했다.

'공감'의 창립은 사법연수원 2년차 염형국이 박원순을 찾아온 데서 비롯되었다. 염형국은 2002년 봄 사법연수원 특강에서 박원순의 "변호사의 책임과 공익활동" 강의를 들었다. 이듬해 연수원 졸업 후 진로를 고민하면서, 특강에서 접한 공익변호사 활동에 계속 마음이 끌렸다. 박원순에게 이메일을 보내 상의했고, 아름다운재단에서 일해볼 것을 제안받았다. 참여연대 시절부터 공익변론 모금을 기획했고 실제로 모금은 되었지만 그 일을 하겠다는 변호사가 나타나지 않았는데, 마침내 자원자가 생긴 셈이다. 2003년 12월, 염형국을 포함한 네 명의 신참 변호사로 구성된 공익변호사그룹이 아름다운재단 산하에 신설되었다. 공익변호그룹이 우리나라 최초로 출범한 것이다. '공감'으로 이름을 정했고, 2013년 1월 '공익인권법재단 공감'이라는 이름으로 아름다운재단에서 독립했다.

'공감' 변호사들은 사회적 약자와 소수자의 인권보호를 위한 변호 활동을 전업으로 하면서 월 200여만 원의 급여를 받을 뿐 수임료와 성공보수는 없었다. 변호사로서 지극히 낮은 급여였다. 박원순으로서는 젊은 변호사들의 뜻과 결단이 무척 반가웠다. 염 변호사는 결혼을 해서 자녀도 있는 가장이었다. 그 가족을 불러 밥을 사고 작은 선물과 카드를 전했다. 가족을 함께 불러 비싼 밥을 사주는 것은 공익활동가들을 잡아두는 그 나름의 비법이었다. 그 카드는 염 변호사의 페이스북에 실려 있다. '공감'의 한 변호사가 결혼할 적에는 멀리 광주까지 내려가 주례를 섰다. 젊은 활동가들의 헌신에 답하는 그 나름의 인사치레였다.

'공감' 초기에는 변호사들의 법률적 지원을 받지 못하는 소규모 단체에 변호사를 파견해 억울한 사법피해자들의 하소연을 들어주는 일부터 시작했다. 그 후 이주노동자, 장애인, 성폭력피해여성, 학대아동 등에 대한 재판에서 의미 있는 판결을 이끌어냈고, 관련법 제정과 개정에도 적극 참여했다. 그 공로로 2006년에는 한국장애인인권상, 무지개인권상을 받았다. 염형국 변호사는 '착한 변호사'를 외국유학 보내주겠다고 나선 어느 독지가의 도움으로 스탠퍼드 대학교에서 1년 유학했다.

'공감' 출범을 계기로 공익변호사그룹이 여럿 생겨났다. 공익변호라는 분야가 새로 창출된 것이다. 박원순 자신이 전업적 공익 변호사 제1호이자 공익변호의 새로운 영역을 개척했던 문

2013년 1월 공익인권법재단 공감 창립행사에서
안경환 이사장 및 공감의 구성원들과 함께. '공감'은 국내 최초
비영리로 운영되는 전업적 공익변호사조직이다.

제의식의 연장선상에서 공익변호를 서울시 행정과 결합시켰다. 2014년 12월부터 서울시에 '마을변호사' 제도가 시행되었다. 비슷한 시기에 같은 차원에서 서울시에 '마을세무사' 제도도 도입되었다.

이처럼 공익변호는 박원순이 서울시장이 되면서 행정에까지 도입되었다. 한편 서울시장으로서의 박원순에게 가혹한 시련을 안겨주기도 했다. 그가 만든 '공감'의 변호사들은 서울시민 인권헌장 제정을 둘러싸고 논란이 한창이던 2014년 12월에 인권헌장을 공포해야 한다는 공동성명에 주도적으로 참여했다. 특히 공감의 구성원인 어떤 변호사는 박원순 시장에게 보내는 글을 발표했는데 그 글의 첫머리에서 박원순과의 인연을 다음과 같이 기록하며 배신감을 토로했다.

> 박원순 시장님, 기억하십니까.
>
> 제가 시장님을 처음 만났을 때가 2006년 여름이었습니다. 아름다운재단 공익변호사그룹 '공감'에 지원했던 제가 당시 희망제작소 상임이사였던 시장님과 단둘이서 면접 보던 아침이었습니다. 시장님이 물으셨죠.
>
> "검사로 일한 지 얼마 안 됐는데 '공감'에서 일하기에 너무 이른 것 아닌가요? 공감에서 왜 일하고 싶어요?"
>
> 저는 잠시 고민을 하다가 시장님께 말했죠.

“‘공감’의 미션이 소수자, 사회적 약자의 인권 확장을 위해 일하는 변호사 단체니까요. 제가 바로 소수자 당사자라서 그렇습니다.”

그래도 눈치 채지 못하시는 것 같아서 “제기 동성애자입니다”라고 시장님을 처음 만난 날 커밍아웃 했었습니다. 아마도 속으로는 당황하셨을 수도 있는데 제 앞에서는 별다른 내색을 하지 않으셨어요.

그리고 다음 날 당시 아름다운재단 상임이사였던 윤정숙 이사님이 저를 보자고 하셨어요. 시장님 전화를 받았는데 약간 당황한 목소리로 “변호사가 동성애자라고 그러던데요?”라고 물으셔서 윤정숙 이사님이 “그러면 더 잘된 거지요”라고 답하셨다고요.

그렇게 제가 공익변호사그룹 공감에서 일을 시작하게 되었지요.

사실 저는 2004년 사법연수원에서 시장님 강연을 처음 들었습니다. 그때 법조인이 될 후배들에게 이렇게 말씀하셨죠.

“판·검사 이외에도 길은 많다. 우리 사회에서 공익적인 부분들에 할 일이 너무나도 많다. 소외된 자들을 돌아보라.”

그리고 공익변호사그룹 공감을 소개하셨어요. 그래서 제가 가장 존경했던 ‘인권변호사 박원순’의 삶의 궤적을 좇아 공익변호사가 되었습니다.

사회적 약자와 소수자의 인권을 위해 헌신했던 박원순은 함께해온 변호사들에게마저 비판받는 지경에 처했다. '공감'의 항의와 비판은 마땅하다. 박원순은 인권 수호자로서 자신의 정체성과 정치인이자 갈등조정자로서의 서울시 수장이라는 엄중한 현실 사이의 시험대에 섰다.

알뜰시장, 재활용사업 그리고 아름다운가게

박원순은 아름다운재단의 상임이사였을 뿐만 아니라, 그 자매단체인 아름다운가게의 상임이사이기도 했다. 둘 다 박원순이 주도하여 창립했고, 그 이름도 '아름다운'으로 시작되어 두 단체를 같은 곳으로 혼동하지만, 사실 둘은 별개의 조직이었다. 아름다운가게 초기에 형식상으로는 재단 산하에 있었지만, 별도의 정관과 내규, 이사회가 있었고, 독자적인 사업과 수익체제를 갖추어 독립적으로 운영되었다. 영국의 옥스팜처럼 모금을 담당하는 재단과 수익사업을 하는 가게를 한 조직 내에 배치한 것이다. 그러나 아름다운가게의 규모가 확대되고 사회적 기업에 대한 인식이 제고되면서 아름다운재단과의 관계 재설정 문제가 제기되었다. 결국 아름다운가게는 2008년 7월 별도의 재단법인으로 명실상부하게 독립했다.

아름다운가게는 참여연대 활동에 열성적이었던 주부 자원

봉사자들의 자발적 활동에서 시작되었다. 참여연대에서 주부 자원봉사자들은 안내하는 일을 맡거나 신문 스크랩 등 자료정리를 하거나 청소를 비롯해 궂은일들을 기꺼이 감당해주었다. 대개 그들은 박원순의 강의나 활동을 접하고 찾아왔다. '압구정 아줌마'로 통하던 이옥숙은 박원순의 "세기의 재판" 강의를 듣고서 박원순과 참여연대 열성 팬이 되었다. 이옥숙은 캐나다 이민이 결정되고 나서 집안의 물건을 정리할 때 그것들이 가치 있게 쓰이면 좋겠다는 생각에 '간사들 점심값 만들기' 명목으로 바자회를 열자고 제안했다. 예나 지금이나 시민단체 활동가들의 월급은 매우 열악한 수준이어서, 매일 몇천 원씩 하는 점심을 사 먹기가 부담이 되었다. 더군다나 야근도 잦아서 저녁까지 사먹자면 여간 부담이 되는 게 아니었다.

2001년 5월 30일에 첫 알뜰시장이 열렸는데 대성황이었다. 네 시간 만에 170만 원의 매출을 올린 것이다. 처음엔 자원봉사자들만의 물건으로 시작했는데, 의외로 반응이 좋자 친구들과 이웃들 물건까지 받아와서 두어 차례 더 장을 열었다. 알뜰시장이 이어지면서 단골도 생겨났다. 박원순은 알뜰시장의 성과에 환호했다. 이게 바로 시민들이 생활에서 실천하는 운동이고 바로 자신이 하고 싶었던 일이라고 말했다. 일찍이 영국 유학 시절에 옥스팜 옷가게를 가끔 이용하면서 국제적 빈민구호단체인 옥스팜의 활동을 주목했고, 기회가 있을 때마다 영국의 옥스팜이나 미국의 굿윌이나 구세군 사례 등의 자료를 모아 두고 있었다.

박원순은 알뜰시장이 성공하는 것을 보고 참여연대의 수익사업으로 적극 검토했다. 자원봉사자와 회원들을 활용하면 승산이 있다고 보았다. 그런데 참여연대 간사들과 임원들이 소극적이었을 뿐 아니라 각자 맡고 있는 업무를 처리하는 데 급급했다. 그는 결국 대안사업팀을 신설하고, 네 명의 간사를 채용하여 본격적으로 가게 창립을 준비했다.

지인들에게 재활용사업 자금 지원을 부탁했지만 거절당하기 일쑤였다. 새것과 비싼 것을 좋아하는 한국에서 재활용사업은 승산이 없다는 이유였다. 어렵사리 비용을 지원받아 간사들을 동반하고 외국의 사례와 경험을 조사하기 위해 나섰다. 2002년 4월에 제1차 '신신사유람단'이 미국의 굿윌과 구세군을 방문했고, 8월에 제2차 유람단이 일본의 생활협동조합을 방문했다. 아름다운재단 건물에 더부살이하다가 안국동에 별도의 건물을 얻어 이사했고, 마침내 2002년 10월 17일에는 아름다운가게라는 이름으로 정식 점포를 개장했다.

재활용사업을 하는 데 가장 큰 문제는 재활용품을 체계적으로 수집하고 안정된 판매장을 확보하는 것이었다. 참여연대 시절부터 자원봉사자로 일했던 이혜옥은 강남에 소재한 자신의 아파트 출입문 앞에 재활용품 수집 박스를 내놓았다. 의외로 질

신신사유람단을 꾸려 미국의 재활용가게를 방문한 박원순.
그는 아름다운가게를 창립하면서 실무자들과 미국의 굿윌과
구세군, 일본의 생협을 방문하여 정보를 수집했다.

2002년 10월 아름다운가게 제1호점인 안국점 개점
첫날에 몰려든 시민들. 안국점은 엄상익 변호사가 명예점장,
이혜옥이 점장을 맡았다. 아름다운가게는 재활용운동이
한국에서도 성공할 수 있다는 것을 증명했다.

좋은 물건들이 밀려들었다. 아파트관리소장과 부녀회장의 협조 하에 아파트 전체로 재활용품 수집을 확대했다. 5개월 만에 매장 하나를 열 수 있을 만한 분량의 물품이 수집되었다. 화원을 경영하는 김천중이 중고 다마스를 기증한 것을 비롯하여 몇 대의 수거 차량과 물류창고도 확보했다. 그 후 아름다운가게의 성공이 알려지면서 재활용품은 관리사무소와 부녀회의 영리사업으로 변질되었다.

아름다운가게 제1호점인 안국점은 엄상익 변호사가 명예점장, 이혜옥이 점장을 맡았다. 명예점장은 주로 매장 기부자였다. 경기고 1년 선배인 엄상익은 1억 원을 쾌척함으로써 첫 매장을 개장하는 데 힘을 실어주었다. 박원순과 엄상익은 변호사 활동 초기 서소문 소재 한 빌딩의 위아래층에서 일했던 인연이 있었다. 박원순은 자신의 사무실을 개업했고, 엄상익은 사법시험 동기들의 사무실에 더부살이하고 있었다. 어느 날 "형, 나는 새로운 걸 생각하는 중이야. 바로 시민운동이라는 건데, 그걸 하려면 한 달에 100만 원 가지고 생활해야 한대. 그렇게 몇 년 참아보면 뭔가 결실이 나오지 않을까"라고 말했다. 엄상익에게는 오래전 그 말이 인상적으로 남았다. 한참 세월이 지난 뒤 우연히 지하철에서 커다란 가방을 들고 땀을 뻘뻘 흘리며 걸어가는 박원순의 모습을 보고 '성자 비슷한 길을 가는구나'라고 생각했다.

엄상익은 1990년대에 안기부 정책연구관으로 근무했고, 조갑제와 가까운 사이이며, 독실한 기독교인이다. 현실의 잣대로 보자면 보수 성향의 인물이다. 그런 그가 참여연대 때부터 박원순을 개인적으로 지원했다. 박원순이 부탁하면 차마 거절하지 못했다. 아름다운재단 행사에 참석했다가 아름다운가게 기획 발표를 보고 큰 감동을 받았다. 그래서 돈은 없지만 뭔가 하고 싶은 마음에, "박 변호사, 제1호점 가게는 내가 도와줄게"라고 덜컥 약속해버렸다. 그는 2천만 원 정도면 될 거라고 생각했는데 막상 가게를 내는 데 1억 원이 든다고 하니 난감했다. 매장 계약금을 치를 날이 다가올수록 걱정은 더 깊어졌다. 그러나 그는 천생 기독교인이었다. 열심히 기도했다. 그때 전혀 예상치 않은 사건 의뢰가 들어와서 간신히 그 돈을 마련할 수 있었다.

박원순이 시장이 된 직후 강용석의 폭로로 아들 주신의 병역이 논란거리가 되자, 엄상익은 그 사건을 맡아주었다. 조갑제는 엄상익과 통화한 내용을 다음과 같이 기록했다.

> 보수 성향이 강하고, 내가 관련된 사건도 몇 차례 변호하였으며, 광우병 난동 때는 MBC를 고소한 민동석 차관 변호인이었던 엄 변호사가 박원순 시장과 경기고 동창이란 이야기를 들은 적이 있었다. 우리 두 사람은 10여 분간 사건의 성격에 대하여 통화했다. 나는 "사실이 중요하다. 병무청에 제출된 MRI 사진

을 공개하는 것으론 해결되지 않을 것이다. 아들이 공개적으로 다시 사진을 찍는 재검만이 최종적인 해결책이 될 것이다"라고 했다. 엄 변호사도 전적으로 동의하고, "오늘 오후에 박 시장을 만나기로 했다"고 했다. 그는 "박 시장 부인을 내가 잘 아는데 아들 병역 문제로 장난 칠 사람이 아니다"라고 했다.

조갑제는 나중에 박원순 아들의 병역 의혹이 근거 없다는 논지로 엄상익이 쓴 글을 '조갑제닷컴' 대문글로 한참 동안 올려두었다. 그래서 엄상익과 조갑제가 '종북'이라는 소리를 듣는 진풍경이 벌어지기도 했다. 마침 당시에 광주민주화운동에 북한이 개입했다는 주장이 일베(일간베스트)를 중심으로 제기되자, 조갑제는 그러한 황당한 주장에 단호한 입장을 취했기 때문에 더 오해를 받았다. 조갑제는 광주민주화운동 시에 군경의 봉쇄망을 뚫고 광주로 잠입하여 항쟁 현장을 취재했던 기자로서 광주민주화운동의 실상을 잘 알고 있었다. 박원순 아들 주신의 병역 의혹은 이후 검찰 조사 결과 무혐의로 처분되었다.

모두가 행복한 나눔과 순환

'나눔과 순환'을 슬로건으로 하는 아름다운가게는 비약적으로 성장했다. 7년여 만에 전국에 100여 개 매장이 개설되었고, 상근자 300명, 자원봉사자 5천 명이 일하는 거대 조직이 되었다.

2003년 11월에는 지상 최대의 벼룩시장이 잠실 올림픽주경기장에서 개최되어 이틀 동안 30여만 명이 참가했다. 2004년부터 아름다운가게와 서울시가 공동으로 토요일마다 뚝섬에서 '뚝섬 아름다운 나눔장터'를 열었는데, 그동안 수백만 명이 참가했다. 한국에서 재활용운동이 성공하지 못할 것이라는 세간의 부정적 예상을 넘어섰다. 출발 단계에서는 영국의 옥스팜이나 미국 굿윌의 이름을 빌려 쓰거나 협력기관이 되기를 시도했으나, 파트너로서 인정받지 못했다. 그러나 아름다운가게가 성공하자 옥스팜의 제안으로 2007년 5월 MOU(양해각서)를 체결했다. '아름다운세상 프로젝트-나마스테, 갠지스'는 이 양해각서에 따라 진행된 첫 번째 협력 사업이었다. 일본에서는 아름다운가게를 벤치마킹한 '에코메스'가 생겨났다.

아름다운가게는 외국의 선례를 벤치마킹한 것이지만, 한국적 변용을 시도했다. 외국에서는 자선이라는 면으로 접근한 데 비해, 아름다운가게는 리사이클링(recycling)과 환경문제까지 고려했다. 이 점은 아름다운가게만의 특징이었다. 대량의 재고물품을 팔아달라는 제안을 여러 번 받았지만 거절했다. 영리의 관점에서 보면 솔깃한 제안이지만, 순환과 재생의 관점에는 어긋나는 것이기 때문이었다. 버리는 물건으로 예술품을 만드는

2003년 11월 아름다운가게가 개최한 지상 최대의 벼룩시장.
잠실 올림픽주경기장에서 이틀 동안 열린 이 벼룩시장에
시민 30여만 명이 참가하여 대성황을 이루었다.

'에코파티 메아리'도 친환경적 접근이었다. 환경부와 함께 '아름다운 토요일' 행사를 시작했던 것도 같은 맥락이었다. 더 나아가서 서울시장으로서 중점적으로 추진하고 있는 한양도성 복원과 서울역 앞 고가도로 도시재생 구상도 이러한 발상과 무관하지 않다.

'아름다운 토요일'은 기업이나 공공기관 단체의 임직원들이 물건을 기부하고, 일일 점원으로서 판매하는 것이었다. 방대한 규모인 경찰과 행사를 벌인 것은 정말 대단한 일이었다. 참여 단체로서도 사회적 공헌을 실천하고 이미지를 제고할 수 있는 좋은 기회였다. 외국의 자선단체들은 대기업이나 큰 단체들과 결합해서 벌이는 사업 방식을 특별히 부러워했다.

미국의 굿윌이나 구세군은 재활용가게를 소박하고 허름하게 꾸몄다. 그러나 아름다운가게는 헌옷 파는 가게로 보이지 않도록 의도적으로 고급스럽게 인테리어를 한다는 방침을 정했다. 헌 물건을 파는 가게는 허름하고 보잘것없다는 선입견을 깰 필요가 있었다.

국내 차원의 나눔과 기부를 넘어 제3세계로 눈을 돌려 대안무역, 공정무역(Fair Trade)을 시도했다. 동남 아시아 여러 나라에서 수공예품, 건과일, 의류 등을 수입하여 판매하기도 했다. '공정무역'의 개념이 정착되지 않은데다 상품의 질에 비해 가격이 높아 대체로 실패했다. 다만 '아름다운커피'는 성공했다. 판매 수익을 현지에 재투자하거나 학교를 세워주는 형태로 분배했다. 이를 계기로 '대안무역' '공정무역'이란 개념이 한국에서 널리 알려지게 되었다. 사실상 한국 최초의 공정무역인 '아름다운커피'는 2014년 7월에 공정무역 전문 재단법인으로 분리 독립했다.

아름다운가게의 최대 성과는 사회적 기업이 한국 사회에서 존립할 수 있다는 것을 실천적으로 증명한 것이다. 아름다운재단은 순수 비영리단체다. 그러나 아름다운가게의 목적은 비영리이지만, 수단은 영리라는 이중성을 지니고 있다. 즉 이윤을 창출한다는 점에서 영리기업이지만, 창출한 이윤을 사회적·공익적 목적에 재투자한다는 점에서는 영리기업과 다르다. 아름다운가게는 전형적인 사회적 기업이었다.

사회적 기업이 확대되는 것은 의미 있는 일이자 시대적 추세이므로, 국가와 사회의 법적·제도적 지원이 필요했다. 그런데 아름다운가게는 매출액의 10퍼센트에 해당하는 부가가치세를 내야 했다. 무상의 기증품이라는 이유로 매출액 전체에 부가가치세가 부과되었다. 국가의 복지망을 보완하는 역할을 수행하는 사회적 기업이니만큼 부가가치세를 낮춰주는 것이 마땅한데도, 오히려 일반기업보다 더 과도한 부가가치세를 내야 한다. 이 문제점은 아직도 개선되지 않고 있다. 한편 물품 기부자에게 인센티브를 제공하는 조세제도도 필요하다.

제도적 지원이 미비한 상황에서, 아름다운가게는 사회적 기업으로서 이윤을 최대한 올리되 운영비 등은 최소화하고, 나눔과 분배 몫은 최대화해야 했다. 외국의 자선단체들에 비해 재단과 가게의 인건비와 운영비는 눈에 띄게 낮은 수준이었다. 가령 상임이사의 자동차를 유지하는 데 수백 명의 기부자가 필요했으므로 자동차를 둘 수 없었다. 물론 박원순은 이미 대중교통을 이용하고 있었다.

실무자의 인건비도 최소화해야 했다. 아름다운가게는 일을 잘한다고 해서 성과급을 주거나, 일을 못한다고 해서 쉽게 해고할 수도 없었다. 급여도 부양할 가족이 많으면 상대적으로 더 많이 지급했다. 간사들은 최저생계비에도 못 미치는 급여를 받았다. 박원순이 간사들에게 월급을 인상하라고 했지만, 간사들 스스로 인상을 거부하기도 했다. 아름다운가게 초기에 간사들의 초봉은 100여만 원에도 미치지 못했다. 박봉에 시달리는 실무자들과 그 가족들을 위로하고 도울 수 있는 사람은 그밖에 없었다. 그는 자신의 개인 호주머니를 털어 지원하기도 했고, 개인적으로 받은 선물과 기념품은 모아두었다가 명절이나 경조사 때 실무자들에게 들려 보냈다. 박원순은 아름다운재단에서 200만 원의 급여를 받았지만, 그 급여에 상금과 강연비 등 개인 수입까지 보태어져 간사들을 지원하는 데 대부분 사용되었다. 개인 통장마저 간사들이 관리하고 있었는데, 거의 마이너스

대출 상태였다.

일반기업과 달리 상임이사인 박원순과 간사들은 단순한 직장 내 상하 관계가 아니라 동지적 관계이기도 했다. 그러나 내부 갈등이 없을 수 없었다. 그러나 그 갈등들은 조직이 위기에 이를 정도로 심각하게 치닫거나, 외부에 드러난 적은 거의 없었다. 아름다운가게에서 부당해고 사건으로 소송당한 경우가 유일한 예외다. 정관상으로는 상임이사가 인사권자이지만, 인사는 인사위원회가 결정했다. 인사위원회에는 평간사 대표들도 포함되어 있었다. 그리고 그 사건 발생 당시 그는 형식상 상임이사였을 뿐, 사실상 아름다운가게를 떠나 희망제작소 활동에 몰두하고 있었다.

박원순이 아름다운재단과 아름다운가게의 상임이사를 겸하고 있었지만, 상대적으로 에너지를 더 많이 쏟은 곳은 아름다운가게였다. 가게 쪽은 100여 개 매장의 매출과 상황을 매일 점검해야 했기 때문이다. 그의 삶 전체를 돌아보면, 아름다운재단과 아름다운가게 시절은 바쁘고 힘들었지만 가장 신나고 행복한 시절이기도 했을 것이다. 그즈음 간사들에게 '과로사'가 희망이라고 말했는데, 어느 날 그의 책상에 『과로사를 이긴다』는 제목의 책이 놓여 있었다.

나눔을 주고받는 것은 모두에게 도움이 되고 행복한 일이었다. 제로섬 게임도 아니었고 적대적 대립도 없었다. 행복전도사

참여연대 시절, 의자에 앉은 채 잠시 눈을 붙이는 박원순.
그는 평소 간사들에게 '과로사'가 희망이라고 농담했다.

로서 나눔을 실천하는 아름다운 일은 그의 기질과도 맞았다. 아름다운 사람들을 만나고 함께 일하는 과정에서 인상마저 한층 부드러워졌다는 소리도 들었다. 참여연대 활동 시절과는 전혀 다른 부류의 사람들과 네트워크를 구축하는 기회도 되었다.

즐겁게 일하면서 상도 받았다. 2006년 8월 막사이사이 상(공공봉사부문)을 수상했다. 막사이사이 상은 필리핀의 전 대통령 막사이사이를 추모 · 기념하기 위해 만든 국제적인 상으로, 아시아의 노벨상이라 불린다. 아시아 문화에 관심이 많은 미국 록펠러 가문이 이 상을 후원했다.

막사이사이 상을 수상한 데는 숨은 공로자 두 명이 있었다. 어느 날 '볼런티어21'(현 한국자원봉사문화)의 이강현 회장이 아름다운재단으로 이정이를 찾아왔다. 그는 "박원순 상임이사를 막사이사이 상 후보로 추천하려 하니 도와주면 좋겠다"고 제안했다. 인적 사항과 활동 보고서를 작성해주되 절대 비밀을 지켜달라고 당부했다. 사무국장에서 연구위원으로 자리를 옮긴 이정이는 두어 달 동안 야근까지 해가며 문건 작성에 매달렸다.

박원순은 수상 발표 날인 7월 31일까지 수상 사실을 전혀 몰랐다. 그즈음 아름다운재단에 외국인이 와서 한 달여간 머물며 박원순을 인터뷰하기도 했는데, 그것이 실사 과정이었다. 수상자에 대한 사전 검증과정이 의외로 철저했다.

2006년 8월 31일 필리핀에서 막사이사이 상을 받았다. 상금 5만 달러는 필리핀 시민단체연합체에 해당하는 곳에 기부했다. 그 돈을 한국에 가져오면 간사들 복지에 도움이 되기는 하겠지만, 필리핀의 사정을 알고는 도저히 가져올 수 없었다. 필리핀 시민단체의 형편은 더 열악했다.

막사이사이 상을 받을 즈음에 만해상(실천부문)도 받았다. 이외에도 올해의 여성운동상(1998), 심산상(2002), 서울지방변호사회 공익봉사상(2002), 올해의 활동가상(2003), 단재상(2007), 불교인권상(2009) 등의 중요한 상을 두루 받았다. 만해상 수상소감문에서도 보듯이, 그는 상을 받을 적마다 사양하고 거북해했다. 평소에도 앞자리나 상석에 앉기를 극구 사양했다. 그가 사실상 주도한 단체에서도 대표나 이사장은 따로 있었다. 그의 지원에 절대적으로 의지하여 존립하게 된 역사문제연구소가 창립 10주년을 맞아 그에게 공로패를 수여했을 적에 극도로 화를 내던 장면을 나는 생생히 기억한다. 물론 이것들은 정치인으로 전화하기 이전의 박원순의 모습이다. 어쩌면 자기 자랑을 하고 자신을 앞세울 수밖에 없는 정치인으로서의 삶이 싫어서 정치 참여를 그토록 완강히 거부했었는지도 모르겠다.

막사이사이 상금과 2천만 원에 달하는 만해상금은 물론 그가 받은 모든 상금은 그가 활동하던 단체나 관련단체에 기부했다. 어떤 상이었는지 기억이 불분명하지만, 그의 가정경제가 어려운데도 상금마저 기부한다는 것을 아는 지인들이 상금

©AP통신

2006년 8월 아시아의 노벨상이라 불리는
막사이사이 상 수상식에서 상을 받는 박원순.
박원순은 상금 5만 달러를 열악한 환경의 필리핀
시민단체에 기부하고는 상장만 들고 귀국했다.

은 그의 아내에게 받게 하는 편법을 동원했던 적도 있었다. 그러나 그는 그 상금마저 기어코 내놓았다. 포스코의 사외이사로 받은 수억 원의 급여와 퇴직금은 아름다운재단과 희망제작소의 '아름다운조합'(월급이 적은 간사들을 위한 공제조합)과 '공육기금'(연구원들 교육하기 위한 기금)에 모두 기부했다. 포스코 이사로서 제공되었던 수억 원의 스톡옵션은 포기했다.(「막사이사이 상 수상소감문」「만해상 수상소감문」「단재상 수상소감문」 전문은 301~307쪽 참조)

박원순의 빈자리와 외압

아름다운재단과 아름다운가게가 일정궤도에 오르자, 창립주체이자 절대적 지도력이있었던 박원순은 2005년 말부터는 새로운 조직, 즉 희망제작소 창립에 집중하고 있었다. 아름다운재단에서는 2006년 1월 윤정숙 이사가 상임이사직을 이어받았고, 아름다운가게에서는 사무처장이 그 역할을 대신하다가 2007년 11월에 이혜옥이 상임이사직을 이어받았다.

그는 두 단체의 '총괄이사' 직함을 갖고 있었지만, 아름다운재단과 아름다운가게의 통합 논의가 제기되었을 적에 논의를 주도하거나 자신의 의견을 강력하게 주장할 처지는 아니었다. 두 단체의 통합 논의는 지지부진하게 전개되다가, 사실상 독립적으로 운용되던 현실을 반영하여 2008년 7월에 아름다운가게가 별도의 법인으로 분리·독립하게 되었다.

이제 아름다운재단과 아름다운가게는 '박원순' 브랜드가 아니라 자신의 브랜드로 살아남아야 했다. 젖떼기 과정의 고통이 따랐다. 더욱이 2008년 촛불집회와 2009년 박원순에 대한 국정원 사찰이 폭로되면서 두 단체도 타격을 받았다.

아름다운재단은 2002년부터 2004년 사이에 대기업과 공동사업을 많이 했는데, 그 후 대기업이 자체 프로그램을 진행하게 되면서 사업이 차츰 줄어들었다. 포털 사이트 네이버와의 해피빈 사업 등 두 개의 큰 사업이 떨어져 나갔다. 해피빈은 아름다운재단이 콘텐츠를 제공하고 네이버가 기술을 제공해서 만든 '기부 복덕방'이었다. 공동사업 대상이 중소기업으로 옮겨갔지만 개인 기부 비중이 상대적으로 늘어나게 되면서 재단은 버틸 수 있었다.

아름다운가게는 좀더 심각한 영향을 받았다. 인적 자원(재능기부·자원봉사), 물적 자원(각종 공간·물품), 금전적 자원(기부금), 네트워크 자원(기업·단체와의 연계) 등에서 동원력이 떨어졌다. 강력한 지도력과 조정력이 없어지자 추진력도 떨어졌다. 신규사업 진출은 눈에 띄게 둔화되었다. 특히 2009년 들어 국정원이 개입하면서 대기업의 공간 기부로 조성된 매장이 속속 철회되기 시작했다. 대기업·정부기관 등과 해마다 함께해오던 '아름다운 토요일' 행사 등 대규모 행사가 대부분 중단되었다. 다만 경영 노하우가 축적되어 있었으므로 전체 매출은 영향을 받지 않았다.

2009년 9월 박원순은 국정원의 손해배상소송에 즈음하여, 국정원의 압력으로 희망제작소는 물론 아름다운가게도 어려움을 겪었다는 사실을 아래와 같이 말했다.

제6 아름다운가게를 둘러싸고 이런 일이 벌어졌습니다.

1. 국정원의 개입은 여기에 그치지 않습니다. 잘 아시다시피 아름다운가게는 정치와는 아무런 관계가 없습니다. 헌 물건을 기부받아 수선하고 이를 판매하여 남는 수익을 자선에 쓰는 순수한 자선단체이고 친환경단체입니다. 그 과정에서 수천 명의 자원활동가들이 자신의 귀중한 시간을 바쳐 운영하고, 그 수익은 정부의 손길이 미처 닿지 않는 불우한 이웃과 이들을 돕는 풀뿌리단체들에게 배분하고 있습니다.

2. 그런데 이 정부의 사찰과 억압의 망령은 이곳에까지 손을 뻗쳐왔습니다. 참으로 한심하고 무서운 일이지만, 이런 일이 한두 가지가 아닙니다. 우선 아름다운가게의 자선활동과 관련한 몇 가지만 나열해보면 다음과 같습니다.

① 아름다운커피 모 대학점 오픈 건

2009년 4월, 모 대학 카페 오픈식이 끝난 이틀 뒤 국정원 직원이 그 대학 총무과를 찾아와 아름다운가게를 왜 지원했는지를 문의하였습니다. 특히 "좌파 단체들의 자금줄이며 운동권 출신 직원이 대다수인 아름다운가게를 후원한 사유가 무엇인지"에 대해 문의했다고 합니다. 아름다운가게는 가난한 이웃과 풀뿌리단체들을 지원해왔지, 특별한 이념을 가진 단체를 지원한 바가 없습니다.

② 모 은행 아름다운가게 지원에 관련한 건

2009년 6월 국정원 직원이라고 밝힌 사람이 모 은행 담당자에게 전화하여 "아름다운가게와 무슨 관계가 있기에 오랜 시간 많은 돈을 지원했느냐"고 문의하였습니다. 그 은행은 아름다운가게가 벌이고 있는 특정 프로젝트를 몇 년째 공동으로 추진하고 있었습니다.

③ 경기지역 모 시 평생학습관 공동행사에 관련한 건

2009년 5월 자선바자회 행사 진행관계로 미팅할 때 관련자가 "국정원에서 전화를 받았다. 아름다운가게의 행사를 하지 말라고 하더라"고 했답니다. 아름다운가게는 그 시의 평생학습센터에서 행사에 참여해달라는 요청을 받고, 행사 개최와 관련하여 상의하던 중이었습니다.

3. 실제 문제는 이보다 더 심각합니다. 이러한 국정원의 행태를 일반 대기업이 모를 리 만무합니다. 대기업의 정보력이 대단할 뿐만 아니라 상호간에 이러한 정보를 유통까지 하고 있는 것은 주지의 사실입니다. 아름다운가게나 희망제작소의 일에 대한 국정원의 사찰과 압력은 당연히 알려지게 마련입니다. 아니, 우리는 그 이상의 수준이라고 단언합니다.
2009년 5월 또 다른 시중은행과의 정기적인 자선바자회 행사를 한 달 앞두고 진행과정에서 석연찮은 이유로 행사가 취소되었습니다. 윗분들이 결정한 일이라고만 이야기하다가, 나중에 아름다운가게와 관련한 소문들이 작용했을 거라고 담당자가 이야기했답니다. 이후 박원순 변호사의 '국정원 개입 의혹' 보도 후 해당 담당자가 전화하여 하나은행이 거론된 이유와 내용을 문의하고, 그 은행이 거론될 것에 대한 불안을 토로했다고 합니다.

4. 이렇게 하여 아름다운가게와 그동안 수년에 걸쳐 자선행사를 해온 대부분 대기업들의 행사가 아무런 이유도 없이 취소되었습니다. 과연 국가권력이 이렇게 개입해도 되는 것입니까?

그러나 이것은 국정원의 개입 정황을 나름대로 확인할 수 있었던 극히 일부 사례일 뿐이다. 아름다운가게를 보호하기 위해 2009년 6월 주변에서 극구 만류하는데도 그는 사표를 제출했고 12월에는 형식상의 이사직에서도 물러났다. 서울시장에 출마하면서 아름다운재단의 이사직에서도 물러났다.

박원순이 정치에 참여하고 서울시장이 되면서부터 그가 창립한 단체에도 부담을 안겨주었다. 그가 만들고 이끌었던 단체이지만 그 각각은 이미 그에게서 독립된 조직이었다. 그러나 정치적 반대자들은 그렇게 여기지 않았다. 기부와 나눔의 아름다움마저 색안경을 끼고 보았다. 그가 정치 참여를 결정하면서 막판까지 고심했던 이유 중 하나이기도 했다. 특히 시민운동의 정치적 중립성이 훼손당할 것을 우려했다.

우려는 현실로 나타났다. 선거과정에서 네거티브 공세가 극단적으로 전개되면서 아름다운재단의 경우 기업은 물론 개인 기부에도 부정적 영향을 미쳤다. 아름다운재단의 정치적 편향성과 투명성을 들먹이며 기부를 중단하는 경우도 있었다. 고액 기부자는 자신의 이름으로 기부하는 것이 어렵다는 의사를 밝혔다. 아름다운가게의 자원봉사자들은 특정 정파의 들러리라는 비아냥을 듣기도 했다.

참여연대는 인터넷 홈페이지의 FAQ(참여연대가 궁금합니다) 15개 항목 중 제14항에서 아름다운재단과의 관계를 구태여 해명했다. 아름다운가게도 홈페이지에서 '아름다운가게 10년, 가장 궁금한 10가지 이야기' 제10항에서, 박원순이 상임이사직을 사임한 이후 아름다운가게 운영에는 관여하지 않는다고 굳이 해명해야 했다. 박원순이 시민운동가에서 정치가로 운명적 선택을 한 그 대가는 적지 않았다.

막사이사이 상 수상소감문

오늘 이 자리에 선 저는 참으로 기쁘기만 합니다. 그러나 동시에 부끄럽고 미안하기도 한 자리입니다. 그것은 저와 함께 이 자리에 있어야 할 많은 사람이 있지 않기 때문입니다.

저는 언제나 일은 혼자서 하는 것이 아니라 함께 하는 것이라고 생각해왔습니다. 사실 이번 수상의 이유로 내세운 그 모든 것이 저 혼자서 한 것이 아니라 많은 사람이 함께 해온 결과입니다. 공동체를 걱정하는 지식인들의 자발적인 협력이 있었고, 사회변화를 꿈꾸는 젊은 스태프들의 열정이 있었으며, 기꺼이 회원이 되어 회비를 내준 일반 시민들이 있었습니다. 이들이야말로 오늘 이 자리에 함께 있어야 마땅한 사람들입니다. 바로 사회를 바꾸기 위해 기꺼이 자신의 지식과 지혜, 돈과 시간, 재능을 기부한 사람들입니다. 이 분들과 수상의 기쁨을 함께 나누고자 합니다.

오늘밤 이 자리에 선 저는 참으로 날아갈 듯 가벼워진 느낌입니다. 그러나 동시에 무겁고 힘든 미래를 예감합니다. 그것은 제가 이룬 것보다는 앞으로 이루어야 할 것이 더 많기 때문입니다.

필리핀과 마찬가지로 군사독재의 시련을 딛고 민주화와 인간화의 길을 걸어오는 과정에서 저 자신과 제가 일했던 참여연대(People's Solidarity for Participatory Democracy)와 아름다운재단(Beautiful Foundation)은 적지 않은 역할을 해냈습니다.
참여연대는 다양한 캠페인과 집중적인 전략을 통하여 투명성과 책임성(Transparency & Accountability) 강화, 행정기관에서의 반부패와 정부 효율성 증대, 재벌기업의 투명한 경영과 소수주주권(minority shareholders' rights) 보호, 시민의 인권과 권익의 보장, 부패 정치인들에 대한 낙선운동을 이루었습니다.
아름다운재단을 통하여 1퍼센트 모금운동, 재활용가게(Thrift store)로서의 아름다운가게 운동을 벌여 나눔과 자선이 돌이킬 수 없는 국민 문화로 자리 잡게 만들었습니다. 저는 언제나 외쳐왔습니다.
"시민의 힘이 세상을 바꾼다."
이 캐치프레이즈로 평범한 시민들을 정치와 경제, 사회의 주요 쟁점에 참여시키고 그 역할을 고조시켜왔습니다. 권위주의와 공공영역에 대한 무관심이라는 척박한 땅에서 참여민주주의의 자그마한 꽃을 피워냈습니다. 그러나 아직 이 결과는 저와 한국 사회가 걸어가야 할 머나먼 길의 시작에 불과합니다.
더 깊은 민주주의, 더 높은 인간적 삶, 더 합리적이고 체계적인 사회 시스템을 향한 저의 꿈들은 아직 온전히 이루어지지 않았습니다. 막사이사이 상 수상소식을 들으며 제가 부끄러웠고 무거운 부담감을 느꼈던 이유는 바로 이것입니다. 한국 사회는 아직 충분히 민주화되지 않았으며 우리의 공동체는 아직 분열과 갈등, 심각한 양극화를 경험하고 있습니다.

제3세계 가난한 농민과 형제들을 돕기 위한 대안무역운동도 이제 시작에 불과합니다. 한국이 이미 세계 10대 경제대국이 된 이상 그에 대한 세계적 책임도 져야 합니다. 특히 전환기적 민주주의 사회에서 시민사회, NGO의 책임과 역할은 아무리 강조해도 지나치지 않습니다.

정당과 관료, 종교와 언론의 역할 못지않게 해야 할 일이 엄중하고도 산적되어 있습니다. 이렇게 아직도 나아가야 할 길이 많이 남아 있는 것입니다. 저는 오늘 이 막사이사이 상의 수상으로 이 길을 더욱 열심히 달려가라는 채찍으로 생각하겠습니다.

막사이사이 상 재단의 의장, 이사님들, 참석한 명사 여러분들에게 이 상의 수여와 축복에 대해 진심으로 감사를 드립니다.

만해상 수상소감문

저는 알지 못합니다. 만해가 어떤 상을 받은 적이 있는지를 알지 못합니다. 그 참혹하고 어두운 시대에, 총독부를 보지 않기 위해 북향을 고집하던 그 차가운 시절에, 그가 누구에게서 상을 받았을 성싶지는 않습니다. 뭔가 제대로 일을 한 사람이 그 당대에 상을 받았다는 것이 잘 이해가 되지 않습니다. 시대를 앞서가는 사람은 동시대인에게 평가를 받기가 쉽지 않은 법입니다. 상을 받는다는 것이 기쁜 소식일 수 없는 까닭입니다.

무엇보다도 이것은 과분한 일입니다. 염치와 자격이 없는 일입니다. 과거 이 상을 받았던 사람들과 비교하면 더욱 그렇습니다. 그분들의 명단을 보는 순간 제가 설 자리가 아니라는 생각이 들었습니다. 게다가 상을 받고 여기저기 언론에서 오르락내리락 하는 사람들이 저는 늘 못마땅했습니다. 사실 저 자신이 바로 그런 사람이기도 했습니다. 심약해 어쩔 수 없는 일이기는 했지만 그래도 그 일은 피하고 싶었습니다. 그런데 또 한 번 이런 일을 당해야 하니 참 고역입니다. 이런 상을 주신다는 것은, 이런 상을 받는다는 것은. 아직은 많이 뛰고 싶습니다. 현장에서 마음껏 일하고 싶습니다. 해야 할 일들이 너무나 많은 세상입니다. 바꾸어야 할 일들이, 바꾸고 싶은 일들이 너무도 많아 그 현장을 떠나고 싶지 않습니다. 무엇보다도 상을 받는다는 것은 지나온 과거에 대한 평가입니다. 그러나 아직 저는 과거에 대한 평가를 받을 입장이 못 됩니다. 왜냐하면 지나온 과거보다는 앞으로 달려가야 할 미래가 더 많이 남아 있기 때문입니다. 해야 할 일이 너무나 많고 엄중하기 때문입니다.

사실 만해를 사모해온 것은 사실입니다. 그가 보여준 단호한 실천의 행동, 꺾이지 않은 의지, 깊은 사색과 고뇌, 끝없는 개혁의 행진, 사람들과의 포용과 협동, 그 부드러운 시심, 자신의 조국과 종교에 대한 사랑과 헌신, 그 모두가 닮고 싶은 것뿐이니까요. 그의 이름을 단 상을 받는다는 것은 그를 너무 사모하는 입장에서 참 가당하지 않은 일입니다. 그의 위대함을 잘 아는 사람에게 참으로 부끄럽기만 한 일입니다.

그러나 참 의지가 약한 저는 또 어찌할 수 없습니다. 이 상을 추천하고 준비해주신 분들에게 그것을 거부할 만한 강한 의지가 없습니다. 미리 알려주셨다면 사전에 간곡히 말씀드렸을 것을. 그래도 지금은 좋습니다. 상금을 조금 주신다니까요. 언제나 돈독이 올라 있었습니다. 그 돈으로 제가 언제나 저임금과 장시간 노동으로 착취해온 우리 간사들과 연구원들을 위해 거나하게 한잔 사려 합니다. 그리고 이 상의 무게와 압박에도 불구하고 여전히 앞을 향해 달음질쳐 가겠습니다. 아직은 앞이 잘 보이지 않지만 그래도 저만치 있을 산마루를 향해 말입니다.

단재상 수상소감

염치가 없습니다. 한 일은 없는데 찬사만 들으려니 참 염치가 없습니다. 이런저런 상을 받자니 참 부끄럽고 죄스럽습니다. 지난 시대, 저는 당대에서 상 받는 사람치고 참 제대로 된 사람 없다는 생각을 늘 했습니다. 상 받을 자가 상을 못 받는 대신 상 받을 자격이 없는 사람이 상 받는 모습을 많이 보았기 때문입니다. 오히려 상 받아야 할 사람의 용기와 희생은 상찬 대신 형극에 처하거나 감옥에 있었던 적이 많았습니다. 단재 선생이 사시던 시대에도 마찬가지였습니다. 단재가 마지막 숨을 거둔 곳은 유형의 감옥이었고 그것이 오늘 우리가 그를 기리는 중요한 이유입니다. 시대의 거친 바람과 싸우며 마지막까지 꼿꼿하게 버티었던 그 위대함을 우리는 찬탄하지 않을 수 없습니다.

물론 시대는 많이 변했습니다. 이제는 감옥가기가 쉽지 않습니다. 감옥 갈 운동의 영역이 참 좁아졌습니다. 그러나 본질적으로 저는 오늘도 마찬가지라고 생각합니다. 저는 운동은 늘 마이너리티 운동이어야 한다고 생각합니다. 당대에서는 평가받지 못할 운동을 해야 한다는 것입니다. 아무도 인정하지 않거나 무시하는 그런 영역에 덤벼들어 더욱 많은 사람들이 동의하는 보편적 흐름으로 만들어내는 것이 사회운동입니다. 그런데 이미 당대에 평가받는 운동, 누구나 승인하는 운동이라면 그것은 운동일 수 없는 것이지요. 그런데 저는 이렇게 평가받고 있으니 어찌 제가 진정한 운동을 하고 있다고 말할 수 있겠습니까. 참 부끄럽고 염치가 없습니다. 다시는 이런 곤욕을 치르지 않았으면 좋겠습니다. 오직 운동에만 몰두할 수 있었으면 좋겠습니다.

9월 14일 국정원의 소장이 날아들었다.
'피고 박원순, 원고 대한민국'이었다.
국가가 민간인을 상대로
명예훼손 소송을 한 것은
전례가 없는 일이었다.
17일 '진실은 이렇습니다'라는 제목으로
장문의 글을 발표했다.

9

Think Tank? Think and Do Tank!

실천하는 싱크탱크 '희망제작소'

변호사(1983)-참여연대(1994)-아름다운재단(2000)·아름다운가게(2002)-희망제작소(2006)-서울시장(2011)으로 이어지는 박원순의 활동사를 두고 보면, 그는 시민운동에 투신한 이래 대체로 5년여를 주기로 새로운 일에 도전했다. 한 단체에서 활동하면서 얻은 경험과 아이디어로 다시 새로운 단체를 인큐베이팅해서 독립하는 형태였다. 작은 시민단체일지라도 장의 자리를 다른사람에게 넘겨주는 것은 쉬운 일이 아니다. 물려준 후에도 유사 업종을 개업하지 않았다. 가령 구멍가게 옆에 비슷한 구멍가게를 차리지 않았다. 그러나 전혀 새롭고도 의미 있는 블루오션을 개척해서 성과를 거두는 것은 결코 쉬운 일이 아니었다. 그런데 그는 그 모든 부분에서 새로운 경지를 개척했다. 노마드적 개척 정신이 단연 돋보인다.

그가 주도해서 창립한 각 단체의 대표적 슬로건을 정리하면 다음과 같다.

참여연대 "시민의 힘으로 세상을 바꾸자"
아름다운재단 "1퍼센트 나눔 운동"
아름다운가게 "나눔과 순환"
희망제작소 "21세기 신실학운동" "대한민국의 희망엔진"
"시민과 함께 사회혁신을 실천하는 Think and Do Tank"

그가 해온 일은 모두 공익적 성격을 띠는 것이기에 국가에서 월급 받지 않는 공무원으로서 공공적 지식인의 역할을 했다는 점에서는 일관되지만, 구체적으로 실천하는 과정에서는 변화가 있었다. 시민단체의 기능이 비판과 감시에 한정되는 것에 아쉬움을 느껴, 이에 플러스알파를 추구했다. 거칠게 정리하자면, 참여연대에서는 감시와 비판을 통해, 아름다운재단과 아름다운가게에서는 나눔을 통해, 희망제작소에서는 구체적 대안을 통해 세상을 바꾸고자 했다. 그는 스스로 감시견-행복전도사-싱크탱크로서 역할을 떠맡아 우리 사회를 업그레이드하려 했다. 희망제작소를 시작하면서는 명함에다 아예 직업을 '소셜 디자이너'라고 새겼다. 세상을 바꾸고 디자인하는 사람임을 당당히 밝힌 것이다. 신종 직업이다.

2004년 3개월간 독일에, 이후 2005년까지 7개월간 미국에 체류했다. 장기간 자리를 비워도 아름다운재단과 아름다운가게는 잘 돌아가고 있었다. 이제 재단과 가게를 떠날 때가 되었다고 여기며, 외국에 체류하는 동안 새로운 블루오션을 모색하기 시작했다. 미국에서 귀국하고 나서 한 달 뒤 2005년 8월에 희망제작소 설립을 제안했다. 몇 차례 창립준비위원회를 열었고, 12월에는 수송동에 사무실을 마련해서 입주했다. 20여 명의 연구원을 뽑았고, 2006년 3월 27일에 희망제작소(The Hope Institute)를 창립했다.

© 윤진

직업을 '소셜 디자이너'라고 새긴 명함을 보여주는 박원순. 그는 20세에 학원장으로 시작하여 서울시장에 이르기까지 다양한 직업과 명함을 가졌다. '소셜 디자이너'도 그중 하나다.

이번에는 대안 정책을 만드는 한국적 싱크탱크를 만들고자 시도했다. 싱크탱크를 대별하면 국책연구소, 기업연구소, 민간연구소 등이 있다. 미국에는 민간연구소가, 후발국 일본에는 기업연구소가, 더 후발국인 한국에는 국책연구소가 중심이 되었다. 한국의 경우 시민사회의 미성숙은 물론 기업의 자본력이 취약했기 때문에, 국가 주도의 산업화를 추진하면서 나랏돈으로 국책연구소가 만들어지고, 그것이 중추를 이루었다. 여기에 한국 자본주의가 성장하면서 주요기업들이 만든 기업연구소가 병존하게 되었다. 기업연구소 중에서는 삼성연구소가 단연 독보적 위상을 차지했다.

희망제작소는 기본적으로 민간연구소였다. 미국의 민간연구소 모델을 기본으로 삼아 독일과 영국 등 유럽의 경험을 결합해서 민간연구소의 한국적 모델을 창출하려 했다. "Think and Do Tank"에서 'Do'에 방점을 둔 특이한 모델이다. 제도와 정책을 창안하는 'Think Tank'에 그치는 것이 아니라 현장에서의 실천까지를 목표로 한 'Do Tank'를 지향한 것이다. 'Do'를 강조한 것은 시민운동적 발상이었다. 희망제작소는 한국적 브루킹스 연구소와 헤리티지 재단을 꿈꾸었다.

그즈음에는 민간 싱크탱크의 필요성이 널리 공유되고 있어서, 희망제작소 창립 한 달여 전에 '새로운 사회를 여는 연구원'이 먼저 출범했다. 많은 사람은 민간 싱크탱크의 가능성을 부정적으로 전망했다. 대안을 새로 만들어내는 것이 생각만큼 쉬운 일이 아니거니와, 재정을 확보하는 것은 더더욱 쉬운 일이 아니기 때문이다. 나 역시 박원순이 이미 여러 번 새로운 블루오션을 개척했음을 알기에 그가 하면 다를 수 있다고 생각하면서도, 희망제작소의 앞날에 대해 희망적 전망만을 할 수는 없었다.

희망제작소는 삶의 현장에서 작은 변화를 일궈내는 방식으로 그 어려움을 돌파하려 했다. 그는 원래부터 공리공론에 약간 거부감이 있었다. 추상적 거대 담론이나 이념과 명분을 앞세우기보다, 구체적 각론과 작은 실천을 통해 문제의 본질에 접근해서 상황을 돌파하는 실사구시·이용후생의 실천가였다. 그래서 희망제작소의 슬로건을 '21세기 신실학운동'으로 내걸었다.

중앙보다는 지방에, 큰 문제나 중대 현안보다는 작고 구체적인 문제에 집중했다. 남들이 하고 있거나 이미 잘되고 있는 분야는 의도적으로 건드리지 않았다. 간판 만들기나 조례 제정 같이 의미 있지만 다른 사람들이 별로 관심 두지 않거나 소홀히 하는 일을 추구했다. 단체 차원의 성명서는 한 번도 내지 않았다. 당연히 언론과 세간의 주목을 덜 받았다. 그래서 희망제작소가 벌이는 일이 많았지만 단체의 정체성을 가늠하기 어려웠다. 사무실 밖에 내걸린 '싱크탱크 희망제작소' 간판을 보고 싱크대를 제작하는 곳이냐고 묻는 사람도 있었다. 희망제작소를 알 만한 사람조차 이곳을 사소하고 잡다한 것을 다루는 '각종문제연구소' '여러가지문제연구소'쯤으로 여길 정도였다. 그러나 세월호 침몰사건 이후 일련의 사고들을 겪으며 안전 문제가 최근 화두가 되고 있는데, 희망제작소는 이미 2007년 4월에 '재난관리연구소'를 두었다. 이것으로 알 수 있듯이 희망제작소의 모든 사업이 의미 있는 현안들이었다.

그러나 실증적이고 창의적인 대안을 생산하는 것은 쉬운 일이 아니었다. 실패와 좌절, 시행착오를 많이 겪었다. 정상궤도에 오르지 못하고 폐기된 프로그램과 조직도 적지 않았다. 그러나 연구원이 많을 때는 100여 명에 이르기도 했고, 성과물로 출판한 책이 360권(2012년 기준)에 달했다. 『한국경제 매거진』에서 매년 '대한민국 100대 싱크탱크'를 선정하는데, 희망제작소는 2010년에 정치사회 분야에서 1위를 차지할 정도로 급성장했다.

'왕 마당발' 전국을 누비다

희망제작소는 많은 일을 벌였고 조직도 복잡하다. 대표적인 조직으로 사회혁신센터, 뿌리센터, 시니어사회공헌센터, 소기업발전소('사회적경제센터'로 개칭)가 있다. 각 조직의 활동을 개관하면 다음과 같다.

사회혁신센터는 애초 사회창안센터라 불렀다. 시민들 일상 속의 아이디어와 작은 실천들을 발굴해서 제도 개선으로 발전시키려 했다. 현실화된 대표적인 아이디어는 지하철에 높낮이 손잡이 설치하기, 여성들의 수영장 생리요금 할인, 식품유통기한 표기의 확대, ATM 현금인출 수수료 사전 안내, 경차 택시 도입 등이다. 시민참여, 시민 주도 사업으로서 희망제작소만의 독특한 사업 모델이다.

뿌리센터는 지역 사업을 주로 담당하는 기구로서 지역 활성화 프로그램을 창의적으로 개발하는 데 주력했다. 지역과 농촌이 대한민국의 뿌리라는 생각에 기초해 마을 만들기와 마을공동체 사업을 벌였다. 박원순은 희망제작소 창립 직후인 2006년 4월부터 '내 고장 희망 찾기'라는 이름으로 지역 순례를 시작해서 전국을 순회했다. 2011년에는 '희망열차'라는 이름으로 또 한 번 전국을 돌았다.

각 지역에서 의미 있는 일을 실행하고 있던 사람들을 만나고, 단체를 탐방해서 심층 인터뷰했다. 그는 배낭을 메고 노트북을 들고 방방곡곡을 누비며 그들의 성공·실패담과 고충을 듣고 기록했다. 그 기록의 극히 일부가 마을, 교육, 마을기업, 생태라는 주제로 각각 분류되어 네 권의 책으로 출간되었다. 이전에는 선진국의 사례를 배워서 한국의 실정에 맞게 변형을 했다면, 이번에는 우리 사회의 뿌리인 각 지역을 탐구해서 한국적이고 구체적인 대안을 모색하려 했다는 점에서 주목할 만하다.

박원순의 이러한 실천이 나에겐 무척 감동적으로 다가왔다.

©김동소

박원순은 희망제작소 창립 이후
'내 고장 희망 찾기' '희망열차' 등의 프로젝트를
시작했다. 이때 배낭과 노트북을 들고
신지식인들을 찾아 전국 방방곡곡을 누볐다.

이미 전국적 지명도를 확보하고 있고 대권후보로까지 거론되고 있던 그가 전국에 산재해 있는 '작은 영웅'(신지식인)들을 찾아가는 수고를 자청했다. 그다지 생색도 나지 않고 성과도 적은데 비해 많은 수고를 들여야 하는 궂은일을 자청했던 것이다. 나는 이런 경우를 본 적이 없다. 고백건대 나도 이 책을 쓰기 위해 그의 실천들을 면밀히 살핀 후에야 그의 '지방 탐방'이란 고행의 진정한 의미를 깨닫게 되었다. 그가 정치에 투신하기 직전에 '희망수레'에 집착했던 사정도 뒤늦게 이해하게 되었다. 그는 '작은 영웅'들에게서 배우고 그들의 대변자가 되고자 했다. 사회적 지혜와 해결책이 어느 천재의 혜안의 결과물이거나 하늘에서 갑자기 떨어지는 것은 아니지 않은가.

그의 지방 탐방은 희망제작소가 21세기 신실학운동을 천명했던 것과도 잘 어울리는 실천 방식이었다. 정약용과 그 형제들은 유배를 당하여 현지 실정을 알게 되었기 때문에 실용적인 실학 저작들을 남길 수 있었다. 또 집권 노론의 지배 이데올로기인 대명의리론·대청복수론과 조선(소)중화론 따위와 같은 허황된 명분론에서 벗어날 수 있었다. 박원순은 정약용처럼 유배당하지는 않았지만 지방을 탐방하면서 그 유배의 효과를 거두었다.

참여연대의 감시견 활동을 통해 중앙의 주요 현안들을 파악하게 되었다면, 아름다운가게와 희망제작소 활동을 통해 지방과 구체적 현안들을 파악하게 되었다. 관련 자료 파일들도 차곡 차곡 비축해두었다. 정리되지 않은 자료는 진정한 의미의 정보가 아니다. 단기간의 벼락치기 공부나 족집게 과외로 얻은 지식과는 차원이 다른 것이다.

한편 지역 탐방 작업은 전국적 네트워크를 구축하는 기회를 덤으로 제공했다. 그는 이전부터 마당발로 유명했는데, 100여 개의 아름다운가게 지점과 희망제작소 활동을 거치면서 중앙과 지방, 좌우, 상하를 가리지 않는 '왕 마당발'이 되었다. 박원순만큼 다양하고 많은 사람과 관계망을 확보하고 있는 이도 드물 것이다. 현재 SNS의 팔로워가 100만 명이라고 하는데, 그것은 하루아침에, 소통 방법상의 잔재주로 형성된 것은 결코 아니다.

시니어사회공헌센터는 전문직 퇴직자들이 비영리단체에서 제2의 인생을 설계할 수 있도록 돕는 데 주력했다. 유례없이 빠른 속도로 노령화 사회에 진입하고 있는 우리 사회의 현실을 생각하면, 아주 시의적절하고도 절실히 필요한 사업이었다. '해피시니어' '행복설계아카데미' 등을 선도적으로 시도했다. 보건복지부는 이 프로그램에 참여했다가, 이후 자체 시니어 관련 프로그램을 운영하게 되었다. 현재 서울시에서 역점을 두고 추진하고 있는 베이비부머 세대와 은퇴 후 세대의 인생이모작 프로그램들은 이미 희망제작소에서 잉태된 것이었다.

소기업발전소는 말 그대로 규모가 작은 소기업이 창의적 경영을 펼칠 수 있도록 지원하는 조직이다. 박원순이 개인적으로

해피시니어 사업 협약식.
희망제작소는 노령화 추세가 가속화되는 상황에서
은퇴한 세대를 위한 인생이모작 프로그램들을
처음 시작했다.

특히 애착을 갖고 있었지만, 우여곡절이 가장 많았다. 여기서는 좁은 의미의 사회적 기업뿐만 아니라 농촌소기업, 청년소기업, 시니어 소기업, 전통문화 전승 소기업, 커뮤니티 비즈니스 등을 포괄하는 창조적 소기업의 활성화를 구상했다. 소기업은 사회적 기업, 협동조합, 마을공동체 등 여러 가지 형태였기 때문에, 그가 서울시장이 되어 떠난 뒤에 포괄적 용어인 사회적경제센터로 개칭되었다. 그가 또 하나의 블루오션으로 구상했던 '희망수레'는 소기업과 소비자를 직접 연결하는 새로운 유통망을 창출하려는 시도였다.

지역사회의 공공 리더 교육도 역점사업이다. 지역사회의 리더들이 시민사회의 관점에서 대안을 찾을 수 있도록 지원한 것이다. 좋은시장학교, 커뮤니티비즈니스학교, 공공디자인학교, 목민관클럽(학교) 등이 대표적이다. 지방선거 후보자를 교육하는 사업은 2010년 지방선거 당시만 해도 희망제작소가 유일했는데 대안적 정책을 개발하면서 지방정치에 참여해야 한다는 분위기를 조성했다. 현재 유사한 프로그램을 진행하는 곳이 수십 군데 생겨났다.

희망제작소는 지방자치체와 연계해 많은 사업을 벌였는데, 가장 성공적 사례가 완주군이다. 완주 커뮤니티비즈니스센터는 완주군의 다양한 커뮤니티비즈니스 사업을 지원하는 중간지원조직으로서, 지역 은행과 지역 주민이 모은 기금으로 세워졌다.

완주군과 희망제작소 뿌리센터 연구원들이 그 운영을 맡았다.

이런 성과를 인정받아 완주군 공무원이 대통령 업무보고에 참석하기도 했다. 2013년 초, 청와대 영빈관에서 농림축산식품부의 대통령 업무보고가 있었는데, 이례적으로 대통령 옆자리에 6급 행정주사 강평석 팀장이 자리한 것이다. 그는 대통령에게 '완주군의 농업혁신, 농촌활력 창출 사례'를 보고했다.

> 농업문제 해결 없이 지역발전은 요원합니다. 무엇보다 농촌주민의 눈높이에 맞춘 농정철학이 바탕이 되어야 합니다. 그래서 선진국의 지역공동체활성화사업(CB)을 '완주군표' 지역공동체활성화 사업으로 선택, 추진하게 되었습니다. 마을공동체회사 101개소, 지역공동체회사 37개소, 두레농장 8개소는 그 성과물입니다.
> 또 마을회사와 두레농장 등 지역에서 생산된 농산물을 직거래매장 두 곳을 통해 판매하는 로컬 푸드 사업도 추진하고 있습니다. 2012년 평균 6개월 운영으로 71억 6천만 원의 매출을 올렸습니다. 지금 소비자들은 건강한 먹거리에 대한 욕구와 유통구조 개선에 너무 목말라 있습니다.

박원순은 강평석 팀장을 '대한민국 최고의 공무원'이라고 극찬했다. 강평석은 희망제작소에 약 1년간 파견 근무를 한 적도 있었다. 강평석은 그 시절을 다음과 같이 기억하고 있다. "하고 싶은 일은 더 많이 생겨났고, 가고 싶은 곳도 더 많이 늘어났고, 읽어야 할 책도 더 많아졌으며, 이웃과 만드는 아름다운 세상도 알게 되었습니다. 즐겁고 행복한 마음으로 열심히 일하고, 많이 찾아가고, 꼼꼼히 책도 읽고, 나눔과 봉사를 통한 작지만 큰 실천도 해볼 생각을 그때, 그곳에서 새겼습니다."

"더 이상 싱크탱크가 아니었다"

급격한 성장과 동시에 부작용도 나타났다. 2006년 희망제작소 창립 시에 연구원 14명으로 출발했는데, 2008년에는 인턴을 포함해서 연구원이 100여 명으로 급속히 늘어났다. 민간연구소로서 연구원 100여 명이면 대단히 큰 규모다. 이러한 급격한 성장에는 성장통(成長痛)이 수반되었다. 창립 이래 제기되어온 연구원의 정체성 문제와 조직체계 문제가 2008년 초부터 불거지기 시작했다. 그해 중반에 '성장통 TFT'가 구성되었다. 그로부터 40여 일 뒤, 희망제작소의 정체성, 연구사업의 방향과 방식을 둘러싼 문제들, 조직운영과 관리체계 문제 등에 대한 '분석 보고서'(일명 '성장통 보고서')가 제출되었다.

정체성 논란은 희망제작소의 'Think and Do Tank'라는 지향점에 내재된 것이기도 했다. 보통의 싱크탱크는 연구를 주로 하는데, 희망제작소는 연구는 물론 실천까지 겸해야 했다. 연구원들이 프로젝트 매니저, 외부 연구자를 조직·관리·지원하는 코디네이터 역할까지 감당했다. 시민단체의 간사라고 하기에는 연구자에 가깝고, 연구자라고 하기에는 현장에 나가야 하는 경우가 너무 많았다. 결국 연구원의 정체성 문제가 제기된 것이다. '성장통 보고서'는 "희망제작소는 싱크탱크가 아니었다"고 진단했다.

연구원들은 정부와 기업의 프로젝트와 컨설턴트를 수행하는 데 급급했다. 연구자로서 재충전하고 재교육하는 기회가 적었다. 더욱이 석·박사급 연구원의 급여 수준이 200여만 원에 불과했다. 아름다운재단과 아름다운가게에 비해 높았지만, 국책연구소나 기업연구소와 비교되지 않을 정도로 낮은 수준이었다. 따라서 연구원의 이직률도 높았다.

'성장통 보고서'는 조직 운영의 문제점도 제기했다. 조직상 이사회와 이사장이 있고 소장·부소장이 있었는데, 상임이사 박원순의 역할과 비중이 너무 컸다. 상임이사가 사실상 '전략적 의사결정'을 하고, 대부분의 연구 및 사업 구상을 제시하며, 그것을 실행하는 데 필요한 자원을 끌어오고, 진행사항을 점검하며, 실무 분야에서도 직접 일했다. 상임이사 한 명에게 모든 것이 집중되어 있는 데서 파생되는 문제점이 적지 않았다. '성장통 보고서'는 전략적 의사결정 단위를 만들 필요성을 제기하고,

중간간부에게 일정한 권한과 책임을 부여해서 제 역할을 할 수 있도록 제안했다.

희망제작소의 현 소장이자 당시 부소장이었던 윤석인은 이러한 문제들을 『희망제작소 2008년 애뉴얼리포트』에서 다음과 같이 실감나게 표현했다.

> 성장통의 문제는 희망제작소를 이끌어가는 박원순 상임이사와 연구위원, 연구원들 사이의 현격한 역량 차이와 사업 추진과정의 속도감 차이, 소통의 한계 등으로 인해 창립 초기부터 내재되어 있었다고 할 수 있다. 국내 최고의 풍부한 콘텐츠를 구비한 박 상임이사가 밤낮없이 시속 100킬로미터 이상으로 질주하는 반면, 연구위원과 연구원들은 기껏해야 10~20킬로미터의 저속으로 어렵게 학습하며 뒤따라가는 불균형의 파행이 성장통의 본질이라는 것이다.

한 사람이 기획하고, 나머지 사람들은 그 기획의 실무 수행자들이었다 해도 과언이 아니다. 희망제작소 사람들은 박원순을 '울트라 슈퍼 워커홀릭' '두 개의 뇌와 두 개의 심장, 두 개의 폐를 가진 슈퍼맨'이라고 표현했다. '박원순 속도조절위원회'를 두어야 한다는 우스갯소리도 나올 정도였다.

박원순은 아이디어가 많았고 일을 빨리 추진하고 싶어했다.

전체 연구원을 상대로 마치 기총소사 하듯이 과제를 내주었다. 가령 어제 A 과제를 던진 뒤 오늘 다시 B 과제를 던지고서 내일이면 A 과제를 채근하는 식이었다. 100여 명의 연구원에게 각각 과제를 부여하고, 그 100여 개 과제의 핵심을 파악한 후 진행과정까지 면밀하게 체크할 정도였다.

매주 월요일에는 희망제작소의 최고지도자와 실무자가 모두 한자리에 모여 업무를 토의하고 결정하는 '집중회의'가 열렸다. 관료적이거나 권위적이지 않은 박원순에게 어울리는 회의 방식이었다. 그러나 일부 사람에게 그 회의는 '공포의 집중회의'이기도 했다. 팀장이나 센터장 등 중간간부들이 후배 연구원들 앞에서 질책당하기도 했고, 센터장 등 중간간부를 거치지 않고 신입 연구원에게 직접 일이 부과되기도 했다.

그렇지만 그의 지도력은 높은 지위를 이용하여 일방적 지시만 남발하는 전제적 지도력은 아니었다. 비판하면서도 대안과 해결책을 제시했다. 스스로 앞장서서 초인적으로 일했다. 그의 지도력과 진정성을 의심할 수 없었다. 누적된 불만의 불똥은 결국 중간간부들에게 튀었다. 출중한 한 사람의 존재와 역할로 중간간부들이 졸지에 무능하고 무책임한 존재가 되기도 했다. 그것이 업무체계에 혼선을 가져와 조직이 작동하지 않는 문제가 파생되었다.

조직 초기에는 강력한 리더십이 필요하다. 참여연대, 아름다운재단과 아름다운가게, 희망제작소는 그가 닦아놓은 기반 위에서 유지·작동되었다 해도 지나친 말이 아니다. 제한된 인적·물적 환경에서 강력하고 직접적인 지도력을 발휘하지 않고서는 성과를 낼 수 없었다. 특히 희망제작소는 'Think and Do Tank'라는 독특한 길을 헤쳐가야 했기 때문에 더욱 강력한 리더십이 필요했다. 그러나 1인 중심의 강력한 리더십은 지속될 수 없고, 극복의 대상이기도 했다. 희망제작소에서 그 극복의 계기는 위기 속에서 마련되어갔다.

성장통을 넘어 성장하기까지

2008년 말부터 희망제작소에 심각한 위기가 다가오고 있었다. 우선 글로벌 경제위기의 여파가 밀려왔다. 기업은 물론 거액을 후원하던 개인들마저 지갑을 닫았다. 여기에 더해 이명박 정권이 촛불시위를 계기로 역행을 본격화하고, 국정원이 개입하면서 정부기관과 기업의 후원으로 계획하거나 진행 중이던 사업이 하나둘 중단되었다.

이미 2008년 말에 2009년의 상황이 좋지 않을 것을 고려해서 '3단계 대처 시나리오'를 작성해두었는데, 결국은 최악의 플랜을 가동하지 않을 수 없었다. 조직이 급속히 확대된 상황에서 사업이 줄어들면서 재정위기에 직면했던 것이다. 제일 먼저 게스트하우스를 정리하고 차량을 매각했다. 2009년 4월에는 도심의 수송동을 떠나 임대료가 상대적으로 낮은 평창동으로 사무실을 이전했다. 진행 중인 사업의 일부를 축소·보류하거나 폐기했고, 5월에는 연구원 인력을 대폭 감축했다. 6월에는 그간 공석이었던 소장 자리에 유시주를 선임하여 소장 체제를 구축했다. 다양한 자구책을 마련했는데도 2009년의 재정 규모는 전해에 비해 40퍼센트 정도 감소했다. 2009년에는 조직이 살아남는 것 자체가 최대 현안이었다.

앞서 살펴보았듯이, '성장통 보고서'는 상임이사 한 명에게 권한이 과도하게 집중된 문제점을 지적했다. 보고서를 작성한 팀장이 유시주였고 그 보고서를 발표하는 자리에서 박원순은 그녀에게 소장직을 제안했다. 의외의 제안에 유시주는 부소장을 맡는 것으로 타협했지만, 본격적으로 닥친 위기 국면에서 결국 소장을 맡게 되었다. 사실 그녀는 창립 때도 합류를 제안받았지만 어떤 조직에도 가담할 생각이 없다는 이유로 거절했었다. 다만 특정 프로젝트에만 부분적으로 참여하고 있었다. 성장통 TFT 팀장을 맡은 것도 그런 이유였다. 희망제작소의 지휘체계에 있는 기존 인물이 성장통 TFT 팀장을 맡는 것이 부적절하다는 이유로 그녀는 팀장을 맡게 된 것이다.

이전까지는 상임이사가 사실상 소장 역할까지 겸하고 있었다. 그래서 몇 명의 부소장만 배치되어 있었다. 유시주가 소장직을 맡으면서 상임이사의 역할은 상대적으로 줄어들었다. 특히 매주 월요일에 열리는 집중회의에 상임이사는 참석하지 않게 되었다. 중간간부들에게 책임과 의무가 더해졌고 조직적 체계가 점차 마련되어갔다.

박원순도 의도적으로 자신의 역할을 줄였다. 희망제작소의 위기사태와 극약처방에 스스로 책임을 느끼고 있었다. 당시 정관상 '소장은 상임이사의 지시를 받아 희망제작소의 일상 업무를 총괄한다'고 되어 있었지만, 권한이나 결정권을 소장단과 중간간부들에게 많이 넘겼다. 집중회의를 참석하지 않게 된 탓에 자연스레 그렇게 되었다. 그러면서도 '그렇게 해서 제대로 될까'라고 여전히 미심쩍어했다.

희망제작소는 자기 갱생을 착실히 수행했다. 유시주 소장은 박원순이 투하하는 일폭탄을 막는 방패막이 또는 무한질주에 대한 브레이크로 자기 역할을 설정했다. 박원순이 시장 출마를 하면서 희망제작소를 떠나자, 그녀는 자신의 역할이 끝났다며 소장직을 그만두려 했다. 윤석인 부소장은 연구원 감원 작업 등을 주도한 것에 도의적 책임을 지고 희망제작소 활동을 점차 정리하던 중이었지만, 결국 2012년 2월에 유시주의 뒤를 이어 소장직을 맡게 되었다. 상임이사제도가 없어지고 소장 체제로 전환되었다. 희망제작소는 'one big wise man' 체제에서 여럿이 주도하고 조직적으로 작동하는 조직으로 재편된 것이다.

희망제작소는 정부나 기업의 출연금을 받지 않고 재정 독립성을 유지한다는 대원칙을 지켜야 했다. 정부·대기업과 함께 하는 프로젝트 사업이 어려워지자, 소액 다수의 개미 회원을 확보해 위기를 돌파했다. 컨설팅이나 용역으로 재정을 조달하는 것은 안정적이지 못하고, 연구원 재충전에도 애로를 초래하는 부작용이 있었다. 그는 참여연대에서의 경험을 살려 별도로 회원 관리팀을 두어 회원 확보에 주력하고, '1004클럽'을 조직하는 등 재정을 확보하는 데 사력을 다했다. 연구원들도 직급에 따라 인원을 할당받아 회원 확보 캠페인을 벌였다. 박원순이 후원자들에게 직접 김치찌개를 끓여 대접하는 '김치찌개 Day' 이벤트를 하기도 했다.

희망제작소는 2009년에 5천여 명의 회원과 정기후원금 5억여 원 이상을 확보했다. 박원순 한 사람이 확보한 회원이 압도적 비중을 차지했다. 희망제작소가 현안에 개입하지 않고 성명서 등을 내지 않으므로 언론과 세간의 주목을 받지 못했던 사정 등을 고려하면, 회원 확보 실적은 놀라운 일이다. 이후 회원이 꾸준히 늘어나는 추세이고, 정기후원금이 재정의 30~40퍼센트를 차지하게 되었다. 이렇게 해서 희망제작소는 살아남을 수 있었다.

박원순 개인은 가난해졌지만 그가 활동했던 단체는 모두 살아남았고 부자가 되었다. 역사문제연구소, 참여연대, 아름다운

© 한국일보

희망제작소의 재정을 확보하기 위해 기획한 '김치찌개 Day'에서
박원순이 직접 후원자들에게 식사를 대접하고 있다.
그는 후원자들에게 항상 감사하는 마음으로 깍듯했다.

재단은 시내에 번듯한 사옥을 소유하고 있다.

회원 확보 등을 통해 희망제작소가 일정한 궤도에 오르자 박원순은 새로운 준비를 시작했고, 주변에 그 사실을 알렸다. 새 화두는 소기업 상품 유통망을 지원하는 '희망수레'였다. 그는 지역과 현장을 수년간 누비며 소기업의 현황과 유용성, 그리고 애로 등을 파악하고 있었고, 희망제작소 내에 '소기업발전소'도 특별히 두었다. 소기업 육성에서 최대 문제는 유통 판매였다. 그는 착한 생산자에게 이익이 돌아가는 착한 소비, 윤리적 소비를 꿈꾸었다.

"피고 박원순, 원고 대한민국"

박원순은 사회적 기업이나 소기업이 만드는 물건을 홍보·판매하는 프로젝트를 제시했다. 그러나 희망제작소 구성원들은 사업의 승산이 없다며 사보타주했다. 그는 수시로 이 제안을 내놓았고, 실현 가능성을 둘러싸고 격론이 벌어지기도 했다. "내가 직접 광화문에 리어카 끌고 나가겠다"고 말할 정도로 희망수레 사업에 대한 그의 의지는 간절했다. 그런데 희망수레 사업을 한창 준비하는 중에 백두대간 등산에 나섰고 그곳에서 그는 정치 참여를 선택했다. 그의 새 화두와 일은 '희망수레'가 아니라 '희망서울'이 되고 말았다.

소기업 지원에 대한 그의 애착을 감안하면 하나은행이 300억 원을 출연하여 만든 하나희망재단을 통해 소기업을 지원하기로 했던 프로젝트가 무산된 것은 개인적으로 큰 타격이었다. 여러 통로를 통해 희망제작소 사업들이 갑자기 취소되는 이유는 국정원 개입 때문이라는 이야기를 듣고 있었다. 2009년 6월 2일경 인사동의 한정식 집에서 지인들과 점심을 같이 했다. 이런저런 이야기 끝에 희망제작소가 하나은행과의 마이크로크레딧사업에서 배제된 데에는 국정원의 개입이 있었다는 이야기를 서해성(소설가)에게 전해 듣게 되었다. 서해성은 친분이 있는 하나금융그룹의 고위임원에게서 몇 달 전에 그 이야기를 들었다고 했다.

그는 2009년 6월 10일 『Weekly경향』과 인터뷰하면서 국정원사찰을 처음 발설했다. 그 인터뷰는 6월 23일자 『Weekly 경향』에 실렸다. 그 내용이 언론에 대대적으로 보도되었다. 이명박 정권하의 민간인사찰 건이 한창 논란이 되던 즈음이었다. 국정원은 즉각적으로 사실이 아니라고 해명하고 '법적 대응 검토'를 밝혔다. 그로부터 세 달여가 지난 9월 14일 국정원은 박원순 상임이사가 허위 사실로 국가정보원 및 정부의 명예를 훼손했다며 2억 원의 손해배상청구소송을 제기했다.

박원순은 그전에도 원세훈과 악연이 조금 있었다. 박원순은 행정자치부 장관 박명재에게 지역특산물 판매 전시장을 만들자고 제안하여, 프레스센터 1층에 '지역홍보센터'를 개관했다. 그곳을 희망제작소가 3년간 운용했는데, 원세훈이 행정안전부 장관으로 임명되면서 일방적으로 해약해버렸다. 원세훈이 국정원장으로 간 뒤 그를 만나자고 해서 자리를 같이 했는데, 별 말이 없기에 주로 혼자 말하고 돌아왔던 적도 있다. 도대체 왜 만나자고 했는지 모를 만남이었다. 그 후에 일련의 국정원 사찰이 이어졌다.

원세훈과 이러한 개인적 악연이 있었지만, 국정원이 명예훼손소송이라는 극단적인 방법으로 대응할 줄 전혀 예상하지 못했다. 6월에 한차례 논란이 벌어지고 보름 정도 지난 7월 5일, 맹형규 대통령실 정무수석비서관이 그를 찾아왔다. "박 변호사가 그럴 분이 아닌데 왜 그러시는지 한번 찾아뵈어라"는 지시를 받고 찾아왔다며 국정쇄신 방향에 대해 조언을 구했다. 그는 두 시간여에 걸쳐 조언을 해주었다. 맹 수석은 그의 조언도 보고하고 필요하면 대통령 면담을 주선하겠다고 말했다. 그 직후 이명박 정권이 느닷없이 중도실용을 표방하는 것을 보면서, 자신의 조언을 경청한 결과일지도 모른다고 생각했다.

그는 이명박 대통령과 인연이 제법 있었고 우호적인 관계를 유지하고 있었다. 그는 촛불시위 와중에는 참여연대 활동을 그만둔 후 그랬던 것처럼 정치적 발언을 자제했다. 그리고 『Weekly경향』은 국정원의 요구를 받아들여 다음 호에 정정보도문을 냈다. 해프닝은 그렇게 마무리되는 줄 알았다.

그런데 외국에 체류 중이던 9월 14일 난데없이 국정원의 소장이 날아들었다. 박원순이 허위사실로 국정원과 국가의 명예를 훼손했다며 2억 원의 손해배상청구소송을 제기한 것이다. '피고 박원순, 원고 대한민국'이었다. 당시 그는 9월 4일부터 16일까지 미 상원의원 존 케리의 초청으로 '한반도 평화포럼'에 참석하기 위해 미국 출장 중이었다. 국가가 민간인을 상대로 명예훼손 소송을 한 것은 전례가 없는 일이었다. 대한변호사협회도 성명을 통해 소송의 부적절함을 지적했고, 이석연 법제처장도 국회 국정감사에서 "타당치 않다"고 밝혔지만, 국정원은 막무가내였다.

박원순은 9월 16일에 귀국했고, 다음 날인 17일에 '진실은 이렇습니다' 라는 제목으로 장문의 글을 발표했다. 그의 글에는 분노와 회한이 뚝뚝 묻어났다. 희망제작소 사무실 이전(4월)과 연구원 감원(5월)이라는 극약 처방으로 자구책을 마련하고, 체제개편(6월)을 통해 내부 조직의 변화를 시도하고 있었다. 이 일련의 과정만도 그에게는 엄청난 고통이었을 것이다. 그런데 그 와중에 국정원 사찰을 폭로하는 인터뷰(6월)를 했고, 국정원에서 소송(9월)까지 당했다. 그의 「기자회견문」은 이런 극한 상황에서 쓰인 것이었다.

낙천낙선운동에 앞장서다 법정에 섰던 적이 있지만, 이번만큼 억울하지는 않았다. 그때는 대의를 위해 호랑이 등에 탄 것

©연합콘텐츠

국정원 고소 관련 기자회견 중인 박원순.
'피고 박원순, 원고 대한민국'이라고 쓰여진 국정원의
소장을 들어보이고 있다.

이지만, 당사자들에게 미안한 마음이 있었다. 실정법을 위반한 것은 사실이기도 했다. 인권변론을 하면서 남을 위해 변론이유서와 항소이유서를 많이 썼다. 이번에는 자기 자신을 위한 변론이유서를 쓴 셈이다. 예전에도 변론이유서를 쓰면서 재판결과에 큰 영향을 미칠 것이라고 기대하지 않았다. 다만 역사에 기록을 남긴다는 자세로 심혈을 기울여서 썼다. 그는 '역사의 신'을 믿는 편이었다. 이 글도 그 연장선상에 있다.(「기자회견문」 전문은 344~373쪽 참조)

이 책에 장문의 이 글을 구태여 전재하는 데는 두 가지 이유가 있다. 첫째, 이 글에서 희망제작소의 활동을 살필 수 있기 때문이다. 희망제작소의 다양한 활동을 박원순보다 더 잘 설명할 수 있는 사람은 없다. 둘째, 국정원 사찰과 손해배상소송 건은 그에게 정치 참여라는 운명적 선택을 강요한 가장 직접적 계기이기 때문이다. 우리 사회를 업그레이드시키려 평생 헌신하며 도덕적 긴장으로 일관해왔는데도 이명박 권력은 그를 사찰했고 송사까지 벌였다. 희망제작소는 물론 이미 떠나온 아름다운재단과 아름다운가게마저 타격을 받게 되었다. 정치적 사찰 소문이 돌면서 가정경제를 유지하는 수단이던 아내의 인테리어 사업마저 위기에 처하게 되었다. 그는 아내의 사업 부진에 따른 빚을 얻으려 다녀야 하는 지경에 처해 있었다.

이 글은 며칠 만에 급히 작성했던 날것 그대로다. 박원순은 나와 인터뷰하면서 대부분 솔직하게 답했다. 하지만 말하기를 꺼리는 경우가 몇 번 있었는데, 대부분은 남을 비판해야 하는 경우였다. 정치적 고려 때문에 인터뷰에서 자세히 말하지 않은 것이 아니라 그의 성격이 원래 그렇다. 공분을 표시한 적은 있지만, 자신을 비판하거나 욕하는 사람에게도 과도한 표현이나 적대감을 드러내지 않는 편이다. 드물게 이 문건은 그의 분노와 적나라한 감정이 생생하게 드러나 있다. 박원순을 이해하는 데, 그리고 정치 참여를 선택한 계기를 살피는 데 이보다 더 생생한 자료는 없다. 정치인 박원순은 과거의 이 글을 보며 얼굴이 화끈거릴 것이다. 모든 내용을 그대로 싣는 것을 내켜 하지 않을 수도 있다. 그러나 약자에 대한 연민과 함께 불의에 대한 분노는 그의 본질이기도 하다. 나는 그가 공석에서 눈물 훔치는 것을 꼭 두 번 목격했다. 다음 두 장면의 사진이 바로 그것이다.

그는 국정원 사찰을 폭로하면서 "정권이 끝나면 국정원장이 법정에 설 것"이라고 단언했다. 대단히 이례적인 발언이었다. 실제로 이명박 정권이 끝나자마자 원세훈은 법정에 섰다. 원세훈은 촛불시위 수습 국면인 2009년 2월 국정원장에 임명되어 정권이 다할 때까지 장기 재임했다. 원세훈과 국정원은 박원순을 정치 참여로 내모는 데 결정적으로 이바지했으므로, 결국 박원순을 서울시장으로 만든 1등 공신이라고 할 수 있다. 국정원이 그를 사찰하지 않았다면, 적어도 어이없는 소송을 감행하지

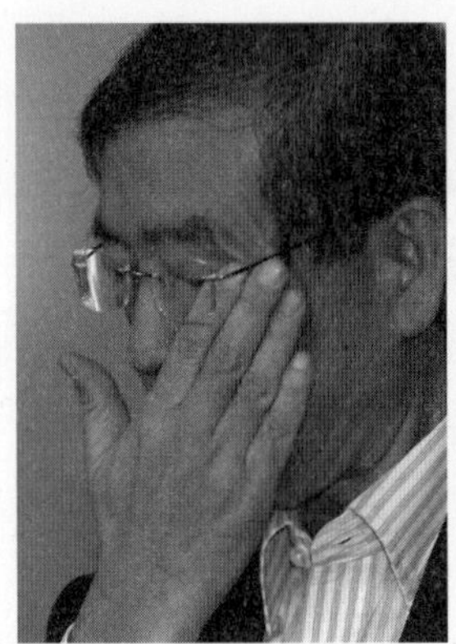

ⓒ한겨레

(왼쪽) 2009년 9월 17일 기자회견장에서 보인 분노의 눈물.
박원순은 국정원의 고소와 관련하여 '진실은 이렇습니다'라는
제목으로 장문의 글을 발표했다.

(오른쪽) 2012년 4월 30일 열린 '비정규직 직원 정규직 전환
오리엔테이션'에서 연민의 눈물을 흘리고 있다. 박원순은
"모든 분을 정규직으로 전환해드리지 못해 죄송하다"며 울먹였다.

않았다면, 박원순은 아마 지금쯤 희망수레를 끌고 있을 것이다.

국정원 소송에 대한 변론은 차병직 변호사 등 세 명의 법무법인 한결 소속 변호사가 맡았다. 박원순은 민변 창립주체의 일원이있고, 세간의 이목이 집중된 희대의 사건이었으므로, 민변 차원에서 대규모 공동변호인단을 꾸려 변론을 맡길 것으로 예상했다. 그러나 박원순은 참여연대 협동사무처장으로 같이 일했던 차병직 변호사에게 변론을 맡겼다. 거창하고 요란한 변호보다 단출하고 조용한 변론을 택한 것이다. 차병직은 국정원의 소송 제기 자체가 터무니없는 일이어서 절대 질 수 없는 사건이라고 자신했다. 변호비용은 법무법인 한결의 공익변론으로 회계 처리되었다. 일찍이 공익변론을 도입하는 데 앞장섰던 당사자로서 그 혜택을 입은 셈이다.

한편 국정원 측은 정부법무공단의 변호사 외에 이명박 정권을 단골 변호했던 법무법인 바른과 법무법인 하나를 소송대리인으로 내세웠다. 상대 측은 소송수행자(법무부) 정부법무공단을 포함해서 여러 명의 변호인이 법정에 나왔지만, 박원순 측에서는 세 명의 변호인이 번갈아가며 한 명만 나갔다. 민사재판이라 피고인은 출석할 필요가 없었으므로, 박원순 자신은 한 번도 법정에 출석하지 않았다. 그는 여전히 빡빡한 일상의 일정을 소화하고 있었다.

국정원에 고소당한 지 1년여 만인 2010년 9월 15일 재판부는 '원고의 청구는 이유 없어 기각한다'고 판결했다. 고등법원과 대법원도 각각 2011년 12월 2일과 2012년 3월 29일에 같은 판결을 내렸다. 제2심 판결은 국가가 명예훼손의 대상이 될 수 있는지에 대해 제1심 판결과 약간 달랐지만 결론은 같았다. '대한민국'은 세 번 연속 개인 박원순을 이기지 못했다. 대한민국이 진 것도 수치스런 것이지만 그러한 재판이 있었다는 것 자체가 대한민국의 수치였다. 이명박 정권하에서 국가가 국민을 고소한 30개 사건 중 이긴 것은 2건뿐이었다. 국가가 국민을 협박하는 재판으로 재판부는 시달려야 했고 세금은 낭비되었다. 소송비용은 패소한 원고, 즉 국가가 물게 되어 있는데, 여기에 국민의 세금이 쓰인다.

이로써 박원순은 2억 원의 손해배상금을 내지 않아도 되었다. 그는 당시 민사소송이 아니라 차라리 형사소송 당해서 감옥에 가고 싶은 심정이라고 호기롭게 말했지만 일말의 불안감을 떨칠 수 없었다.

제1심 판결이 내려지던 날 그는 사회혁신 관련 회의 참석차 싱가포르 체류 중이었다. 차병직은 새벽 5시경 걱정하고 있을 박원순에게 메일을 보냈다. 그와 함께 일한 윤지영·박주민 변호사와 원칙대로 재판을 진행한 재판장이 박수를 받아야 한다고 썼다. 차병직의 메일을 받고, 박원순은 "승소든 패소든 그것은 저의 운명입니다. 어찌하겠습니까? 시대의 고난을 함께하는 것이 피할 수 없는 저의 운명이라고 느낍니다" "차 한 잔도 못한 엉터리 고객을 위해 최선을 다하셨습니다……. 귀국하면 인사동에서 맛있는 밥이라도 제가 한번 사겠습니다"라는 내용의 답신 메일을 보냈다.

그는 둘 사이에 오간 메일을 판결이 내려진 다음 날 원문 그대로 공개했다. 그는 나중에 무료 변론해준 변호사들에게 곱게 포장된 봉투를 보냈다. 차병직은 두 명의 변호사에게 '박 변호사의 개인적 성의이니 휴가비에 보태라'며 봉투를 전했다. 두 변호사는 거절하다가 끝내 박원순의 성의를 받아들였고, 차병직은 그가 약속한 대로 그 후에 밥 한 끼만 얻어먹었다.

국정원 기자회견 전문

'진실은 이렇습니다'

1. 운명이야기

1. 언젠가부터 이런 이야기들이 돌았습니다. "최열 환경재단 대표가 첫 번째 타깃이고 박 변호사 당신이 두 번째"라고. 과연 최열 대표에 대한 수사가 진행되고 영장이 두 차례나 기각되고 마침내 불구속 기소되었습니다. 그러면 그다음에는 내가?

너무도 엉뚱하고 황당한 일이었습니다. 저는 그런 이야기를 들을 때마다 일소에 부쳤습니다. 아니, 십 년을 하루같이 이 세상의 좋은 변화를 위하여, 이웃과 사회의 이익을 위하여 나름대로 온몸과 마음을 바치고 열정을 불살랐는데 상을 주지는 못할망정 타깃이 되어 수사를 받는다니! 이명박 정부가 그렇게 이성과 합리성, 상식도 없는 정권일까라고 생각했던 것입니다.

그러나 결과적으로 그런 생각은 순진하고 어리석은 것으로 판명되었습니다. 이명박 정부는 그런 상식과 합리성을 갖추지 못한 정권이었습니다. 국정원 직원들이 곳곳에서 저에 대해 묻고 조사하고 다니는 것들이 제 귀에도 들려오기 시작했습니다. 그동안 정부나 지방정부, 민간기업과 했던 많은 일이 중단되거나 파기당했습니다. 희망제작소, 더 나아가 제가 관여하였던 아름다운재단, 아름다운가게에도 유사한 일들이 벌어졌습니다. 그뿐이 아니었습니다. 수많은 시민단체가 비슷한 상황에 처했습니다. 심지어 대운하에 반대한 교수들마저 국정원 직원들의 전화를 받거나 뒷조사를 당했다고 합니다.

2. 이런 황당한 일이 어찌 있을 수 있나요? 지난 수십 년 동안 수많은 사람의 피와 땀, 눈물과 희생으로 이룩한 민주주의가 이렇게 허무하게 무너질 수 있다는 말입니까?

나는 늘 민주주의는 '깨지기 쉬운 질그릇' 같은 존재라고 말해왔습니다. 우리가 아무리 기나긴 노고와 투쟁의 끝에 얻은 인권과 민주주의라 하더라도 우리의 관심이 그것으로부터 멀어지고, 그것을 지키려는 노력을 게을리하는 순간, 그것은 사라지고 만다는 것입니다. 미국의 시민권연맹 ACLU(American Civil Liberties Union) 본부 정문 앞에는 이렇게 씌어 있습니다.

Freedom is the price of permanent vigilance.(자유는 영원한 감시의 대가다.)

그렇습니다. 자유와 인권, 민주주의라는 보편적 가치를 지키기 위해서는 우리는 늘 깨어 있어야 하고 끝없이 노력해야 합니다. 우리가 그런 노력을 게을리하는 순간 우리가 힘겹게 일구어온 민주주의, 인간의 존엄성, 자유와 가치, 삶의 질-그 모든 것이 하루아침에 무너지고 마는 것입니다. 이 엄연한 진실이 지금 저와 동시대의 많은 사람에게 쓰라린 교훈이 되고 있습니다.

3. 저는 참여연대를 떠난 이후로는 정부 비판이나 투쟁, 애드보커시(advocacy) 운동과 일부러 거리를 두었습니다. 우리 사회가 점차 절차적 민주주의를 확보해나가면서 상대적으로 인권이나 민주주의가 많이 진전되었다고 생각하였습니다. 물론 만족스러운 것은 아니지만 이 정도라면 다른 사람들에게 그 운동을 맡겨놓고 나는 다른 새로운 운동의 영역을 개척해야겠다고 결심하고 이를 실천해왔습니다. 그것이 바로 아름다운재단, 아름다운가게, 희망제작소 운동이었습니다.

특히 희망제작소는 정부와 지방정부, 기업 등 우리 사회의 주요한 파트너들과 함께 새로운 세상으로 가는 다양한 프로젝트를 추진하는 것이 주된 임무였습니다. 시민들의 좋은 아이디어를 모아 실현하는 사회창안, 은퇴한 전문직 리더들에게 봉사와 나눔으로 인생 후반전을 설계하도록 하는 행복설계아카데미, 꿈과 길을 잃어버린 젊은이들과 사회인들에게 다시 꿈을 심어주는 소셜디자이너스쿨, 대한민국 모든 국민이 소기업 사장이 되도록 하는 꿈을 꾸는 소기업발전소, 지역을 살리고 활성화하기 위한 각종 연구·세미나·컨설팅 등이 바로 희망제작소의 야심찬 대한민국 희망만들기 프로젝트였습니다.

세상에는 운명이라는 것이 있나봅니다. 저는 결단코 이런 자리에 서고 싶지 않았습니다. 이제 저는 대한민국의 희망이라는 것이 결코 제 마음대로, 제 계획대로만 만들어지는 것이 아니라는 사실을 뼈저리게 깨달았습니다. 저는 지금까지 제가 해왔던 일을 좀더 잘하기 위해서라도 정부가 더 이상 잘못된 길을 가지 않도록 해야 한다는 무거운 책무를 느끼면서 내 자신이 당하고 내 주변이 당하고 있는 일들에 대해 정확히 정리하고, 그 대안을 위해 싸우겠다는 다짐과 결의를 하게 되었습니다. 이 보고서는 바로 그런 다짐의 한 시작에 불과합니다.

2. 진정으로 성공하기를 바랐습니다

– 이명박 대통령과의 인연 이야기

1. 이명박 대통령을 처음 만난 것은 서울시장 시절이었습니다. 이때 나는 이미 참여연대 사무처장을 그만두고 아름다운재단과 아름다운가게 사업을 열심히 벌이고 있었습니다. 특히 이 대통령이 서울시장에 당선된 뒤 "월급을 받지 않겠다"고 선언한 직후 나는 그분을 찾아가 만났습니다. 그때 나는 "월급을 받지 않는 것이 중요한 것이 아니라 그것을 좋은 데 쓰는 것이 중요하다"고 설득하면서 환경미화원과 소방대원을 위해 기부해달라고 요청했습니다. 환경미화원들은 새벽, 주로 미명에 일합니다. 그때가 차들이 가장 적게 다니기 때문이지요. 그러나 역설적으로 이때는 대부분의 차가 속도를 많이 내는데다가 사람들이 잘 보이지 않기 때문에 사고가 가장 많이 나는 시간 대이기도 합니다. 환경미화원들이 사상을 당하고 공상으로 처리한다 하더라도 정

부가 주는 돈은 대단히 한계가 있기 때문에 이들과 그 유족의 삶은 힘들게 마련입니다. 소방대원이라고 다를 것이 별로 없습니다. 이들의 유자녀를 돕기 위해 아름다운재단은 '등불기금'이라는 것을 만들었는데, 여기에 기부해주실 것을 요청드렸고 그것을 받아들여 이 대통령의 월급은 바로 이 기금에 4년 임기 동안 전액 기부되었습니다.

2. 이 대통령과의 인연은 여기에 그치지 않았습니다. 아름다운가게 초창기에 '지상 최대의 벼룩시장'이라는 큰 행사를 우리가 주최했습니다. 잠실 올림픽주경기장에 여러 기관, 단체, 시민들이 헌 물건을 가지고 나와 파는 일종의 벼룩시장을 연 것입니다. 이틀 동안 진행된 이 행사는 30여만 명이 다녀갈 정도로 큰 반향을 얻었고, MBC는 7시간 동안 행사 전체를 생중계하기도 했습니다. 이 대통령은 당시 이 사업을 적극적으로 지지했고 해외에서 귀국하자마자 긴 시간을 내서 잠실 올림픽주경기장 현장을 방문하였습니다. 엄청난 인파에 고무받아 이 대통령은 차후에 벼룩시장을 지속적으로 열기 위한 장소를 물색하는 등 다양한 관심과 애정을 기울였습니다. 그래서 뚝섬 영동대교 아래에는 지금도 일주일에 한 번씩 벼룩시장이 열리고 있습니다.
그 후에도 이 대통령은 아름다운가게 행사에 여러 번 참여하였고, 아름다운가게 본부 사무실을 방문하여 아름다운가게의 미래 발전방향에 대한 브리핑을 받고 명예고문이 되기도 하였습니다.

3. 뿐만 아니라 나는 서울시의 ECO-COUNCIL이라고 하는, 이 대통령 자문기구의 일원이기도 했습니다. 매달 한 번씩 모이는 이 회의에서 서울시의 환경과 지속가능한 정책에 관한 다양한 논의가 이루어졌고 그 논의의 상당 부분은 서울시 정책에 반영되기도 하였습니다. 뚝섬의 서울숲이나 상암동 난지도 골프연습장 취소 등의 조치는 대부분 여기서 논의되었던 것으로 기억합니다.
이런 만남과 논의를 통하여 나는 개인적으로 이 대통령과 친하게 지냈을 뿐만 아니라 그의 실용적 정책과 의견 수렴에 대해 긍정적으로 생각하고 있었습니다. 특히 내가 2004년 독일을 3개월 여행하게 되었을 때 베를린 도시국장을 꼭 만나보라고 소개해주기도 했습니다. 독일에서 돌아와 세계인권선언의 조문을 울타리에 새겨 넣는 테마공원을 한번 만들어보라고 권유해서 승낙을 얻기도 하였습니다. 그러나 이때는 이미 대선에 돌입하고 있는 때여서 더 이상의 진전은 되지 않았습니다.
그 ECO-COUNCIL의 멤버 중의 한 사람인 문국현 대표가 대선에 출마하고 또 다른 멤버였던 사람들이 정치권을 오갔지만 나는 이 선거과정에는 일체 중립을 지켰고 정치과정에 관여하지 않았습니다. 그것은 내가 지금까지 지켜왔던 원칙이기도 하였습니다. 내가 어떤 정파적인 입장에 설 이유가 없었습니다. 제가 그러자고 변호사까지 그만두고 지난 20~30년을 이런 공익적 활동에 나섰겠습니까? 제가 권력에 관심이 있었다면 진작 청와대나 장관직을 맡았을 것입니다. 실제로 그런 제안이 수차례 있었습니다. 심지어 한나라당조차 저에게 국회의원 공천심사위원장을 맡아달라고 여러 차례 제안을 했습니다. 그러나 저는 돌처럼 보아왔습니다. 그것이 오늘의 저를 있게 만든 것이지요.

그런데 대선이 끝나고, 촛불시위가 일어나고, 그리고 언젠가부터 세상이 완전히 바뀌기 시작하였습니다. 좌우갈등이 깊어지고 대북관계는 단절되고 공안기관이 부활하였습니다. 어느 날 일어나보니까 유명해졌다는 말 대신에 어느 날 일어나보니까 완전히 20~30년 전의 세상으로 되돌아와 있었습니다. 이명박 대통령은 예전에 내가 알았던 사람과는 다른 사람이 되어 있었습니다. 내가 과거에 잘못 본 것일까요?

3. 지역홍보센터 이야기

– 합법성 · 정당성을 잃어버린 막무가내식 행정조치

1. 지역홍보센터는 전적으로 나의 아이디어와 열정으로 추진된 것이었습니다. 내가 일본의 지방정책을 둘러보던 중 지역의 모든 정보와 자료, 특산물을 한곳에 모아놓고 팔고 제공하는 것을 알게 되었습니다. 도쿄 유라쿠초에 있는 '고향정보플라자'나 '마치카라무라카라', 자신들의 특산품을 팔기 위해 여러 현이 설립한 '안테나숍' 등이 아주 깊은 인상을 주었습니다. 지역을 활성화시키기 위해서는 결국 도쿄라는 수도에 이런 마케팅을 하지 않으면 안 된다는 것을 깨닫게 해준 것입니다.

그런데 한국에 와서 유사한 것이 있는지 조사해보았더니 전무했습니다. 관광공사 1층에 가보았더니 몇몇 지방자치단체의 소개 팸플릿이 보이긴 했지만 내용이 매우 부실하고 체계도 잡혀 있지 않았습니다. 저는 대한민국의 관광과 지역홍보의 현실에 놀랐습니다. 한국 사람들, 특히 공무원들이 일본과 도쿄를 수없이 오갔을 텐데 어찌 이런 지역홍보센터 하나 없을까 애가 타고 안타까웠습니다.

2. 이런 센터를 어떻게 만들 수 있을까, 관광공사 사장님께 이야기해야 하나, 고민하고 있었습니다. 그사이에 우리 연구원들에게는 '지역홍보센터' 설립계획안을 만들게 하였습니다. 그런데 어느 날 행정안전부와 SBS가 주최하는 민원봉사 대상 심사위원회에 참석하였다가 당시 행정자치부의 박명재 장관님을 만나 이 이야기를 하게 되었습니다. 그분은 참 좋은 아이디어라고 하면서 함께 만들어보자고 하셨고, 직원들에게 지시하여 몇 달 만에 서울 한복판인 프레스센터 1층에 '지역홍보센터'를 개관하게 되었습니다.
물론 그 과정에서 관료들의 고집으로 우리가 꿈꾸던 대로는 되지 않았습니다. 특히 행안부 공무원들은 처음부터 조직을 너무 키우려고 하였습니다. 정부의 예산 지원을 받기 위해서는 불가피한 조처라고 하여 지역홍보센터 위에 지역진흥재단을 만드는 데는 동의하였으나, 재단의 독자적인 사업들이 확정되기 전에는 최소 인원으로 운영해야 한다고 거듭 요구하였습니다. 그러나 현실은 행안부의 뜻대로 돌아갔습니다. 상임을 하며 전용차를 타는 재단 이사장에, 상임이사, 사무국장이 줄줄이 임명되었습니다.

그래도 희망제작소는 최선을 다했습니다. 일본인들이 와서 보고 놀랄 정도로, 나름대로 최선을 다해 지역홍보센터를 만들고 다듬었습니다. 여기에서 모든 지역의 축제정보, 관광정보, 투자정보 등 자료와 정보는 물론이고 각 시·군·구별 특산물의 전시·판매까지 원스톱으로 가능하게 만들어두었습니다.

3. 행정안전부와 희망제작소는 위탁계약을 맺어 3년간 운영하기로 합의하였고, 이 합의문에는 새로운 거버넌스의 실현을 목표로 양자 간의 선의와 성실로 지방정부와 지역의 발전을 위해 노력하기로 하였습니다. 그 계약서는 의례적인 갑을계약이 아니라 민간기관인 희망제작소의 권리가 상당히 반영된 나름대로 평등한 계약이 되도록 노력하였습니다.

이런 계약 내용대로 1년간 운영을 해보았습니다. 처음에는 웃기는 일들이 많이 벌어졌습니다. 우리에게 위탁계약을 맺어 희망제작소가 10여 명의 인력을 선발·파견하여 운영하고 있는데, 그 상위기관인 지역진흥재단은 별도로 20여 명의 공무원을 파견하거나 채용하여 사사건건 운영에 개입하고 참견하였습니다. 심지어는 지역홍보센터의 특정지역 팸플릿이 하나라도 필요할 때에는 자신들을 거쳐 해당 지자체에 연락해서 받아야 한다고 요구했습니다. 말하자면 지역진흥재단 공무원들은 아무런 할 일도 없이 우리만 바라보고 이러쿵저러쿵 참견하려들었습니다. 사실 이름 그대로 '지역진흥'을 위해서는 오늘의 지역이 맞닥뜨리고 있는 많은 문제를 분석하고 연구해서 보고서나 대안을 내는 일들이 산적해 있음에도 이런 일에는 별 관심이 없었습니다. 재단에 와 있는 공무원들이 대부분 1년간 파견인데다가 제대로 지역 이슈를 연구하고 대안을 제시할 의욕이 처음부터 별로 없었던 것입니다.

그러나 어찌 되었든 우여곡절과 어려움을 겪으면서도 희망제작소는 위탁된 지역홍보센터를 정착시키고 자료를 제대로 수집·공유하고, 지역홍보를 위한 다양한 이벤트를 개최하며 특산물 판매를 위한 다양한 노력을 기울였습니다. 1년 정도 지나면서 이제 이러한 정착단계를 거쳐 좀더 활발한 사업을 펼치기 위하여 내년도 사업을 준비하고 있던 상황이었습니다.

4. 그러던 어느 날 갑자기 지역진흥재단 이사장이 잠깐 만나서 저녁을 먹자고 연락해서 만났더니 희망제작소와의 위탁계약을 해지하겠다는 것이었습니다. 마른하늘에 날벼락도 유분수지 그야말로 아무런 근거와 설명이 없는 일방적 통고였습니다. 형식적으로는 경제위기에 따른 예산절감이라고 내세웠지만 그것은 그야말로 명분일 뿐이었습니다. 그 얼마 후에 열린 이사회에서

희망제작소와의 위탁계약해지 안건과 함께 통과된 예산안을 보면 당해년도보다 그다음 해 예산 규모가 더 컸습니다.
이것은 그야말로 폭거나 다름없었습니다. 아무리 국가기관이라 하더라도 법률과 계약, 그리고 상식과 신뢰에 기초한 조치를 취해야 합니다. 그런데 행정안전부의 일방적 해약은 어떤 이유로든 정당화될 수 없었습니다. 특히 위탁계약서에서 명시적으로 전제하고 있는 좋은 거버넌스 모델을 만들자고 한 약속은 헌신짝처럼 내버렸습니다.
도대체 왜 이런 일이 일어났는지, 실무자의 판단인지 백방으로 알아보았습니다. 처음에는 우리를 밉게 본 실무자 한두 사람의 소행으로 생각하였습니다. 그러나 그것이 아니라는 사실이 금방 드러났습니다. 왜 말도 안 되는 이런 일이 벌어졌는지 항의 겸 문의하기 위하여 행안부 실무국장, 차관, 심지어 청와대 담당 비서관에게도 여러 경로를 통하여 알아보았습니다. 대답은 높은 곳에서 이루어지는 일이라서 자신들은 모른다는 것이었습니다. 차관도, 청와대 담당 비서관도 정확히 모르는 일이라면 도대체 누가 이 사태에 대해 알고 있다는 말입니까?

4. 하나희망재단 이야기

– 모든 기업이 떨고 있답니다

1. 하나은행과 저와는 아주 특별한 관계가 있습니다. 아름다운 재단이 처음 설립될 때부터 하나은행 김승유 행장(현 하나은행

지주회사 회장)님은 아름다운재단의 이사였습니다. 따라서 아름다운재단과 아름다운가게의 400여억 원에 이르는 모든 기금은 하나은행에 예금되고 관리되었습니다. 말하자면 하나은행은 우리의 주거래 은행이었습니다.

그러던 차에 몇 년 전, 하나은행의 임원들이 모두 참여하는 드림 소사이어티(Dream Society)의 조찬모임에서 제가 강연을 하게 되었습니다. 그 당시 나는 한국이 대기업에만 의존할 것이 아니라 소기업들을 많이 키워내야 하고, 이것을 지원하는 사업이 필요하다고 역설하였습니다. 특히 오늘날 한국정부가 말하는 사회적 기업은 너무 좁은 개념이어서 좀더 넓은 의미에서 취약계층이 운영하거나 취약계층을 위한 사회적 기업뿐만 아니라 농촌소기업, 청년소기업, 시니어들이 벌이는 소기업, 전통문화를 전승하는 소기업, 커뮤니티비즈니스 등을 포괄하여 창조적 소기업활동에 지원해야 한다고 말했습니다. 희망제작소는 이미 이러한 개념을 바탕으로 소기업발전소라는 조직의 틀을 구상하고 있었는데, 우리의 최종 목표는 모든 국민이 소기업가가 되는 것이라고 설명하였습니다.

2. 이 강의가 인연이 되어 하나은행 실무진과 희망제작소 연구진이 오랜 세월 동안 수십 차례 실무적 미팅을 하였고, 하나은행이 300억을 출연하여 하나희망재단을 만들고 이 재단의 이사진은 양측이 추천하여 구성하기로 하였습니다. 특히 희망제

작소가 선정하여 지원을 요청하는 소기업들에 대해 하나희망재단은 별도의 심사 없이 자금을 지원하기로 결정하였습니다.

이런 실무적인 논의를 거쳐 합의한 내용은, 2007년 7월 당시 하나은행장과 제가 참석한 기자회견에서 발표되었습니다. 이러한 '새로운 형태'의 마이크로크레딧에 많은 언론은 큰 관심을 가지고 집중보도하였고, 그에 따라 희망제작소에는 수많은 문의가 빗발치기도 하였습니다.

이런저런 문제가 없었던 것은 아닙니다. 예를 들어 하나희망재단의 설립과정에서 정부에서는 말 그대로 2천만 원 이하의 마이크로크레딧 사업을 하지 않으면 법인세제 혜택을 주지 못한다고 하였고, 우리는 취약계층을 상대로 하는 것 외에도 위에서 설명한 카테고리의 소기업 비즈니스 전체에 대해 지원하기를 바랐습니다. 그러면서 정관을 어떻게 만들지, 정부의 입장을 어떻게 조율할지 설왕설래하다가, 정부의 가이드라인과 하나은행의 요청을 우리가 받아들여 일단 2천만 원 이하의 마이크로크레딧부터 진행하는 것으로 양보함에 따라 2008년 가을 간신히 재단 설립 등기를 완료할 수 있었습니다. 재단 출범 사실은 별도의 기자회견을 통해 보도되었지요. 그 뒤 하나은행은 1차로 100억을 출연하였고, 희망제작소는 제1단계 지원사업으로 소규모 자영업을 하려는 금융소외자들을 공모하여 그중에 50명가량을 선정하여 지원하였습니다.

그러나 본래 희망제작소가 구상했던 다양한 소기업 지원사업을 하기 위해서는 추가 협의가 필요하였고, 정관을 일부 개정해야 했습니다. 그리하여 올해 초 제가 금융위원회를 방문해 설득하고 실무진에서 기획재정부 등과 협의해 정관을 일부 개정할 수 있는 길을 텄습니다. 그리하여 저는 김정태 하나은행장과 만나 재단 기금의 절반은 취약계층을 상대로 하는 마이크로크레딧 사업에 쓰고, 나머지 절반은 애초 합의했던 다양한 소기업 지원사업에 투입하기로 합의하였습니다. 이 자리에는 하나은행 부행장과 희망제작소 부소장도 배석하였습니다. 말하자면 정부(기획재정부와 금융위원회)와 하나은행, 희망제작소 간에 아무런 이의가 없도록 모든 문제가 정리된 것입니다.

3. 그런데 그 며칠 뒤 너무 어이없는 소리가 들려왔습니다. 하나희망재단 이사회에서 정관 개정안이 부결되었고, 그로 인해 하나은행은 희망제작소와의 사업을 중단하기로 했다는 것이었습니다. 실제로 우리가 지원하기로 했던 50명의 금융소외자들에 대한 지원과 관리도 하나희망재단이 직접 인턴들을 채용하여 시행하겠다고 알려왔습니다. 그리고 며칠 뒤 『동아일보』와 함께 마이크로크레딧 사업을 한다는 보도가 났습니다.
더 이상한 것은 이 와중에서 하나은행의 행장이나 부행장 등 책임 있는 임원이 저에게 와서 공식적으로 왜 그 큰 프로젝트가 취소되었는지, 우리가 기자회견을 통하여 밝혔던 그 공적 발표는 어디로 갔는지 해명한 바가 없었습니다. 제가 하나은행과 맺어온 오랜 관계와 신뢰를 생각하면 도저히 이해할 수 없는 일이었습니다. 그 후 김승유 하나은행 지주회사 회장님은 아름다운 재단 이사를 사임하였습니다.

한두 달 후 하나은행의 한 임원에게 이런 이야기를 들었습니다. 국정원 직원들이 오가면서 이 사업에 개입을 하여 희망제작소와의 협력관계가 중단되었다는 것이었습니다. 그뿐만 아니라 이 사업을 그만두는 과정에서 하나희망재단의 이사들도 그 영문을 몰랐다고 합니다. 재단 이사장인 김정태 행장의 일방적인 통고가 있었을 뿐 희망제작소와 사업을 그만두는 이유나 사유를 설명받지 못했다는 것입니다. 그전에 저는 두어 차례 하나희망재단 이사진과의 간담회를 통하여 향후의 소기업지원방안에 대하여 설명을 드린 바 있었고, 이들은 모두 저나 희망제작소에 전폭적인 신뢰를 보내면서 큰 기대를 나타내 보이기도 했는데 말입니다. 국정원의 개입사실은 또 다른 경로로도 이야기를 들은 바 있어 저는 이 사건에 국정원이 개입한 것은 의문의 여지가 없다고 믿고 있습니다.

5. 국정원의 사찰은 제 주변을 상대로 수없이 벌어졌습니다

1. 여러 사람이 이런저런 걱정의 말을 전해오기 시작한 지는 오래되었습니다. 그런데 저는 처음에는 그것은 그저 소문일 뿐, 저를 상대로 사찰을 하거나 계좌를 뒤질 이유가 전혀 없었기 때문에 그럴 리 없다고 생각했습니다. 그런데 그것은 저의 착각임

이 곧 밝혀졌습니다. 여러 사람에게서 구체적으로 저와 제 주변을 사찰하고 다닌 사례를 듣거나 확인하였기 때문입니다. 그 사례를 들어볼까요?

모 재단에 가서 강연한 적이 있었는데 그 재단의 이사장께서 저에게 이런 이야기를 해주었습니다. "국정원에서 찾아와서 박 변호사에 대해 자세히 탐문을 했다. 너무 이상했다. 그런데 그 사실을 말해주면 심란할 것 같아 나중에 기회가 되면 이야기해주려고 했다"는 것이었습니다. 왜 국정원은 사람의 주변을 이렇게 탐문하고 다니는 것입니까?

저는 모 그룹이 세운 재단의 이사로 등재되어 있습니다. 그 회장님의 청이 있었을 뿐만 아니라 그동안 해온 사회공헌 활동을 좀더 조직적으로 수행하기 위해 사재를 털어 재단을 만든다는데 거절할 이유가 없었습니다. 몇 달에 한 번씩 열리는 이사회에 참석하여 이런저런 의견을 나누는 것에 불과한 역할이었습니다. 그런데 얼마 후 그 재단 관련자들의 이야기를 들으니 국정원에서 연락이 와서 월급은 얼마나 받는지, 하는 역할이 무엇인지 자세히 물어보았다는 것입니다. 사실 그 이사직은 명예직이고, 회의에 참석할 때마다 회의비 명목으로 30만 원을 받아 봉사활동하는 것에 불과합니다. 왜 국정원은 개인의 봉사활동까지 꼬치꼬치 묻고 다니는 것입니까?

저는 한 기업의 사외이사로 벌써 수년째 활동해왔습니다. 이것 역시 그 기업이 좀더 투명하고 책임 있는 거버넌스 시스템을 갖추려는데, 늘 투명성을 주창해온 제가 사외이사로 참여하면 좋겠다는 요청을 받아들여 일하게 된 직책입니다. 이것 역시 두 달에 한 번씩 이사회에 참석하여 회사의 여러 현안에 대한 의견을 교환하고 의사결정에 참여하는 업무입니다. 거기에서 나오는 월급은 모두 아름다운재단과 희망제작소의 '아름다운조합'(월급이 적은 간사들을 위한 공제조합)과 '공육기금'(연구원들을 교육하기 위한 기금)에 기부해왔습니다. 그런데 나중에 확인한바 국정원 직원이 제 활동내역에 대해 물어보았다는 것입니다. 국정원은 그렇게 할 일이 없어 개인의 사적 활동에 개입하는 것입니까?

2. 제 주변을 사찰하고 다닌 것은 이것만이 아닐 것입니다. 저는 과거 윤석양 이병이 폭로한 보안사 민간인 사찰 명단에도 들어 있어, 보안사의 사찰 피해자이기도 합니다. 그때 집단소송을 제기하여 기백만 원의 배상금을 받기도 했습니다. 20년도 더 지난 오늘날, 국가기관에 의해 이런 야만적이고 비정상적인 사찰활동이 진행되고 있다는 점에 저는 경악을 금할 수가 없습니다.

3. 이런 마당에 희망제작소의 사업은 줄줄이 취소되거나 이유 없이 연기되었습니다. 어느 지역 구청과도 여러 가지 사업을 논의하고 있는 중이었는데 갑자기 이유 없이 연기되거나 취소되

었습니다. 지방의 어느 시 공무원교육에 관하여 실무자들끼리 이야기가 오가고 매우 긍정적인 의견으로 이야기가 되었는데 위로 올라가서 결재시간이 오래 지체되다가 결국 없던 일로 되었다고 합니다. 청와대에서 전화가 와서 희망제작소가 공무원 교육하는 것을 자세히 파악해보려 했던 일도 있었습니다.

6. 아름다운가게를 둘러싸고 이런 일이 벌어졌습니다

1. 국정원의 개입은 여기에 그치지 않습니다. 잘 아시다시피 아름다운가게는 정치와는 아무런 관계가 없습니다. 헌 물건을 기부받아 수선하고 이를 판매하여 남는 수익을 자선에 쓰는 순수한 자선단체이고 친환경단체입니다. 그 과정에서 수천 명의 자원활동가들이 자신의 귀중한 시간을 바쳐 운영하고, 그 수익은 정부의 손길이 미처 닿지 않는 불우한 이웃과 이들을 돕는 풀뿌리단체들에게 배분하고 있습니다.

2. 그런데 이 정부의 사찰과 억압의 망령은 이곳에까지 손을 뻗쳐왔습니다. 참으로 한심하고 무서운 일이지만, 이런 일이 한두 가지가 아닙니다. 우선 아름다운가게의 자선활동과 관련한 몇 가지만 나열해보면 다음과 같습니다.

① 아름다운커피 모 대학점 오픈 건

2009년 4월, 모 대학 카페 오픈식이 끝난 이틀 뒤 국정원 직원이 그 대학 총무과를 찾아와 아름다운가게를 왜 지원했는지를 문의하였습니다. 특히 "좌파 단체들의 자금줄이며 운동권 출신 직원들이 대다수인 아름다운가게를 후원한 사유가 무엇인지"에 대해 문의했다고 합니다. 아름다운가게는 가난한 이웃과 풀뿌리단체들을 지원해왔지, 특별한 이념을 가진 단체를 지원한 바가 없습니다.

② 모 은행 아름다운가게 지원에 관련한 건

2009년 6월 국정원 직원이라고 밝힌 사람이 모 은행 담당자에게 전화하여 "아름다운가게와 무슨 관계가 있기에 오랜 시간 많은 돈을 지원했느냐"라고 문의하였습니다. 그 은행은 아름다운가게가 벌이고 있는 특정 프로젝트를 몇 년째 공동으로 추진하고 있었습니다.

③ 경기지역 모 시 평생학습관 공동행사에 관련한 건

2009년 5월 자선바자회 행사 진행관계로 미팅할 때 관련자가 "국정원에서 전화를 받았다. 아름다운가게의 행사를 하지 말라고 하더라"고 했답니다. 아름다운가게는 그 시의 평생학습센터로부터 행사에 참여해달라는 요청을 받고, 행사 개최와 관련하여 상의하던 중이었습니다.

3. 실제 문제는 이보다 더 심각합니다. 이러한 국정원의 행태를 일반 대기업들이 모를 리 만무합니다. 대기업들의 정보력이 대

단할 뿐만 아니라 상호간에 이러한 정보를 유통까지 하고 있는 것은 주지의 사실입니다. 아름다운가게나 희망제작소의 일에 대한 국정원의 사찰과 압력은 당연히 알려지게 마련입니다. 아니, 우리는 그 이상의 수준이라고 단언합니다.

2009년 5월 또 다른 시중은행과의 정기적인 자선바자회 행사를 한 달 앞두고 진행과정에서 석연찮은 이유로 행사가 취소되었습니다. 윗분들이 결정한 일이라고만 이야기하다가, 나중에 아름다운가게와 관련한 소문들이 작용했을 거라고 담당자가 이야기했답니다. 이후 박원순 변호사의 '국정원 개입 의혹' 보도 후 해당 담당자가 전화하여 하나은행이 거론된 이유와 내용을 문의하고, 그 은행이 거론될 것에 대한 불안을 토로했다고 합니다.

4. 이렇게 하여 아름다운가게와 그동안 수년에 걸쳐 자선행사를 해온 대부분의 대기업들의 행사가 아무런 이유도 없이 취소되었습니다. 과연 국가권력이 이렇게 개입해도 되는 것입니까?

7. 민간단체들에 개입하는 국가권력

① 사회투자지원재단의 경우

이 정부가 집권한 뒤 어느 날, 사회투자지원재단의 모 상임이사가 한번 만나자고 연락이 왔습니다. 이야기인즉슨, 저라는 존재가 정부부처에서 사회투자지원재단이 지원을 받는 데 도움이 안 된다는 것이었습니다. 저 말고도 이 재단의 이○○ 연세대

교수도 그러하다는 것이었습니다. 그 교수님은 참여정부하에서 대통령 직속 무슨 위원장을 했다는 것입니다. 사실 정부가 중심이 되어 사회투자지원재단을 만들었고, 그때는 정부 쪽에서도 여러 차례 간청하면서 이사를 맡아달라고 해서 거절하다 못해 맡은 것이었는데 지금 와서 못마땅하다니 참 우습기는 하였지만 그래도 일 하나 줄이는 것은 즐거운 일이었으므로 당연히 물러나주겠다고 하였습니다.

그런데 얼마 후 다시 그 상임이사를 만났더니 그가 하는 말이 이번에는 이사장과 자신마저 별로 마땅치 못한지 정부가 완전히 지원을 끊었다고 하였습니다. 그래서 사회투자지원재단은 민간재단으로 변모하기 위해 여러 가지 안간힘을 쓰고 있다고 하였습니다. 어쨌든 정부가 부추겨서 만든 민간재단에 그 구성원 몇 사람이 마음에 안 든다고 그 재단 전체를 보이콧하는 이런 이해할 수 없는 일이 이 정부하에서 수없이 일어나고 있었습니다.

② 사회복지공동모금회의 경우

사회복지공동모금회 전 사무총장이 저에게 전화를 해서 상의를 해왔습니다. 자신은 아무런 잘못한 것이 없는데 자꾸 물러나라고 한다는 것입니다. 보건복지가족부의 실무 담당자들이 노골적으로 요청해올 뿐만 아니라 이사장을 시켜서도 압박을 가해온다는 것이었습니다. 전가의 보도처럼 감사를 하겠다 하기도

하고, 아래 사람들까지 힘들게 만든다는 것이었습니다. 사회복지공동모금회는 엄연히 민간기관으로 임기까지 있는 상임이사를 이렇게 쫓아내는 것은 공적 기관에 대한 존중과 상식과 사리를 뒤엎는 일이 아닐 수 없습니다. 이런 일을 자꾸 한다면 그 정부를 상식 있는 정부라고 말하기 어렵습니다. 그리고 신뢰받기 어려운 일이지요.

③ 사회연대은행의 경우

얼마 전 어떤 모임에서 사회연대은행 상임이사를 만났습니다. 그는 지난번 정부 지원 대상에서 사회연대은행도 완전히 배제되었는데 그 이유는 이사진 중에 참여정부와 친했던 인사들이 있기 때문이었을 것이라고 말했습니다. 사회연대은행은 누가 뭐래도 대한민국 최고의 마이크로크레딧 사업기관이라고 할 수 있습니다. 그동안의 실적과 경험으로 비추어보아 배제될 수가 없는 기관이었습니다. 그 대신 이제 설립된 지 몇 달이 채 되지 않은 이른바 뉴라이트 계열의 단체들이 그 자리를 차지하고 거액의 정부 지원을 받기 시작했다고 합니다. 참으로 이해하기 힘든 일입니다.

사회연대은행에게도 큰 시련이 되겠지만, 더 큰 문제는 정부 자신에게도 결코 좋은 일이 아니라는 것입니다. 왜냐하면 아직 경험과 실적이 전혀 없는 단체들에게 거액의 예산을 지원했다가 이들이 제대로 일을 처리하지 못하고 예산의 낭비나 부패가 있는 날이면 그 모든 책임은 결국 정부가 져야 할 몫이 아닐 수 없기 때문입니다. 사실 그런 잘못은 예정되어 있는 것이 아닙니까? 더구나 공정성을 잃어버린 정부의 행태를 앞으로는 어떻게 믿을 수 있습니까?

④ 어느 시민단체 평생회원을 사임시킨 사례

더 심각한 일들도 벌어졌습니다. 어느 시민단체의 평생회원 중에 한 사람은 기업의 임직원이었는데 그 사람이 국정원으로부터 간접적으로 "어떻게 시민단체의 회원이 될 수 있느냐"는 이야기를 듣고 평생회원의 신분을 정리한 사례가 바로 그것입니다. 시민단체의 평생회원 리스트를 파악하는 것 자체가 국정원의 업무 범위를 벗어나는데다가, 도대체 어떻게 그렇게 일일이 전화를 해서 회원을 그만두라고 할 수 있는 것입니까? 국정원의 권력남용의 극치가 아닐 수 없습니다.

⑤ 한 여성단체 후원 취소 사례

한 여성단체가 후원회를 열었는데 어느 중소기업에서 전화가 와서 "여성민우회는 불법시위단체라고 하는 명단이 와서 지원을 못하게 되어 정말 미안하다"고 했다고 합니다. 중소기업에까지 지원하지 말아야 할 단체의 리스트를 보내고 강제한다니 참으로 이해하기 어렵습니다.

⑥ 민변 회원에 대한 사건수임 금지

민주사회를위한변호사모임에 소속된 변호사들에게 공공기관의 사건을 수임하지 말라는 지시가 있었다고 합니다. 실제로 법률고문직에서 해촉된 사람들도 여러 명 있다고 들었습니다. 공공기관들이 자체적으로 알아서 가장 유능한 변호사에게 사건의 수임 여부를 결정해야 하는데 왜 어느 변호사에게는 수임하지 말라는 것입니까?

어디 이것뿐이겠습니까? 제가 여기저기서 들은 것만 나열해도 이 정도이니 국가권력의 개입 사례는 훨씬 더 많을 것입니다. 과거 제5공화국 아래에서 고문사례 보고회가 열렸듯이 이제 국가권력의 부당개입과 사찰사례를 보고하는 보고회라도 열어야 할 판입니다. 참으로 부끄럽고 창피합니다. 어찌하다가 우리나라가 이런 나라가 되었습니까?

8. 사찰의 망령이 살아나다

– 국정원의 사찰 최고 책임자는 누구인가

1. 이렇게 심각한 사찰활동과 개입이 벌어지고 있는 상황이라면 참으로 놀랄 일이 아닙니까? 국정원의 개입이 일상화되고 구조화되고 있음을 반영하고 있는 것입니다. 지방에서 기업 활동을 하는 한 분의 말에 따르면 지금 지방의 국정원 지부들도 과거와 완전히 다른 위상을 가지게 되었다고 합니다. 국정원 지부장을 찾는 경우가 늘었고, 이 사람들과 식사를 가끔 해야 안

심이 된다는 이야기를 하였습니다. 국정원의 과거 위상이 복원되었음을 증명하는 것입니다. 그것을 역으로 보면 국정원이 일상의 정치와 기업 활동, 시민들의 삶에 큰 영향을 미치고 있다는 이야기가 되는 것입니다.

2. 지금까지 말씀드린 일들이 국정원 직원 몇몇의 우연한 실수나 잘못일까요? 굉장히 조직적이고 일상적인 감시활동을 전면화하였다고 하는 게 상식적인 판단이 아닐까요? 사찰의 대상이 저 혼자만이 아닐진대 얼마나 광범한 사람들을 상대로 이런 활동이 벌어지고 있는 것이겠습니까?
사실 따지고 보면 저는 많은 활동을 하고는 있지만 특별히 반정부인사이거나 국가안보에 특별한 관계를 가지고 있는 사람은 아닙니다. 저를 이렇게 하는 정도라면 정부의 여러 활동에 반대하고 투쟁하는 사람들에게는 오죽하겠습니까?

3. 이런 상황에서 국정원의 최고 책임자인 국정원장과 나아가 대통령이 이런 일을 모를 리가 없다고 봅니다. 국정원 직원의 한두 번의 실수도 아니고 이렇게 일상적이고 지속적인 사찰과 감시가 일어나고 있다면 이것은 국정원을 운영하고 집행하는 책임자의 철학과 원칙, 기능과 활동의 방향이 바뀌었음을 의미하는 것입니다. 국정원이 시민사회나 정치적·비정치적 영역에 깊숙이 개입하고 있으며 이것을 지휘하고 집행하는 부서가 존

재하며, 나아가 이것은 그 책임자인 국정원장과 대통령의 지휘에 의해 이루어지고 있다고 볼 수밖에 없지 않습니까?

9. 모든 거버넌스가 무너지다

– 이 정부가 절대 실패하는 이유

1. 이 정부는 이렇게 민간을 사찰하고 시민단체를 적대시하고 있습니다. 저는 21세기는 시민사회와 제3섹터가 활성화되고, 이들의 공익적이고 헌신적인 활동에 의해 사회가 훨씬 더 투명해지고 민주적이며 좀더 인간적이며 체계적인 사회로 진전할 것이라고 확신합니다.

그것은 제 개인의 생각이 아니라 전 세계인의 보편적 상식이 되었습니다. 시민사회는 정부와 기업 섹터와 더불어 사회를 움직이고 이끌어가는 중요한 기둥이 된 지 오래입니다. 선진국의 경우 이러한 NGO, NPO들을 국정의 파트너로 인정하고 함께 파트너십을 형성하여 다양한 행정과 개혁·변화를 추동하고 있지 않습니까?

2. 그런데 이렇게 시민사회를 적대적으로 모는 정부가 이 지구상에서 몇 개나 됩니까? 일부 시민단체가 촛불시위에 가담하였다고 하여 이들과의 관계를 완전히 단절하고 지원을 중단하며 핍박을 계속한다는 것은 난센스입니다. 더구나 시민사회는 다양성을 생명으로 하며, 정부를 비판하는 기능 외에도 정부의

기능을 보완하고 대체하는 역할까지 수행하고 있습니다. 그런데 극우적인 단체 일부를 제외하고 그동안 우리 사회의 민주화와 인간화를 위해 헌신해온 수많은 단체를 모두 적대적인 관계로 설정하고 이들을 감시·사찰하고 억압한다면 그 단체들보다는 이 정부 자체에 더 큰 손실이 올 것임이 분명합니다. 원래 어떤 정부의 정책이 성공하기 위해서는 다양한 중간전달기관, 중간지원기관, 이른바 인터미디어리(intermediary) 기관이 필요한 것인데 이것이 바로 시민단체이고 NGO, NPO가 아니고 무엇입니까? 그런데 이런 거버넌스 시스템을 완전히 붕괴시킨 상태에서 정부의 정책이 일선과 현장에 제대로 전달될 리가 만무한 것입니다.

10. 진실을 땅에 묻으면 자라서 폭발합니다

– 국정원이라고 흑을 백으로 만들 수 있나요?

1. 권력이 세상을 모두 마음대로 할 수 있다고 믿는 사람들이 있습니다. 외형적으로 보면 그럴 수 있을지도 모르겠습니다. 대한민국의 대통령과 청와대는 그렇게 할 수 있을 것 같습니다. 공공기관과 공무원은 물론이고 기업과 언론, 개인으로서의 지식인마저도 그 권력 앞에 순종하거나 벌벌 떨고 있습니다.
이 정부에서 권력이 얼마나 순식간에 세상을 바꿀 수 있는지 새삼 목격하고 있습니다. 우리가 지난 시대 피땀을 흘리며 구축해온 민주적 질서나 시민의식이 한순간에 무너질 수도 있음을 새삼 깨닫고 있습니다.

2. 현 정부는 권력은 마음대로 행사할 수 있는 것이라고 생각하고 있음이 분명합니다. 그러나 그 권력은 무소불위로, 그리고 자의적으로 행사할 수 있는 것이 아닙니다. 헌법과 법률이 정한 권한 안에서 거기서 정해준 절차에 따라서만 행사할 수 있는 것입니다. 더구나 그것은 정당성을 갖추고 있어야 합니다.
그런데 현재 정부가 행사하고 있는 권한은 정당성도 합법성도 결하고 있는 것이 적지 않습니다. 이것은 명백히 위헌·위법한 것일 뿐만 아니라 선량한 상식을 갖춘 국민들의 지지를 받기도 어려운 일입니다.

3. 비록 당장은 사람들이 여러 가지 보복과 억압의 두려움 때문에 진실을 말하기를 두려워할 수 있습니다. 특히 아직은 정권의 초기이고 권력이 시퍼렇게 살아 있기 때문에 더욱 그러할지 모릅니다. 특히 기업을 한다거나 공직에 있거나 보복을 당할 수 있는 지위에 있는 사람들은 더욱 그러합니다. 그러나 이제 내년 지방선거가 끝나고 정권의 후반기로 들어서면 진실은 한순간에 터져나올 것입니다. 그러면 무소불위로 휘둘렀던 이 정권의 불법부당한 행사와 조치, 정책 등은 도마 위에 오를 것이고, 정권이 끝난 뒤에는 그다음 정권에 의한 단죄가 일어날 수밖에 없습니다. 불행한 일이 또 벌어지지 않으리라는 보장이 없습니다.

오늘 내가 하는 일이 영원히 비밀로 남을 것이라고 믿어서는 안 됩니다. 국정원의 비열한 사찰행위와 그 은폐는 이 정권이 끝나면 반드시 심판받을 것입니다. 그것은 인과응보이고, 역사의 필연의 법칙입니다.

11. 다시 원점에서

1. 지난봄 희망제작소 창립 3주년 겸 후원회에서는 그동안 희망제작소를 드나들었던 기업인들이나 대기업 임원들은 눈을 씻고 보아도 찾아보기 힘들었습니다. 철새처럼 모두들 날아갔습니다. 권력의 향배에 눈치를 보는 세태에 참 절망스럽기도 했습니다. 그러나 한편으로 권력에 밉보이면 어느 순간 날아갈지 모르는 마당에 충분히 이해가 가는 대목이기도 하였습니다.

2. 이렇게 세상은 변하였고 희망제작소나 나는 새롭게 태어나지 않으면 안 되었습니다. 그동안 정부기관과의 파트너십을 기초로 창의적이고도 협력적인 모델을 통하여 새로운 한국사회를 열어보겠다는 생각은 상당 부분 수정하지 않으면 안 되었습니다. 또 그동안 정부와의 거버넌스를 통한 컨설팅, 대기업의 후원 등에 의존하는 정책은 폐기되지 않으면 안 되게 되었습니다. 희망제작소의 재원은 이제 새로운 세상을 꿈꾸는 건강한 시민들의 후원에 의존해야 하는 상황에 이르렀습니다. 그리하여 희망제작소는 금년 1월부터 회원 중심 재정구조를 선언하였고 회

원모집에 주력해왔습니다. 그사이에 거의 절반 정도의 연구원들이 희망제작소를 떠나야 했고 희망제작소가 야심차게 추진해오던 사업의 상당 부분은 접어야 했습니다.

3. 다시 원점에 섰습니다. 대한민국의 모든 뜻있는 사람들이 고초를 겪고 있는 마당에서, 역사의 후퇴가 불가피한 이 시점에서, 저나 희망제작소만 잘 된다는 것도 사실 염치없는 일입니다. 이럴 때는 차라리 많은 이와 함께 고난을 당하는 것이 더 마음 편할지 모릅니다.
이제 다시 새로운 각오로 이 나라의 민주주의 후퇴와 싸우며 한편으로는 긍정적인 미래의 변화를 위해 어려운 여건하에서도 최선을 다해야 하는 상황입니다. 그것은 대단히 엄중하고 힘든 일이기는 하지만 그래도 우리는 미래의 희망을 향해 전진해야 합니다. 늘 그랬듯이 시련과 수난은 늘 우리의 즐거운 동반자였습니다. 10년 전, 20년 전에 그랬듯이 우리는 절망하지 않고 다시 압제와 싸울 것이며, 역사와 미래는 우리 편이라는 신념을 가지고 열정을 다 바쳐 일할 것입니다. 감사합니다.

2009년 9월 17일
박원순

자신마저 정치권으로 투신한다면
시민운동의 정체성 혼란과
사회적 신뢰도 손상은 명약관화했다.
하지만 반동의 시대에
정치적 결단이 필요하다는 명분도
쉽게 물리칠 수 없었다.

10

'현실 정치' 박원순의 소명

여야를 가리지 않고 러브콜을 받다

제도 정치권 진출은 오래전부터 여러 번 권유받았다. 러브콜은 여야를 막론하고 20대 후반부터 받아왔다. 정치권이 위기에 처할 적마다 '새로운 피'의 영입 대상으로 박원순의 이름이 빈번하게 거론되었다. 언론의 하마평에 오른 것만 따지면, 주요 자리 가운데 거치지 않은 것이 드물 정도다.

그의 학적부를 보면, 중학교 1학년 때 그의 장래희망은 정치가로 기록되어 있다. 집안사람 중에 공화당 당직자를 지낸 이가 있었던 영향인지도 모르겠다. 어렸을 적부터 정치인을 꿈꾸었다는 다른 증거는 없다. 학적부에 기재된 그 기록을 보여주었더니 그 자신도 의아해했다. 정치인이란 자기 자랑을 하고 자신을 내세워야 하는데 그는 그런 것은 체질적으로 거북해했다. 심지어 정치를 업으로 하는 것은 비생산적인 일에 청춘을 낭비하는 것이라고 생각하기도 했다.

변호사로 개업한 지 얼마 되지 않은 어느 날, 창녕 출신의 전 국회의원 박기정과 김이권이 변호사 사무실로 찾아와 출마를 권했다. 두 사람이 20대 후반의 그에게 국회의원 출마를 권했던 데는 나름의 절박한 사정이 있었다.

박기정은 제5대 총선에서 신영주를 누르고 민주당 소속으로 당선된 이였다. 신영주는 충남경찰국장 출신으로, 1958년 제4대 총선에서 무소속으로 당선되었으나 곧 자유당에 입당했다. 4·19혁명 직후에 치러진 1960년 제5대 총선에도 출마하여 자유당 조직을 동원하여 부정선거를 감행했다. 개표장에서 군중들이 투표함을 불태우고 후보인 신영주에게 폭력을 가하는 기이한 사태가 벌어졌다. 이 사건은 한국현대사에서 선거 폭력의 대표적인 사례로 꼽힌다. 20여 일 후 치러진 재선거에서 박기정이 근소한 표차로 신영주를 누르고 당선되었지만, 신영주는 5·16쿠데타 후에 치러진 1963년 제6대 총선에서 공화당 공천으로 당선되었다. 박기정은 그 역사적 현장의 당사자였다.

김이권은 1971년 제8대 총선에서 성낙현을 누르고 신민당 소속으로 당선된 이였다. 성낙현은 1967년 제7대 총선에서 신민당 소속으로 공화당의 신영주를 누르고 당선되었다. 그런데 1969년 3선 개헌 시에 성낙현 등 신민당 소속 의원 세 명이 개헌안을 지지했다. 이에 신민당은 이들의 의원자격을 박탈하여 개헌안 통과를 저지하기 위해, 세 명을 제외한 소속 의원 전원을 제명한 뒤 당을 해체하는 기이한 사태가 연출되었다. 잦은 당적 변경을 막기 위해 만들어진 헌법 조항의 허점을 활용한 궁여지책이었다.

> 국회의원은 임기 중 당적을 이탈하거나 변경한 때 또는 소속정당이 해산된 때에는 그 자격이 상실된다. 다만 합당 또는 제명으로 소속이 달라지는 경우에는 예외로 한다.(헌법 제38조)

이리하여 성낙현은 의원 자격을 상실했지만 보궐선거에서 민주공화당 소속으로 다시 당선되었다. 1971년 총선에서 김이권이 성낙현을 누르고 당선되었지만, 성낙현은 유신체제 이후 다시 국회의원으로 당선되었다. 김이권 역시 역사적 현장의 당사자였다.

이와 같이 창녕 지역 국회의원 선거는 유달리 우여곡절이 많았고 박기정과 김이권은 그 한복판에 있었다. 유신체제하에서 국회의원 선거는 대체로 이전의 두 지역구를 하나의 선거구로 합쳐 두 명이 동반 당선되는 선거구제를 따랐다. 창녕은 밀양과 합쳐졌는데 창녕은 밀양에 비해 인물과 인구 수에서 뒤졌다.

이러한 선거 방식은 1985년 제12대 국회의원 선거 때까지 유지되었다. 박원순이 국회의원 출마를 제안받았던 때는 바로 제12대 총선을 앞둔 시점이었다. 정치 참여가 배제된 양김을 중심으로 선거 직전에 급조된 신한민주당이 관제야당 민주한국당을 제압하고 제1야당으로 부상하는 이변이 일어났다. 그러나 창녕·밀양 지역에서는 그런 이변이 일어나지 않았다. 동반 당선된 두 명은 민정당과 민한당 후보였고 모두 밀양 출신이었다. 심지어 낙선한 신한민주당 후보마저 밀양 출신이었다.

이러한 선거 결과를 고려하면, 전직 국회의원 박기정과 김이권은 창녕지역과 정통야당 후보로서 박원순의 출마를 권했던 것으로 추정된다. 그런데 당시 박원순은 겨우 20대 후반이었다.

창녕은 검사와 변호사 정도의 경력을 갖춘 인물마저 찾기 어려운 지역이었다. 이제는 박원순 외에도 박영선, 홍준표 등 전국적 지명도를 갖춘 창녕 출신 정치인들이 있지만.

박원순을 향한 정치권의 두 번째 러브콜은 1997년 대선 직후에 있었다. 그해 12월 대통령선거에서 김대중이 당선되었다. 한승헌 변호사가 감사원장으로 내정되었다. 한승헌은 박원순에게 감사원 사무총장직을 강권했다. 정권교체를 맞아 감사원을 제대로 개혁해보려는 의지를 피력하며 박원순에게 감사원 야전사령관격인 사무총장 자리를 제안했던 것이다. 두 사람은 1980년대 중·후반에는 인권변론의 동반자로 활동했고 둘 다 저작권 전문가이기도 했다. 1994년 한승헌 변호사의 『화갑기념문집』을 발간할 적에 박원순은 발간위원회 위원장을 맡았다. 그때 박원순의 나이 40세도 되기 전이었으니 약간 이례적인 경우였다. 『화갑기념문집』 발간 작업의 진행과정을 꼼꼼히 기록한 파일을 자료 더미 속에서 발견할 수 있었다.

그는 한승헌의 제안을 거절했다. 당시 참여연대 사무처장으로 활동하고 있을 때였으므로 오히려 감사원을 감시해야 한다고 생각했다. 실제로 참여연대는 한승헌의 감사원을 비판했고 한승헌은 섭섭함을 토로하기도 했다. 다만 그는 1998년 8월 감사원 자문기구인 부정방지대책위원회 일원으로 참여했다.

두 사람은 2007년 단재상을 공동수상했다. 한승헌은 『한승헌 변호사 변론사건 실록』(2006, 전 7권)으로, 박원순은 『야만시대의 기록』(2006, 전 3권)으로 상을 받았다. 두 책은 인권이란 유사한 주제를 다뤘다. 한승헌 책의 발간위원장이 박원순이었다. 박원순이 2011년 서울시장 선거에 출마했을 적에 한승헌은 후원회장직 제안을 기꺼이 수락했고, 시장으로 당선된 직후에는 '시정고문단'의 대표를 맡았다.

1999년 '옷 로비 사건'이 터졌다. 외화밀반출 혐의를 받고 있던 신동아그룹 최순영 회장의 부인이 남편의 구명을 위해 고위층 인사의 부인들에게 옷 로비를 했다는 것이다. 대한민국 역사상 처음으로 특별검사제도가 도입되었다. 특히 법무부 장관으로 내정된 검찰총장 김태정의 부인이 옷 로비 대상자로 거론되면서 김대중 정부의 도덕성에 치명상을 안겼다. 1999년 5월 중순경, 박원순은 서경석, 김성재, 지은희 등과 함께 대통령 조찬모임에 초대받았다. 참석자들은 김태정 검찰총장은 물론 김중권 비서실장 해임, 민정수석직 복원 등의 건으로 쓴소리를 했다. 모임 직후에 청와대 정책기획수석비서관 김한길에게서 전화로 민정수석직을 제안 받았다. 물론 그는 참여연대 사무처장으로 활동하고 있었으므로 제안을 거절했다. 그 후에 실제로 민정수석직이 복원되었고 김성재가 그 직을 맡았다.

2004년 4월 총선이 다가왔다. 그해 3월의 노무현 대통령 탄핵에 대한 역풍으로 한나라당은 위기에 처했고 박근혜는 대표최고위원으로 전면에 등장했다. 국회의원 김문수는 박원순에게 공천심사위원장을 맡아줄 것을 두 차례에 걸쳐 요청했다. 당시 김문수는 한나라당 공천심사위원장과 인재영입위원장이란 중책을 맡고 있었다. 김문수와 박원순은 구연이 있었다. 인권변론 부분에서 살펴본 대로, 1986년 서노련 사건에서 김문수는 핵심 피고인이었고 박원순은 그 사건 변호인의 일원이었다.

물론 김문수의 제안을 거절했다. 그는 당시에 아름다운재단과 아름다운가게의 상임이사로 활동하고 있었다. 언론에서는 한나라당 영입 대상으로 박원순을 비롯하여 서경석, 박세일 등의 이름이 거론되었다. 결국 서울대학교 교수 박세일이 한나라당 공천심사위원장을 맡았고 비례대표 제2번으로 국회의원이 되었다. 비례대표 제1번은 여성의 몫이었다. 이후에도 김문수는 행정수도이전반대운동을 주도하면서 박원순의 동참을 권하기도 했다. 2008년 총선에서는 민주당의 공천심사위원장 제안을 받은 적도 있다. 이와 같이 민주당은 물론 한나라당에서도 러브콜을 받았다.

박원순과 노무현의 비판적 동행

박원순이란 존재가 대중적으로 널리 알려진 계기는 2000년 낙천낙선운동이었다. 총선연대는 낙천낙선 대상자로 지목된 이들에게 저승사자와 같은 존재였다. 총선연대가 '시민 검찰' 역을 수행했다면, 박원순은 '시민 검찰총장' 격이었다고 할 수 있다. 남을 벌주는 검사 업무를 견디기 힘들어 1년 만에 사표를 던졌는데 다시 그 역을 감당하게 된 셈이다. 어쩔 수 없이 호랑이 등에 타 시민 검찰총장 역할을 수행했지만 역시 내키지 않는 일이었다. 언론과 대중의 관심에서 벗어나기 위해 참여연대 사무처장의 일정이 빡빡한데도 9월부터 3개월 일정으로 일본 시민단체 탐방을 떠났다.

그 후에도 대선과 총선에서 제2의 총선연대운동은 물론 기존의 네거티브 개입을 넘어 지지 당선운동 시도들도 있었다. 그는 기존의 운동 방식과 달라져야 한다는 당위론만 표명했을 뿐, 이러한 시민정치 참여운동과 의도적으로 거리를 두었다. '아름다운' 일과 대안 찾기에만 몰두했다.

러브콜을 번번이 거절한 탓에 정치권의 러브콜도 현저히 줄어들었다. 언론 노출이 줄어들면서 대중도 그를 잊어갔다. 그러나 『시사저널』이 매년 실시하는 전문가 대상의 '영향력' 조사 등에서는 계속 순위권에 들었다. 2009년 7월에 『경향신문』이 지식인 100명에게 설문했을 적에 '소통을 가장 잘할 것 같은 인물'로 선정되기도 했다.

2007년 대선을 앞두고 야권 후보가 약체라는 평가 때문에 야권에서 대선후보로 거론되기도 했다. 2006년 6월 중앙대학교 교수이자 뉴라이트 전국연합 대변인인 제성호는 "박원순이 노무현 대통령의 히든카드"라며 미리 견제구를 날리기도 했다. 실제로 문국현이 박원순을 찾아와 적극 돕겠다고 말했다. 그러나 결국 문국현이 대선후보로 출마했다. 이렇게 개인적인 정치 참여 권유는 있었지만 정치권으로부터 유의미한 제안은 없었다.

박원순과 노무현의 인연은 오래되고 깊었다. 노무현의 죽음을 접하고 『참여사회』 2008년 6월호에 그와의 인연과 감상을 다음과 같이 적었다.

> 나는 노무현 전 대통령을 대통령이 되기 훨씬 전부터 만났고 알아왔다.
>
> 그가 이상수 변호사와 함께 거제의 대우 옥포조선소 노사분규에서 제삼자 개입 혐의로 감옥에 갔을 때 나는 그의 변호인이었다. 감옥에 있는 그를 만났을 때 그는 오히려 밖의 감옥보다 안에 있는 감옥을 더 즐거워하는 모습이었다.
>
> 우리가 인권변호사로서 민변을 만들었을 때 당연히 그는 우리의 멤버였다. 언젠가 민변 회의가 수안보 온천의 한 호텔에서 열렸을 때 저녁 늦게 도착한 그가 부산의 인권활동 소식을 전하던 기억이 난다.
>
> 서울의 종로에서 국회의원으로 당선되었을 때 그의 지구당 사무

실이 내가 사무처장으로 있던 참여연대의 바로 옆에 있었다. 가끔 함께 식사를 하였다. 서울시장을 꿈꿀 때 나는 '서울의 고쳐야 할 99가지 장면'을 책으로 내보라고 권하여 귀를 쫑긋 세우던 그를 기억한다. 그다음 총선 때 그는 당선이 확실하던 종로구를 버리고 부산에 가서 장렬하게 낙선했다. 대인의 풍모가 아니면, 국회의원에 연연하는 사람이었다면 어찌 그런 결심을 할 수 있었을까. '하로동선'이라는 식당을 개업할 때 그 개업식에서 동업자 중의 한 사람인 그를 만날 수 있었다. 낙선한 꼬마민주당 사람들이 주로 투자해서 만든 식당이었다. 그날 앞치마를 두르고 우리를 안내하던 그의 모습이 생각난다.

여러 차례 TV토론에서 그를 만날 수 있었다. 옆에서 보면 그는 노트 하나, 메모장 하나 없이 말하곤 했다. 늘 자신의 말과 행동에 자신이 넘쳤다. 자신의 신념이 투철하니까 무슨 이야기를 하면서도 거침이 없었다.

그 옆에는 늘 이기명 후원회장이 따라다녔다. 낙선으로 정치 건달을 하던 시절에도 일심단편 그를 모시던 이기명 씨가 참으로 존경스러웠다. 이기명 씨 같은 충성스러운 신봉자를 가질 수 있었던 그가 부러웠다.

노무현 전 대통령은 늘 촌놈 티가 풀풀 나는 사람이었다. 다듬어지지 않은 야생마 그 자체였다. 바람을 가르며 달리는 사람이었다. 그 신선함이, 그 담대함이 그를 대통령으로까지 만들었을 것이다.

청와대로 간 뒤에도 청와대에서 세 번 만났다. 물론 공식적이었고 여러 사람과 함께였다. 그러나 청와대에서 만났을 때의 그의 얼굴은 이미 과거의 얼굴이 아니었다. 늘 상기되어 있었다. 대통령이 되었지만 그는 언론권력을 비롯한 또 다른 권력과의 투쟁에서 여전히 야당이었다.

참여정부 내내 시행착오와 갈등이 수없이 빚어졌다. 뜻은 좋은데 거칠고 다듬어지지 않은 정책도 적지 않았다. 지지세력이나 시민단체들마저 등을 돌리기도 하였다. 개혁은 혁명보다 더 힘들다고 했던가. 이명박 정부가 들어선 뒤에야 우리는 그래도 참여정부가 훨씬 나았다는 것을 깨달았다.

나는 그에게 퇴임 후 아름다운가게 명예점장을 맡으면 어떻겠냐고 공개제의를 하기도 했다.

그러나 자신의 향리 봉하마을에 돌아가 마을 만들기에 집념을 보였다.

그러나 정치는 무상한 것, 새로이 권력을 잡은 측과 몇몇 언론은 집요하게 그를 공격했고 괴롭혔다.

(……)

그는 갔다.

슬프고 고통스런 일이다.

그 슬픔을 딛고 정의를 바라는 사람들은 살아남아서 다시 새로운 세상을 열어가야 하지 않는가.

© 오마이뉴스

노무현 전 대통령 서거 직후인 2009년 5월 26일
봉하마을에서 조문을 마친 박원순이 분향소를 나서고 있다.
뒤편으로 노무현 전 대통령의 영정이 보인다.

이 글 뒤에는 박원순과 노무현 사이에 오갔던 편지가 재록되어 있다. 이 편지들은 『참여사회』 2000년 6월호와 7월호에 실렸던 것이다. 당시 『참여사회』에는 한 사람이 편지를 쓰면 그 편지를 받은 사람이 답장을 하면서 또 다른 제삼자에게 편지를 쓰는 코너가 있었다.

편지가 오가던 당시 노무현은 지역주의 정치 타파라는 대의를 위해 노력하고 있었다. 1998년 종로 보궐선거에서 당선되었는데도 2000년 4월 16대 총선에서는 자신의 고향인 부산지역에 출마를 강행한 것이다. 물론 노무현은 '장렬하게' 낙선하고 말았다. 이와 관련하여 박원순이 『참여사회』 2000년 6월호를 통해 노무현을 위로하는 편지를 보냈고, 노무현은 7월호에 아주 길고도 날카로운 답장을 보내왔다.

이렇게 두 사람이 개인적 인연이 있는데도 그는 시민운동가로서 참여정부에 여전히 비판적 입장을 취했다. 대통령이 되었지만 외로웠던 노무현에게 박원순의 비판은 무척 섭섭하고 아프게 느껴졌을 것이다. 노무현은 "제일 미운 사람이 박 변과 손호철 교수다"라는 말을 했다고 한다. 박원순은 나중에 대통령비서실 정무수석비서관을 지낸 유인태 새정치민주연합 국회의원을 통해 이 말을 전해 들었다.

박원순의 비판적 태도는 노무현 정권 들어 참여연대와 민변 등 시민사회단체 출신들이 대거 정권에 참여했던 사정과 무관하지 않다. 그는 이미 시민사회운동의 상징이었고 최후의 보루가 되어 있었다. 시민운동의 정치적 중립성을 지키기 위해 노무현 정권과 거리두기를 의도적으로 시도하지 않을 수 없었다.

지난 서울시장 보궐선거 시에 박영신 캠프는 박원순이 노 대통령 탄핵에 찬성했다는 공세를 펼친 적이 있다. 이는 극우매체의 한 오보기사를 무비판적으로 신뢰하면서 저지른 황당한 실수였다. 2004년 3월 12일의 탄핵표결 이틀 전에 박원순이 공동대표로 있는 시민사회단체연대회의는 탄핵추진반대 기자회견을 했다. 탄핵 표결 다음 날 '탄핵무효 부패정치청산 범국민행동'이 결성되었는데, 박원순은 6인의 공동상임대표 중 한 사람이었다. 그 외에도 탄핵반대 입장 표명의 증거들은 무척 많다. 실상이 이러한데도 박영선 캠프가 어이없는 실수를 범했던 배경에는 노무현 정권에 대한 박원순의 비판적 포지션이 작용했던 것으로 여겨진다.

어떠한 경우에도 지켜낸 '정치 불참여'

한편 한나라당의 이회창, 이명박, 박근혜 등과 적대관계는 아니었고 오히려 우호관계를 유지하려고 애썼다. 정치적 중립성을 의식하지 않을 수 없었기 때문이다. 그는 정권이 바뀔 수도 있고 정권이 바뀌어도 '제도와 민주주의 역진은 크지 않을 것'이라고 실제로 생각했다. 물론 이것은 그의 희망사항에 지나지 않는 것이었다. 이부영의 주선으로 이회창을 만났고, 유정복의 주선으로 박근혜를 만나기도 했다. 다만 그들이 만나자며 불러놓고는 말이 없어서 오히려 박원순이 이런저런 이야기를 하며 대화를 이끈 거북한 자리였던 기억만 남아 있다.

이명박 서울시장이 월급을 기부하겠다는 신문 기사를 보고 박원순은 그를 직접 찾아갔다. 이명박에게서 월급을 아름다운재단에 기부하겠다는 약속을 받아냈다. 기부문화 확산은 당시 박원순의 주된 관심이었다. 그 기부금으로 환경미화원과 소방공무원 복지를 위한 '등불기금'이 마련되었다. 서울숲과 뚝섬의 벼룩시장을 제안하여 성사시켰다. 이후 이명박은 아름다운가게 행사에도 여러 번 참여했고 아름다운가게의 명예고문이 되었다. 박원순은 서울시의 각종 자문위원회에도 참여했고 회의에서 이명박 시장과도 자주 만났다.

박원순은 이념적 편향이나 적대와 거리가 있는 사람이었다. 그가 관계한 시민단체는 어김없이 '정치적 중립' 원칙을 강조했다. 이 원칙은 적대적 대립이 과도한 한국 사회에서 시민사회운동을 하기 위해서는 불가피한 것이었다. 대학제명, 인권변론, 참여연대 등의 권력 감시 운동 등을 통해 진보 인사들과 우호관계를 맺었지만, KS 학력과 검사·변호사, 아름다운재단(가게) 등을 통해 보수 인사들과도 우호관계를 유지했다. 진보와 보수를 가리지 않고 우호관계를 맺는 회색지대에 처하면서 오해받고 처신하기에도 불편했지만 어쩔 수 없었다. 그는 적대와 편가르기를 체질적으로 불편해했다. 그래서 정치 참여를 한사코 거부했는지도 모르겠다.

그가 정치 참여를 거부한 이유는 많을 것이다. 시민사회운동의 정치적 중립을 지켜내기 위해서, 적대와 편가르기의 정치판이 체질적으로 거북해서, 정치 참여 이외에도 블루오션들이 무수히 널려 있었으므로, 이미 그 나름의 방식으로 정치를 해왔다는 자부심 때문에, 제도 정치 불참여의 약속을 지키기 위해서 등등. 그 이유가 무엇이든 그는 제도권 정치 참여에 대해 완강하게 손사래를 쳤다. 훗날 어느 개그맨이 "소는 누가 키우나"라고 한 유명한 독설대로 계속 소를 키우려고 고투했다.

그런데 2009년 6월에 국정원 사찰 사건이 터졌다. 국정원은 박원순 사찰 사실을 부인하는 것은 물론 손해배상소송까지 감행했다. 당시 나는 이 사건을 계기로 정치에 불참여하겠다는 그의 소신이 흔들릴지도 모른다고 생각했다. 그러나 아래의 두 가지 뉴스를 접하면서 그것은 내 희망사항에 불과한 것임을 깨닫게 되었다.

우선 그는 국정원 소송사건에 임하면서 민변 차원의 '조직적이고 요란한' 변호보다는 세 명으로 구성된 '단출하고 조용한' 변호를 선택했다. 실제로 그는 재판정에 한 번도 출정하지 않았다. 이 사건과 재판과정은 박원순이 이명박 정권의 상징적 피해자로서, 나아가 상대 진영의 대안으로 떠오를 수 있는 절호의 기회였다. 그러나 그는 재판을 정치적 진출의 기회로 활용하지 않았다.

2010년 지방선거 와중에는 박원순이 태백시장 한나라당 후보를 지원했다는 뉴스를 접했다. 이 뉴스는 야당지지자들에게 충격과 실망을 안겨주었다. 그 후보는 희망제작소와 정책협약을 맺은 이였다. 박원순이 방문하고 지지의사를 표명했던 40여 명 중 한나라당 후보는 두 명에 불과했다. 기초자치단체 선거는 풀뿌리 민주주의 연장선상에 있어야 하며 정당공천제는 옳지 않다는 그의 지론에 근거한 것이기도 했다.

그러나 이명박 정권과 새누리당에 대한 분노가 정점에 이르던 그즈음에 더구나 선거국면이라는 민감한 시기에, 박원순이 한나라당 후보를 지원한 것은 정치적 계산이 있었다면 결코 취할 수 없는 선택이었다. 그는 희망제작소의 상임이사로서 자신의 역할에 충실했을 뿐이다. 아무튼 나는 이 뉴스를 접하고 박원순에게 정치적 진출 의지가 없다는 것을 재확인했다.

반동의 시대가 '시민정치'를 깨우다

하지만 상황은 점점 박원순에게 정치적 결단을 요구하고 있었다. 정치 중립과 정치 불참여라는 박원순의 생각과 행동과는 별개로 이미 시민운동 출신 인사들은 제도 정치 참여를 고민하게 되었다. 시민운동 진영은 정치 참여에 대해 터부시하는 경향이 있었다. '결국 정치하려고 시민운동 한 것이냐'는 세간의 비판을 의식했던 것이다. 이명박 정부 들어서면서 촛불시위를 할 때 시민단체들이 촛불시위를 시작하고 주도하지는 않았지만 그것을 방치할 수는 없었다. 한편 정부와 시민단체 간의 협치가 퇴조하고 시민단체에 대한 재정 지원도 축소되었다. 박원순과 희망제작소에 대한 사찰과 탄압에서 보듯이, 시민단체에 대한 노골적인 적대와 탄압이 있었다. 촛불시위를 계기로 반동은 한층 더해졌다.

이러한 상황에서 시민사회의 원로 및 중견 그룹은 자구책과 돌파구를 모색하지 않을 수 없었다. 특히 2010년 6월의 지방선거를 앞두고 정치적 변화가 필요하다는 공감대가 형성되어 갔다. 시민사회가 어떤 역할을 할 것인지를 모색했다. 시민단체의 사무처(총)장급 출신들의 나이가 40대에 접어들면서 이들에게도 출구가 필요했다. 박원순은 시민운동이 평생 직업이 될 수 있어야 한다고 늘 말했지만 현실은 만만치 않았던 것이다.

'총선연대'를 계승하는 형태로 2001년 2월에 '시민사회단체연대회의'라는 느슨한 조직이 이미 결성되어 있었다. 박원순은 상임집행위원장-공동대표를 맡게 되었다. 주요 시민단체의 사무처장급 모임도 이어졌다. 마침내 2009년 10월 19일 '희망과 대안'이 조직되었다. 그는 공동운영위원장직을 맡지 않을 수 없었다. 창립식은 보수단체들의 난입으로 제대로 진행되지도 못했다. 창립 직후 그는 기자회견 형식으로 정부에 '시무 7책'을 제안했다. "'희망'의 바다를 '대안'의 노로 저어갑시다"라는 제목의 이 제안을 실행에 옮긴다면 정부와 협력할 용의가 있고, 거부된다면 중대한 결심을 할 수도 있다고 말했다.

그즈음 '희망과 대안' 내부에서 다양한 논의가 있었고 생각에 편차들이 있었지만 '시민정치'가 화두가 되었다. 언론과 세간에서는 '서울시장 시민사회 후보론'이 주요하게 부각되었다. 시민운동의 상징적 존재인 박원순의 거취가 최대 관심이 되었다. 박원순 자신이 분명하게, 거듭 부인했지만 언론은 그의 출마에 초점을 맞추었다. 사실 '희망과 대안'의 조직과 논의를 박원순이 주도한 것은 아니었다. 후배들인 사무처장급들이 주도하고 그들의 논의를 공동운영위원장으로서 수용하는 형식이었다.

자신마저 정치권으로 투신한다면 시민운동의 정체성이 혼란에 빠지고 사회적 신뢰도가 실추될 것은 명약관화했다. 하지만 반동의 시대에 정치적 결단이 필요하다는 명분도 쉽게 물리칠 수 없었다. 혼자만 고고한 척한다는 비판과 비난도 부담스러웠다. 한편 풀뿌리 정치의 필요성과 동료 후배들의 출로도 배려하지 않을 수 없었다. 그의 개인 선택에 모든 관심이 집중되는 것이 무척 부담스러웠다.

지방선거가 다가올수록 압박은 더해졌다. 2010년 6월 지방선거를 앞두고 민주당의 김원기와 이강래 의원은 박원순에게 서울시장 후보로 나설 것을 권했다. 김원기는 전 국회의장이었고, 이강래는 당시 원내 대표였다는 점을 고려하면 이 제안에는 상당한 무게가 실려 있었다. 그전에도 정세균 의원과 김수진 교수는 박원순을 만나 출마를 권했다. 당시 정세균은 민주당 대표였고 정세균 대표와 가까웠던 김수진 교수는 친구 박원순의 정치 참여를 여러 차례 강권했었다.

그런데 이번에는 시민운동 선후배들의 상당수가 그의 출마를 강권했다. 정치권의 러브콜은 이전에도 있었던 것이라서 거절하는 데 부담이 적었지만 시민운동권의 강권은 차원이 달랐고 그로서는 무척 곤혹스러웠다. 도법 스님의 주선으로 남원의 귀정사로 피신했다. 멀고 외진 그곳까지 시민단체 후배들이 찾아왔다. 결국 3월에 약 2개월간 일정으로 영국으로 떠났다. 희망제작소와 자매결연한 '영 파운데이션'의 오래전 초청을 받아들이는 형식이었다.

그의 영국행은 출마 압박을 피하기 위한 도피성이었다. 출마를 강권하는 지인들에게 그는 영국행 비행기 표를 흔들어 보였다. 그 장면을 바라보며 지인들은 박원순의 정치 불참여 의사를 재확인하고 그의 선택을 존중하기도 했지만 한편으로는 극심한 배신감을 느꼈다. 박원순에게 정치적 호기는 결코 주어지지 않을 것이라며 저주하기도 했다.

운명적 귀정

2010년 서울시장 선거에서 한명숙은 오세훈에게 0.6퍼센트의 근소한 득표율 차이로 막판 역전당했다. 자정이 넘어 패색이 짙어지자 오세훈 후보는 당 종합상황실을 찾아 "기초단체장 개표결과를 봤을 때 사실상 패색이 짙은 걸 인정하지 않을 수 없다"며 패배를 시인하기까지 했다. 그러나 다음 날 아침 뉴스는 당락이 바뀐 충격적 소식을 전하고 있었다. 늦게 개표한 강남지역의 몰표가 오세훈을 구했던 것이다. 이러한 사정을 감안하면 주변의 권유대로 박원순이 2010년 선거에 출마했더라면, 2011년이 아니라 2010년에 순탄하게 서울시장이 되었을지도 모른다.

정치 참여를 피하기 위해 그가 몸을 숨긴 산사의 이름이 하필 귀정사(歸政寺)라는 점은 무척 역설적이다. 귀정사의 유래를 살펴보면, 원래 이름은 만행사(萬行寺)였는데 어느 왕이 그곳에 들렀다가 궁에 돌아가는 것도 잊은 채 3일을 더 지낸 뒤에야 돌아갔다고 해서 귀정사로 개칭했다고 한다. 박원순의 '귀정'은 결국 백두대간 산행 중에 이루어졌다. 박원순의 정치 참여는 그가 '속리산 결심'을 한 직후 산중으로 찾아온 시민단체 후배들에게 토로한 대로 '운명적'인 것이었다. 그토록 피하고 싶었지만 결국 선택하고 말았던 그 '귀정'을 어떻게 한두 마디 말로 설명할 수 있겠는가? 그가 농담처럼 말했던 '산신령의 분노 때문'이라는 표현에 저간의 사정들이 함축되어 있다.

달콤한 러브콜들을 거절했지만 어떤 자리를 제안했다면 솔깃했을지 그에게 물었던 적이 있다. 그는 망설임 없이 검찰총장이라고 답했다. 검찰총장에게 부여된 권한을 온전히 준다면 우리 사회를 깨끗하고 반듯하게 만들고 싶다고 했다. 검찰이 바로 서면 우리 사회가 대폭 정의로운 사회가 될 수 있다고 생각했던 것이리라. 나는 그의 말을 들으면서 드라마에서 보았던 '판관 포청천'의 모습이 오버랩되었다. 물론 이것은 가정법이고 우리의 참담한 현실을 고려하면 그의 희망사항에 지나지 않을지도 모른다.

박원순은 검사 역을 못 견뎌하며 1년 만에 그만두었지만, 시민검찰총장직을 감당했다. 실제로 제안받았더라면 검찰총장직(하마평은 있었을지라도 실제 제안은 없었지만)만은 심각하게 고민했을지도 모른다. 그는 청춘을 낭비하는 일이라고 여기던 그 정치판에 끝내 투신하고 말았다. 그래서 그는 '운명적' 정치 참여를 말했고, 나는 '소명'으로서 정치라고 말했다.

박원순과 함께 걷는 길

맺는말

'동행'을 꿈꾸다

나는 책을 출간하기로 하면서 이 책은 인문학출판사에서 내는 것이 더 어울리겠다고 생각했다. 한길사 김언호 사장에게 전화로 책 제목 정도만 알렸는데 출판을 흔쾌히 수락했다. 전통 있는 한길사로서는 현역 정치인을 다룬 책을 내는 데 부담을 느낄지 모른다고 생각했는데 약간 의외였다.

박원순은 2007년 한길사가 주관하는 '단재상'을 받은 바 있다. 단재상은 항일독립운동가이자 사학자 · 언론인인 단재(丹齋) 신채호의 역사의식과 민족의식을 기리기 위해 1986년 한길사에서 제정한 상이다. 시류에 편승하지 않고 올곧게 자신의 길을 가는 실천적 지식인이나 연구자에게 수여한다. 따라서 김 사장도 박원순의 삶과 생각을 잘 알고 있는 편이다. 그리고 김 사장이 나의 성향을 아는 편이니 어떤 방식으로 박원순을 기록했을지도 대충 짐작했을 것이다.

출판 계약도 할 겸해서 올겨울 들어 가장 추운 날, 한길사로 먼 나들이를 했다. 영상 10도에도 미치지 않을 듯한 냉방에서 일흔의 나이에도 여전히 현역으로 일하는 김 사장은 활력이 넘쳤다. 20~30년 전에 자주 접했던 그 모습에서 별로 변한 것이 없었다.

김 사장은 내가 자리에 앉자마자 '동행'이라는 제목이 어떻겠느냐고 제안했다. 나는 그런 제목이 이미 있지 않느냐고 했다. 이희호 여사가 쓴 책의 제목이라고 부연했다. 동석한 한 편집자가 휴대전화로 검색하는 것을 보면서, 나는 출판을 하면서 그것도 모르느냐며 핀잔을 주었다. 마치 김 사장 들으라는 듯이. 내가 정해둔 책 제목을 쉽게 양보할 생각이 없었던 것이다. '박원순 실록'이란 제목은 이 작업을 시작하면서부터 마음속으로 정해둔 것이었고 명실이 상부하다고 생각했다.

그런데 김 사장의 대안을 들으면서 내 머릿속에는 순간적으로 몇 가지 생각이 번개처럼 스쳐갔다. 김 사장이 제안한 그 제목에 솔깃하게 되었다. 그가 남다른 출판 감각을 소유하고 있다는 것을 잘 알고 있었기 때문일지도 모른다. 나는 1980년대 말 한길사가 발간하던 월간지 『사회와 사상』의 기획위원으로 참여한 적이 있다. 그와 세 사람의 기획위원이 그 월간지를 기획했다. 그는 편집인과 편집주간 등 일인다역을 감당했는데, 그 월간지에 실린 글의 제목들은 거의 그의 발상에서 나왔다. 박현채의 『민족경제론』이나 송건호와 여러 지식인들이 참여한 『해방전후사의 인식』 등과 같은 전설적인 책들의 제목도 그의 작품이었다.

'동행'이란 단어는 어감은 물론 뜻도 좋았다. 이희호의 책 『동행』은 남편 김대중과의 동행을 기록한 책이다. 이희호는 여러 측면에서 비주류였던 김대중의 약점을 대폭 보완해주었다. 민주화의 험난한 역정에는 수많은 동행이 있었다. 이희호와 김대중은 물론이거니와 박원순도 그렇게 동행한 사람이었다. 이희호의 '동행'이란 제목을 공유하는 것이 의미 있을 것 같다는 생각이 스쳤다. 험난한 역정에 동행은 많으면 많을수록 좋을 것이다.

김대중과 노무현 그리고 박원순

김대중은 정치인으로서 '서생적 문제의식과 상인적 현실감각' 양자의 조화를 강조했다. 나는 얼마 전까지만 해도 김대중의 '상인적 현실감각'이 돋보여 그를 그다지 좋게 평가하지 않았다. 역사학자로서의 나의 서생적 기질 때문이기도 할 것이다. 그래서 '서생적 문제의식'에 강점이 있는 노무현에게 더 끌렸다. 노무현처럼 반듯한 정치인이 왕따 당하고 심지어 그를 죽음으로 내몬 현실을 차마 견딜 수 없어했다.

한편 노무현의 좌절과 실패를 돌이켜보며 김대중이 말한 '상인적 현실감각'의 의미를 재인식하게 되었다. 극한의 좌절감 속에서 지나온 과정들을 성찰하면서 내 마음속에는 박원순이란 존재가 떠오르고 있었다. 그의 정치 참여 타이밍은 나의 이러한 인식의 전환과 절묘하게 같이했던 셈이다.

박원순은 '서생적 문제의식'에 강점이 있으며 분명 시대를 앞서간 선각자다. 노무현이 홀로 거칠게 앞서 나아갔다면, 박원순은 한 사람의 백 보보다 만인의 반 보를 더 중시하는 편이었다. 출신으로 따지더라도 그는 주류에 속했다. 그는 주류이면서도 비주류, 강자이면서도 약자의 편에 서려 했다. 회색지대에 처하는 곤혹을 감수하면서 '동행'을 추구했다. 드물게 '서생적 문제의식'과 '상인적 현실감각'을 동반한 사람으로 여겨졌다. 절대 다수의 동의를 얻는 시민운동을 펼쳤고 어려운 여건에서도 다방면에서 의미 있는 성과를 낼 수 있었다.

그의 트레이드마크인 공감과 소통, 경청과 배려도 바로 '동행'의 다른 표현일 것이다. 지난 서울시장 선거 시에 박원순의 옆모습과 '당신 곁에 누가 있습니까?'라고 쓴 파격적 선거 포스터도 새삼 떠올랐다. 이러한 점들에서 '동행'이란 제목이 박원순의 '시민과 함께'란 기조와도 잘 어울린다는 생각이 스쳐갔다.

이 책은 박원순은 물론 그와 동행한 이들의 활동을 기록한 것이다. 그와 동행한 사람들의 이름과 역할을 일일이 거론하지 않았지만, 그와 함께한 동지와 동료들의 헌신이 있었음은 부연할 필요조차 없다. 내가 그와 함께 일한 적은 없지만, 오래전부터 알고 지냈고 그는 나의 특별한 관찰 대상이었다. 이 기록은 박원순과 나의 동행을 기록한 것이라고 할 수도 있겠다는 생각마저 들었다. 사관은 늘 기록 대상의 말소리가 들릴 정도의 거리를 두고서 동행했다. 그런데 요즈음은 휴대전화를 이용하여 박원순과 동행하는 사관 역할을 감당할 수 있다. 네이버에서 '박원순'을 검색하는 북마크를 활용하면 충분하다.

이런 생각들이 동시에 스쳐가면서 나는 김 사장의 제안에 솔깃했고 결국 제목을 수정하기로 결정했다. 하지만 나는 미완성의 '박원순 실록'을 완성하기 위해 그와의 '동행'을 게을리하지 않을 것이다. 하지만 2년여 동안 집착했던 박원순이란 화두를 당분간 내려놓으려 한다. 노무현과 조영래의 실록도 남기고 싶다.

박원순의 길, 그의 길을 이정표 삼아

이상의 내용은 김 사장이 책 제목을 '동행'으로 수정하자는 제안을 듣고 돌아오자마자 작성해서 보냈던 맺음말이다. 그런데 의외로 김 사장과 한길사의 편집자들은 또 다른 대안을 모색하기 시작했다. '동행'이라는 단어가 식상하다고 여겼던 것 같다. 심지어 은행의 적금 상품 중에도 '동행'이 있다고 했다. 하지만 나는 오히려 식상하기 때문에 '동행'을 더 고수하고 싶었다. '동행'이란 단어가 우리 시대의 화두가 될 확률이 높다고 생각했기 때문이다. 동행이 시대의 화두라면 누가 원조이고, 누가 주장했는지는 문제가 아니다. 박원순도 '창조경제'라는 박근혜 정부의 용어를 흔쾌히 수용했듯이 말이다. 정치권의 적대적 대립과 사회경제적 양극화의 심화, 그리고 경제의 장기침체 국면에서 많은 사람이 벼랑으로 내몰리는 사태가 예견된다. 이러한 위기 상황에서 동행하지 않으면 공동체의 미래는 암담할 수밖에 없다.

김 사장의 제목 고민은 끝없이 계속되었는데, 막판에 결정한 것이 『박원순이 걷는 길』이라는 지금의 제목이다. 이 제목을 전해 들으면서 김대중의 『내가 걷는 70년대』라는 책이 바로 떠올랐지만, 구태여 발설하지 않았다. '동행'이나 '걷는 길'이나 그게 그거라고 스스로 위안했다. 그리고 앞의 본문에서 인용한 시 한 구절을 떠올렸다.

> "눈 덮인 들판을 밤에 걸어갈 적에 어지러이 걷지 마라.
> 오늘 나의 행적이 뒷사람의 이정표가 되리니."

이 한시는 서산대사의 선시로 알려져 있다. 김구와 문익환 등 통일운동의 선구자들이 방북을 결행할 적에 어김없이 떠올렸던 시다. 문익환을 변론했던 박원순은 이 시의 의미를 아는데다 고시 공부 과정에서 고승들의 한시를 외우며 그 스트레스를 풀었기에 이 시를 더 잘 알고 있을 것이다.

치열한 생각, 유연한 실천

'박원순이 걷는 길'은 2011년 정치 참여를 분기점으로 크게 두 시기로 나눌 수 있다. 시민운동가로서의 전반부에는 전인미답이나 오솔길을 걸었다. 즉 정치에 투신하기 전까지 그는 블루오션을 개척한 선각자였다. 위의 선시에 빗대어 말하자면, 그는 깜깜한 밤에 눈 덮인 들판을 앞서 걸어가며 길을 열었다. 또 여러 길을 개척했다. 그는 어지러이 걷지도 않았고 너무 앞서지도 않았다. 그의 발자국을 이정표 삼아 수많은 사람이 따라 걸었다. 결국 그 발자국들이 모여 오솔길이 만들어지고 심지어 대로가 되기도 했다.

그러나 정치인으로서의 후반부에는 대로, 즉 한길을 걷게 되었다. 그 한길은 사람도 많고 피 튀기는 경쟁이 있는 레드오션이다. 블루오션의 오솔길을 잘 헤쳐왔다고 해서 레드오션의 대로를 성공적으로 헤쳐나가리라고 장담할 수는 없다. 다만 그는 자신이 서 있는 그곳에서 최선을 다하고 성과를 이루어내는 사람이었다. 서울시장에 압도적으로 재선된 것에서 알 수 있듯이 그 가능성을 이미 보여주었다.

이러한 성과를 내고 널리 지지를 받은 것은 그가 공익을 향한 불굴의 헌신과 함께 '동행'을 추구했기 때문일 것이다. 그는 생각은 치열하고 앞서가되 실천은 유연하고 온건했다. 어떤 측면에서 그는 실천을 통해 생각을 만들어가는 극히 이례적인 실천가였다. 그는 그동안 같은 길을 가더라도 남과 다른 무언가를 보여주었다. 박원순이 행정가와 정치인으로서의 길을 걷더라도 언제나 그랬던 것처럼 새로운 경지를 보여주기를 기대한다.

2015년 1월
임대식

박원순의 길,
박원순의 말

2011년 “오늘 이 자리에서 서울시민의 승리를 엄숙히 선언합니다. 시민은 권력을 이기고, 투표는 낡은 시대를 이겼습니다. 상식과 원칙이 승리했습니다. 오늘 우리는 새로운 시대를 선택한 것입니다.”

서울시장 보궐선거에서 당선이 확실시되자 시민들에게 건넨 승리의 인사.

2011년 “한반도의 눈물을 그치게 하기 위한 나 자신의 역할과 운명에 대해 묵상하고 또 묵상했다. ‘이제 무엇인가를 해야겠다’는 생각에 몸이 부르르 떨렸다.”

백두대간 종주 중 결심한 정치 참여.

2010년 “승소든 패소든 그것은 저의 운명입니다. 어찌하겠습니까? 시대의 고난을 함께하는 것이 피할 수 없는 저의 운명이라고 느낍니다.”

국정원의 손해배상 청구 소송 제1심 판결이 내려지던 날 새벽에 담당 변호사에게 전한 각오.

2009년 “진실은 이렇습니다.”

국정원으로부터 당한 손해배상 소송 관련 기자회견의 제목.

2009년 “‘희망’의 바다를 ‘대안’의 노로 저어갑시다.”

시민사회단체연대회의의 공동대표로서 정부에 제안한 시무 7책.

2009년 “소통을 가장 잘할 것 같은 인물.”

『경향신문』이 지식인 100명을 대상으로 실시한 설문조사 결과.

2009년 "그 슬픔을 딛고
정의를 바라는 사람들은 살아남아서
다시 새로운 세상을 열어가야 하지 않는가."
노무현의 죽음을 접하고 밝힌 심정.

2007년 "한 일은 없는데 찬사만 들으려니 참 염치가 없습니다.
다시는 이런 곤욕을 치르지 않았으면 좋겠습니다.
오직 운동에만 몰두할 수 있었으면 좋겠습니다."
진정한 사회운동에만 몰두하겠다고 밝힌
단재상 수상소감문.

2004년 "과로사가 희망입니다."
아름다운재단과 아름다운가게의 상임이사를 겸하고 있던 시절
간사들에게 던진 농담.

2002년 "감히 다시 만나자고 할 염치조차 없지만
그래도 당신 덕택에 내가 이 세상에서
좋은 일을 많이 할 수 있었으니 나로서야
또 만나자고 할 형편이오. 어떡하겠소?
다만 이 모든 것을 용서해주오."
아름다운재단이 펼친 1퍼센트 나눔운동의 하나로
작성한 공개 유언장.

2001년 "검사님께서는 낙선운동 대상 선정을 몇몇 시민운동
지도부가 자의적으로 결정했다고 주장했지만 이러한
개인적 청탁이 영향을 미친 적은 단 한 번도 없었습니다."
낙천낙선운동에 대해 선거법위반 혐의로 고발되어
법정에서 한 최후진술.

2000년 “때리면 맞는다. 물품을 빼앗으면
고스란히 빼앗긴다. 폭력이나 욕설 앞에서는
평화의 마스크를 쓰고 그 자리에 앉는다.”

참여연대 시절 낙천낙선운동을 주도하며
낙선자 측의 도발에 대비해 발표한 평화원칙.

1999년 “100년 후의 시민운동을 생각하는 실천운동,
유산 1퍼센트 나누기 운동.”

참여연대 신년 워크숍에서 제안한 새로운 형식의 시민운동.

1995년 “박 변호사님 상근하시죠.”

박원순을 참여연대에 몸 바치게 한 어느 간사의 농담어린 제언.

1994년 “역사의 물줄기를 바꾸는 데는 사건이 있고,
그 사건 뒤에는 주인공인 한 사람이 있다.
우 조교가 바로 그런 사람이다.”

우 조교 성희롱 사건을 맡아 쓴 변론서.

1990년 “박 변, 이제 돈 그만 벌고 좀더 넓은 세상을 살펴보게.”

박원순 인생의 멘토였던 조영래가 그에게 남긴 유언.

1987년 “역사 앞에서 심판받지 않을 존재는 없습니다.”

『한국민중사』 사건 변론서.

1986년 “오늘 이 자리에 충만하고 있는 거룩한 용기에
우리의 목이 메입니다.”

부천서 성고문 사건 변론서 초안.

1982년 "이제 데모 안 할 거지요?"

검사 임용 당시 날아든 면접관의 질문.

1981년 "세상의 매듭을 푸는 역할을 하고 싶습니다."

아내 강난희를 처음 만난 자리에서
자신이 살아온 이야기를 하며 밝힌 소명.

1979년 "입학사정 과정에서 박 시장을 떨어뜨리라고 하더군요.
저는 정부의 말을 안 들었죠."

서울대학교에서 제명당한 박원순은 단국대학교에 입학한다.
당시 단국대학교 총장 장충식의 증언.

1975년 "이거 '물건'이다 싶었다."

오둘둘 사건으로 유치장 동기가 된 선배 이호웅의 증언.

1972년 "그런 '시골뜨기 범생이'가 구출운동에 앞장섰다니,
놀랄 일이었다."

유신헌법안을 비판하는 유인물이 경기고등학교에 뿌려지자
주동자들이 잡혀갔다. 박원순은 이들을 구출하러 가자는 모의에
앞장섰다. 주모자격인 정병호의 증언.

1961년 "남에게 해가 되는 일은 하지 말라."

해방과 한국전쟁 등 혼란한 시기에
박원순의 부모가 가훈으로 새긴 말.

박원순이 걷는 길

지은이 임대식
펴낸이 김언호
펴낸곳 (주)도서출판 한길사

등록 1976년 12월 24일 제74호
주소 413-120 경기도 파주시 광인사길 37
www.hangilsa.co.kr
http://hangilsa.tistory.com
E-mail: hangilsa@hangilsa.co.kr
전화 031-955-2000~3 **팩스** 031-955-2005

Park Won-Soon: the Journey of Life
by Im Dae Sik
Published by Hangilsa Publishing Co., Ltd., Korea, 2015

부사장 박관순 **총괄이사** 김서영 **관리이사** 곽명호
영업이사 이경호 **경영담당이사** 김관영 **기획위원** 유재화
책임편집 백은숙 서상미 김광연 **편집** 안민재 김지희 김지연 이지은 이주영
마케팅 윤민영 **관리** 이중환 문주상 김선희 원선아

디자인 디자인창포
CTP 출력 및 인쇄 한영문화사 **제본** 한영제책사

제1판 제1쇄 2015년 2월 3일
제1판 제2쇄 2015년 2월 10일

값 16,000원
ISBN 978-89-356-6929-5 03300

- 이 책에 인용한 글은 원문의 내용을 해치지 않는 한에서 다듬었습니다.
- 본문 사진 중 일부는 '현진' 님에게 협조받았습니다.
- 잘못 만들어진 책은 구입하신 서점에서 바꿔드립니다.

이 도서의 국립중앙도서관 출판시도서목록(CIP)은 서지정보유통지원시스템 홈페이지(http://seoji.nl.go.kr)와 국가자료공동목록시스템(http://www.nl.go.kr/kolisnet)에서 이용하실 수 있습니다.
(CIP제어번호: CIP2015002007)